U0936133

雲南文廟存佚
主编
云南出版集团公司
云南人民出版社

# 《云南文庙存佚》编委会组成人员

# 叙

赵廷光

年少时曾见父亲收藏了《大学》、《中庸》、《论语》、《孟子》，亦即人们所说的“四书”。年渐长，听父亲诵“四书”，朦朦胧胧，一知半解。久之，耳濡目染，其义略知一二。大学毕业后，研究瑶族传统文化，感悟到万变不离其宗，其与孔子思想丝丝相连，环环相扣。对孔子思想的博大精深，内容丰富，蕴意深邃，有了进一步的认识，尤其是自云南孔子学术研究会成立以来的十五年时间里，常与学者、专家汇集一堂，围绕主题，研究中心，探讨真谛，汲取精粹，视野得以进一步开拓，深刻感悟到孔子思想影响之广泛、深入，从国家到社会，从家庭到个人，从处理国际关系到处理人际关系，乃至处理人与自然的关系等，无不渗透着孔子的“仁者爱人”的仁学思想，无不闪耀着“礼之用，和为贵”的思想光辉。继而，萌发了关注传承中华传统文化、传播文明的殿堂——祭奠孔子的文庙，出版一本有关云南文庙古今的画册，以期引起更多人们的共鸣。

2007年，在中共云南省委宣传部的支持下，云南孔子学术研究会部分专家学者共同筹划，经过一年努力，在全省各地宣传部门、文管会、学校的大力支持下，《云南文庙存佚》终于问世了！这既遂了我多年的心愿，也遂了孔学会同仁们的心愿。谨以此书向省委、省政府和省政协汇报，并献给云南各族人民，献给改革开放三十周年，献给新中国成立六十周年，献给海内外孔学研究者和关注孔学的人们！

本书填补了云南出版界没有一本较全面系统介绍文庙专著的空白。全书分为三个部分：一、文庙春秋，主要介绍昆明及部分州、市文庙的历史沿革、布局及建筑；二、文庙沧桑，主要介绍地州文庙的演变及历经的风雨沧桑；三、文庙巡礼，溯源文庙，介绍书院、文庙石刻石雕、祭祀仪典、本省及香港的祭祀。全书共收集了200余幅照片，可谓图文并茂。

据《南诏野史》记载，唐朝南诏时，昆明即建有文庙，但现已无据可稽。若以元初赛典赤治滇，在昆兴建文庙，已逾700年，当为云南最早之文庙。若以唐南诏时期云南已建有文庙来说，距今则逾千载。在元初的十六年间（公元1276~1292年），云南各路奉命建孔庙，经明、清两朝，至清全省已有86座文庙。建水文庙占地114亩，“金碧壮丽甲全滇”，除山东的曲阜外，堪称全国第二，全省最大。云南文庙点多面广，遍布全省，如和顺、景东这些较边远地区甚至村镇均建有文庙，如会泽白雾村文庙、大理挖色乡文庙。许多少数民族地区如建水、楚雄、大姚、黑井、鹤庆、巍山、文山、丽江皆建有文庙。不唯如此，有的甚为密集。如大理有一地，相距约20余公里，文庙竟达四座：太和县文庙、大理府文庙、下关文庙、凤仪文庙，透过云南文庙的这些特点，足见孔学在云南全省普及的轨迹。书名中“存佚”二字点明了由于历史缘由，有的文庙至今已了然无存，仅能从遗存的照片或文字资料来追寻它们的踪迹了——从这一视角而言，也可以看出此书带有的抢救性质及其编撰的价值。

文庙的一砖一瓦、一牌一匾、一石一柱，承载的文化内涵是广博而深邃的。斗转星移，随着时空的延伸，本书的现实和深远意义将愈演愈显：人们在云南各地休闲度假、旅游观光的同时瞻仰文庙，在潜移默化中受到了孔子文化的熏陶，自觉不自觉地内化为精神文明、社会和谐的言行举止，为建设民族文化大省增砖添瓦。

本书也还可以成为遍布全球的孔子学院的参考教材，让孔学走向世界，让云南走向世界！

在本书出版之时，我要感谢中共云南省委宣传部、云南省文化厅，感谢本书的编撰人员，感谢为本书提供素材撰文的各地宣传、文化、教育等有关部门及人员，感谢香港孔教学院和汤恩佳博士提供了丰富的资料和精美的照片。

由于稿源面广，表达方式有异，故体例不甚一致，语体差异等瑕疵，在所难免，敬请批评指正。

# 目录

師
先

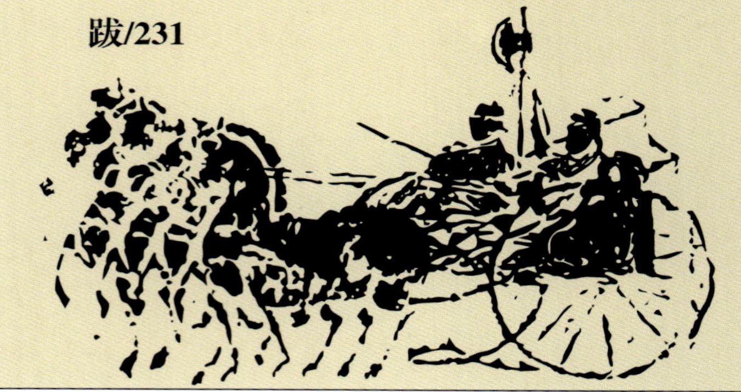

# 引 言

文庙是古代祭奠文化圣人孔子的圣地，是传承中华民族优秀传统文化的场所，是凝固了的孔子儒家文化的体现，也是凝固了的中华民族传统文化的象征。文庙作为一个地区的文化平台和文化载体，承载了一个地区文化的相关事件，对一个地区文化的发展和繁荣具有不可替代的作用。莅临孔庙观文物、祭奠孔子成为了解、研究、传承儒家思想文化精华的一种好方式。

云南地处边疆，与中原相距万里之遥，政治经济文化落后。自儒学传入，文庙建起后，深受礼乐教化之风感染，崇拜祖先，夫义妇敬，兄友弟恭，父慈子孝等伦理道德观念有了提高，社会风气也因之得以改观。此后，随着云南各地文庙的兴建，不但保存了古代丰富的历史文化遗产，发展了教育，而且传统的伦理道德观有了进一步提升。在历史上，文庙对提高云南各民族的文化水平，培养各类人才，维护祖国的统一、民族团结和社会安定均起到了积极作用。可以说，云南文庙在云南社会发展的进程中起到了历史性的作用，是反映汉文化的代表性建筑，是云南历史文化不可或缺的组成部分。

历史上，云南各地从市（州）、县、乡乃至村，均建有规格大小不一的文庙，不少地方的文庙还独具特色，有的在国内小有名气，有的堪称仅有。如建水文庙气势恢宏，为全国第二大文庙；大姚石羊镇文庙的孔子铜座像，高2.2m，重2.5吨，堪称全国仅有。但由于天灾人祸和见识所囿等因素，文庙或遭毁，或挪作他用，或失却其功能，名存实亡。如何将文庙这一中华文化遗产进行有效的保护、开发利用，发挥其在现代社会的应有功能，使这一特殊文化场所，在新时期能进一步发挥其传播优秀传统文化的积极作用，探讨修复文庙所面临的各种问题，提高保护文庙的意识和利用的水平，皆成了重要而现实的问题。

为了更好地承传儒家文化，更好地宣传云南，让更多的人能够了解自己民族和地区的文化与历史，更好地发挥文庙在促进文化建设和经济建设中的作用，为建设云南民族文化强省作出贡献，云南孔子学术研究会团结一心，不遗余力，编纂了《云南文庙存佚》一书。

《云南文庙存佚》由三个部分组成：第一部分文庙春秋，对云南省的昆明市、昭通市、曲靖市、保山市、楚雄州、红河州、文山州、普洱市、大理市、丽江市等十个州（市）、县、乡、村各级文庙作了介绍。主要内容是对这些文庙的历史、分布、建制、规模、特点及现存状况予以介绍；第二部分文庙沧桑，对云南历史上存在过，但因管理不善而名存实亡，或由于各种原因现已不复存在的31座文庙中具有代表性的作简要说明，如昆明文庙、易门文庙、曲靖市文庙、临翔区文庙、永胜文庙等，以期引起人们对文庙保护的关注；第三部分文庙巡礼，述说云南文庙的源流、建制布局、祭孔仪典以及文庙精美的石雕石刻。

《云南文庙存佚》材料丰富、翔实，运用了大量图片和文献资料，科学地总结了云南文庙的历史，分析了孔庙建筑形式的演变规律，展示了云南文庙在不同历史时期的建筑式样、祭孔仪典、祭孔乐舞，这对于文庙建筑的保护与利用，对于各地孔庙建筑的维修、建设，提供了一些可贵的史料和理论依据。这是迄今为止，云南省第一部较为全面系统介绍云南文庙发展演变历史的著作，它的出版可为云南文庙的研究提供有益的参考，将为弘扬中华民族优秀的传统文化发挥积极作用。

（樊泳湄）

禮

# 一、文庙春秋

文庙的创建，自孔子死后第二年，即鲁哀公十六年（公元前479年），鲁哀公令将孔子生前的三间住房改为孔子的祀庙，以便岁时奉祀，此即人们常说的鲁哀公“立室为庙”。祀庙中立有孔母颜征在、孔子及其妻亓官氏的神位，并收藏着孔子的衣、琴、书、车等遗物。迄今，已历二千四百余春秋。

云南文庙的创建始于何时，或曰“元世祖忽必烈至元十一年（公元1274年）”，或曰唐“南诏时期”。无论始于何时，迄今，云南文庙问世已逾千载。云南文庙的创建一般都始于元明清之际，以明为盛，清次之，元尤次。据考，有清一代，云南已有文庙86座。

几多风雨，几度春秋，在风云变幻莫测的那些岁月里，或以兵燹，或以天灾，或以认识之囿，云南的文庙或已荡然无存，或幸得护佑而存活，或因拯救及时而幸存，亦有逝而复苏者。有的虽或遍体鳞伤，或身残肢缺，皆迎着改革开放的春风，浴着传承民族文化的璀璨阳光，承载着传播儒家文明的重任，从四面八方缓缓走来，向我们诉说昨天，描绘今天，展示明天——

（李万春）

# 昆明市

昆明，是云贵高原中部一座美丽的城市，云南省政治、经济、文化中心。这里气候温和，四季如春，赢得了“春城”的美誉。春城历史悠久，古迹众多，是全国历史文化名城之一。

“昆明”一词，始见于《史记》，当时是作为一种居住在洱海周围的民族称呼；同时，也是湖名。汉武帝在长安凿“昆明池”以象征洱海。汉、晋为谷昌县，唐为益宁县、南诏为拓东城（后改鄯阐城）。元设昆明县，为中庆路首府，“昆明”始为滇池之滨这个城市之名。明清均属云南府，是省会治所。民国废府存县，1935年城区改设昆明市，郊区仍属昆明县。1953年撤县并入昆明市。今昆明市已是辖五区、一市、八县的大市。

昆明早在唐、宋之际已是滇中繁荣的城市，马可•波罗来云南时，它已是一个“壮丽的大城”。明清之际，郑和、兰茂、杨一清、钱南国、袁嘉谷……各以自己的才智为中华民族作出了贡献。至近、现代，昆明又以富于革命精神而名扬四方。护国讨袁首举义旗，抗日战争，昆明集中了全国文教精英，并成为著名的“民主堡垒”。凤鸣山金殿、筇竹寺五百罗汉、孙髯翁大观楼长联、西南联大等，在全国都是独一无二的。

据《南诏野史》记载，昆明文庙最早始建于唐南诏，但其规模、建址均无据可稽。

元代至元间，赛典赤为云南行中书省平章政事，为争取诸未臣服的各部落酋长，清除割据残余，安定云南，使权力集中，乃依孔子“修文德”、“以服远人”的儒义，于至元十一年冬~至元十三年春（公元1274~1276年）由总营张立道督办，仿中原孔庙格局修建文庙于五华山。讲经史、授学田，“以祀先圣。”随之，命云南各路皆建庙学、传儒义，使“俗无礼仪，子弟不知读书”的“南蛮”边陲“庶民”，“知义臣服”安定发展了云南。

在昆明倡建孔子庙，云南的读书人开始参加科举考试，并相应建立了考试场所——贡院，今天云南大学内尚存其遗址，到了清末号舍增至5000间。清代全省文武科举人达10355人，取为进士者812人。昆明的五华书院、经正书院等，更是学人荟萃，名家辈出，尊孔知礼，蔚然成风。各地纷纷效仿，传播中原文化，新建文庙。历朝历代出于政治的需要，对各处文庙建筑进行修葺、翻新或重建。

至今，据统计，昆明地区被列为县市级重点历史文物保护单位的文庙建筑已达21处之多。

（杨发恩）

# 昆明南郊孔子楼

孔子楼位于昆明南郊螺峰村北隅，是当年祭祀孔子和洞经会所的文明阁古建筑群主要组合之一。楼高二层10m，面阔三间进深三间、下大上小，底层正方形，有四台阶基石，楼内地面铺砌方形沙石板，重檐歇山顶，“至圣先师”横匾悬挂正门上方。门为透空扇页，两侧壁为青砖砌裙、上开透空花格扇穸。楼前置有棂星门及东西两庑。棂星门外前庭魁星点斗彩塑供子龛内。整体布局对称呼应，结构精巧玲珑，呈现典型明代建筑风格。“远而忆之，恍若凌空翻雪浪；近而俯之，自觉两袖泾秋露”。孔子楼因故亦称凌云阁。此地为历代乡试“丁祭”和“洞乐”等活动的重要场所。

该楼由镇抚沐赞和镇守云南太监罗跬等捐资修建於明代天顺年间（公元1457~1461年），清朝年间曾多次修葺、扩建。光绪13年（公元1887年）7月曾遭地震，局部被毁。后又重建修复。已被列入官渡区重点文物保护单位。

孔子楼前棂星门和楼前东西庑。透过棂星中门可见前庭置放魁星的龛。棂星门中门镶嵌门钉以“9”的倍数凸显威严正大的皇家气派。

文昌殿是官渡孔庙建筑群中尚存完整殿宇。“朝声起滇海余心感激直当邹鲁弦歌；经训播云山各族趋归仍是圣贤事业”

昆明官渡文庙棂星门

昆明市官渡文昌宫

是悬于文昌殿前柱楹联。文昌殿经修葺彩漆后，光艳亮丽，有重振惜日辉煌之势。

## 先师殿

先师殿内立神龛一座，龛内之神为中国古代神话中主宰文章兴衰的魁星。魁星为北斗之一星，科举时代以“魁星踢斗”为文运之兆。在文庙建筑和庙学文化中，魁星的形象是不可缺失的。在推崇孔子的儒教科举的“万般皆下品，唯有读书高”的同时，中试人的神灵——魁星，自然在文庙的建制中，有了重要的一席之地，并广建魁星楼崇祀之。用“魁字取象”，魁星神像头龇牙咧嘴像鬼，一脚朝后翘起，如“魁”字大弯钩，一手捧斗如“魁”字中间的斗，另一手高执朱笔，意味用笔点中试人姓名。如此如此，可见中国文化内涵的巧妙之至。

昆明市官渡先师殿

昆明市官渡文昌宫魁星

# 安宁文庙

安宁连然文庙原又称为学宫，是元代继昆明文庙后兴建的第二座文庙，建于元大德六年（公元1302年）。文庙群体建筑规模、功能庞大完整。规模分为五进，有文明坊、棂星门、大成殿、崇圣祠、尊经阁、桃李园、东厢和西厢。正殿左侧有石标、碑亭、乡贤祠、名臣祠，右侧有园池、小石桥、儒学、魁阁、仪门、明伦堂、忠孝祠、节烈祠。历经岁月风雨剥蚀，现仅存大成殿、崇圣祠和元代碑刻《重修安宁州文庙记》。

安宁连然文庙大成殿，其建筑工艺俱墨守宋、元规制，完全沿用宋、元建筑的营造法式，保存了元代完好的斗拱建筑风格，是研究元代建筑的宝贵不可多得的实物资料，已列为省级重点文物保护单位。

大殿坐北朝南，面阔五楹，进深三格，堂殿空阔高深为单檐歇山顶式，脊背均用琉璃瓦，套兽等装饰。梁架结构为抬梁式六檐栿带前廓后厦，前后斗拱柱粗大雄辉。为扩大殿中心空间，采用减两根前柱，移两根后内柱，形成独树的框架建筑结构，实为建筑之精华。

崇圣祠采用类似民居建筑中横梁“串销”独特稳固结构筑建。

庆云楼建于清代安宁八街镇，楼高12m呈正方形，方向正南，四角檐翘三重檐攒尖顶，土木结构建筑。底层东壁有记叙建置庆云楼“八景街序碑”一块，二、三层楼壁均绘有壁画。是目前可视为保存完整的楼阁式建筑。已列入安宁县重点文物保护单位。

安宁文庙崇圣祠

安宁八街文庙庆云楼

# 路南文庙

路南文庙经明、清、民国年间续修，续建有大成殿、大成门、东庑、西庑、明化堂、启圣祠、文昌宫、启圣宫、尊金阁、月牙池等建筑。使整个文庙俱备了一定规模，现为石林一中校址。保存建筑为大成门、大成殿、东西庑和文昌宫。已列为路南县重点文物保护单位。

路南文庙大成殿

路南文庙乡贤祠

图中可见的路南文庙大成殿立于七级台阶石台之上，台阶随栏石柱石壁砌就，阶前立有雄狮兽守护。前庭宽敞围有石栏。院内祭道满铺青石，古柏森森，大成殿单檐歇山顶，面阔五楹。1986年县政府拨专款重修五楹面门，全部换为雕花方格木门，整殿重新彩画修整。

路南文庙大成门为七楹三门前廊中过庭式单檐殿堂，大气平稳、古朴凝重。

路南文庙旧址已成为路南一中校址。原供奉先贤的东西庑和文昌宫等建筑，已改为教学用房。昔日奉祀传承中华文化的殿堂，今是科学技术传授学堂。是历史的巧遇，还是文化渊源的必然。不必去追寻答案，只求从这里走出来的莘莘学子，是中国传统文化继往开来的新一代。

清光绪二十二年（公元1897年），署州时事鸿文创修邀路南乡绅立文笔塔于路南县东15公里山巅，以“竖文笔而振路南文风”。足见当地权势和乡绅世门对文脉承袭之重视和推崇。文笔塔用条石垒砌，因年事已久，屡遭雷击，现存16m左右高一截。塔基镶有建塔石碑，但字迹模糊。此塔亦为路南县重点文物保护单位。

路南文庙西庑

路南文庙东庑

路南文庙文昌宫

# 呈贡文庙建筑群

呈贡文庙旧址为现今县城东南门街中段。旧文庙是四进式群体建筑。其建设史可追溯到明洪武十六年（公元1383年），历经弘治五年（公元1492年）、万历七年（公元1579年）、康熙十二年（公元1673年）、咸丰七年（公元1857年）、1950年等多次搬迁、重建扩建、修缮。其中万历二十七年（公元1599年）曾遭兵焚，现已交由县委党校使用。

呈贡文庙大成殿

呈贡文庙崇圣祠

呈贡文庙东庑

呈贡文庙西庑

亲睹呈贡文庙建筑群现状，心里和视觉产生了巨大的震撼。这是曾经颂扬、奉祀塑造了东亚文明思想的至圣先师的殿堂吗？杂草丛生、凋零破败、断垣残壁，面目全非，实际上整个文庙建筑群仅存遗址空壳，灵魂没有了。可叹！可悲！可以这样说，文庙的建设和存在是中华民族历史文化的象征和见证。保护文庙就是守护我们的精神家园和延续民族灵魂的血脉。

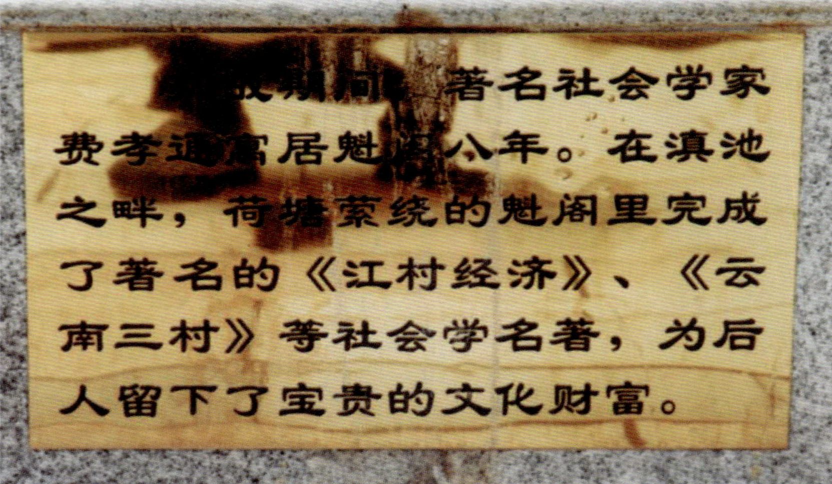


呈贡魁阁

呈贡县大古城魁阁是目前县城唯一保存最为完好的清代建筑，此阁为县级文物保护单位。魁阁是文庙建筑群中建设较晚的。建于嘉庆二十二年（公元1818年），仿中原图样，占地100m²，为正方形石砌地基，基高1.5m，坐北朝南，高约为20m，呈三重檐四角攒尖砖木结构建筑。据传，抗日战争时期，费孝通先生曾寓此八年。

（李万春　图）

## 嵩明魁星阁

清康熙八年（公元1669年）州守刘巽整修文庙并倡建魁星楼，后经康熙年间知州御龙和乾隆年间州刺吏史邱肇星多次移迁现址嵩明一中校内。魁星阁高大雄伟成正方形，为四角攒尖三重檐建筑。屋脊、檐口由琉璃瓦套兽装饰，攒尖立宝顶，翘角悬铜铃并立吻兽。一层和二层均有迴栏、格扇门、每层均装长条形和椭圆形木格穸栏。三层正悬隶书“魁星楼”横额匾。整栋建筑结构精密，布局巧致，虽经道光十三年（公元1833年）强烈地震，丝毫无损，岿然屹立于今。

嵩明魁星阁

该建筑1985年嵩明县公布为县级重点文物保护单位。

（张青　文）

# 昭通市

昭通是滇东北的重要门户。东汉置朱提郡，宋代以后称乌蒙，清代改名昭通。昭通是中原文化传入云南的重要通道，是著名的“陆上南方丝绸之路”必经之地，云贵川三省结合部经济文化交流的中心，有“锁钥南滇，咽喉西蜀”之称。

清代“改土归流”，对昭通的发展至关重要，云南巡抚张允随倡导金沙江航运。今水运可由永善、绥江、水富三县沿金沙江到重庆、上海，大大促进了区域经济的发展。抗日战争时期，昭通地处云南大后方，经济繁荣，城镇建设处于领先地位，有“小昆明”之称。

近代昭通，人文荟萃，龙云、卢汉先后主持云南政坛长达20余年之久，无产阶级军事家罗炳辉将军、辽沈战役率部起义的滇军六十军军长曾泽生、著名天文学家陈一得、楚辞学家姜亮夫皆诞生于此，昭通曾培养出为云南作出过杰出贡献的大批俊才。

（杨发恩）

## 昭通文庙

昭通文庙泮池上的状元桥

昭通文庙或称“黉学”，坐落在昭通市老城区东南，文渊街185号。《民国昭通县志稿·卷二》记：“黉宫，自修城即建，规模宏大，前志载之甚详。今仅存一大殿，祀至圣、四配、十哲先贤先儒牌位于内。自两庑以下均改为民众教育馆、标本、办公、藏书各室，但每逢八月大成圣节，官宦均齐集庙堂宰牲致祭。”《昭通志稿·卷三》记：文庙“旧《通志》在府城南门内，雍正九年知府徐德裕创建，至十三年捐置祭器、乐器。乾隆十年，教授祁裕增置祭器、乐器，四十六年侯荣春修濬泮池。嘉庆五年，知府俞延抡重修。道光四年，重建棂星门，后有启圣殿、两庑，有先贤先儒。左有文昌宫(后改名桂香阁)，前为魁阁，右有仓圣祠、名宦祠、乡贤祠、忠贤祠、忠义孝弟祠、节孝祠”(以上四祠均在大成门外，每岁春秋二仲月大祭，各祠均有分祭)。

昭通文庙始建于雍正九年(公元1731年)，与昭通城同时建成。昭通古称朱提，宋代以后称乌蒙。清雍正八年，中央王朝对当时的乌蒙地区实行改土归流政策。改土归流后，雍正九年，废乌蒙土城，建新城于今天的昭通城，清云贵总督鄂尔泰曰：“夫黑称乌昧，不昭不通之甚者”，故改“乌蒙”为“昭通”，取“昭明宣通”之意。《乌蒙纪年》记：“(雍正)九年，改名昭通，成贞即倡修昭通书院，延请宿儒以训诲之”。

昭通文庙建筑南北长约120m，东西宽约30m，面积约5.5亩。从建成至今历277年，现为昭通市实验中学所在。文庙原建筑多已拆毁，只存留有棂星门、泮池、大成殿主体建筑。上世纪曾先后将发现于昭通的东汉孟孝琚碑、东晋霍承嗣壁画墓迁入文庙，建汉碑亭、晋墓保护室。昭通文庙和院内的两项重点文物保护单位，在古柏的掩映中，相互辉映，是昭通城区唯一的儒学圣地，著名的名胜古迹之一，见证着昭通厚重的历史文化底蕴。

（昭通市文物管理所　游有山供稿　杨发恩整理）

昭通文庙大成殿

## 鲁甸县

鲁甸县，元属乌蒙路，明改属四川军民府。清雍正五年（公元1727年）复隶云南。九年筑鲁甸城，置厅，属昭通府。1913年废厅为县。鲁甸为彝语，意为彝族居住之平坝。

鲁甸县文昌宫遗址碑及古杉

鲁甸文庙，清光绪八年，“巡抚杜瑞联奏准设学”而未建庙。2003年鲁甸县委提出“振兴朱提古邑，打造乌蒙江南”的经济、文化发展战略，在恢复重建历史遗迹崇文阁的同时，凸现了尊师重教的主旋律，加大了文庙的建制。2007年落成庆典，首行祭孔，并由县长领祭。围绕儒学的十余种建筑物，省、市、县群贤毕至，配以大量匾联，县委书记亲身参与，身教重于言教。

鲁甸是朱提银的故乡，历史悠久，文化底蕴丰富，在清乾嘉银都大旺期间，八方云集、商旅辐辏达十万之众。早在乾隆四十二年（公元1777年）即在县城北文屏山麓（现职业中学驻地）始建崇文阁。“桂阁流云”成为有名的鲁阳八景之一。原阁已毁，尚遗五株古杉及石阶残痕。

（杨发恩）

鲁甸县崇文阁建筑群

# 鲁甸崇文阁——尊师重教的圣地

新建崇文阁位于县城南郊卧龙山麓。本土民族于清嘉庆年间，在此修建土主寺，原寺已毁，现遗古柏一株。这里四围环山，坪坝中突起一峦，蜿蜒如卧龙，称“卧龙山”。崇文阁正居于龙头。登临其境，旷览四围，可见文峰拱翠，砚影呈璧，庄田城郭辉映一体，可谓毓秀钟灵之地。

2003年，县委提出“振兴朱提古邑，打造乌蒙江南”，政治、经济、文化协调发展的战略设想，开始了大规模的城镇建设和新区开发。继新区文化广场建成之后，于2005年3月，县委决定在卧龙山头恢复重建鲁甸崇文阁，以县政协牵头成立领导组组织实施，动员企业及干部职工捐资赞助。2005年6月，由大理国光古建园林有限公司负责设计承建。2005年12月，房屋主体工程基本完工，后续塑像及命名题匾、赋联等文化内涵充实工程，由新区建设指挥部和县文联负责实施。2006年4月鲁甸首届樱桃节时，在崇文阁举办了书法、美术、摄影、根艺、盆景及地方文物展。2007年1月，县委政府在崇文阁召开现场办公会议，决定将崇文阁正式移交县文联管理，并由新区建设指挥部负责，文联，林业局参与，继续实施硬化入阁公路、改造扩宽先师殿、增修围墙、绿化环境等后续工程。2007年9月28日，由县委、政府主办在这里举行了“鲁甸县纪念孔子诞辰2558周年暨崇文阁落成典礼”，受到了广泛赞誉。

新建崇文阁总占地30亩，建筑面积15亩，总投资450万元，其中企业及职工捐资捐物计115万元。主要建筑有：

先师殿、明伦堂、中和堂、邑文堂、杏亭、思乐亭、砚池斋、墨客轩、泮池、状元桥、尊师重教坊、观景长廊、崇文阁石坊、120级台阶等。在崇文阁建设过程中，得到社会各界的广泛支持和积极参与。省人大常务副主任宴友琼、省委宣传部张田欣部长等省市领导及省、市文化界名家多次到崇文阁赠墨献宝，题诗赋联，为崇文阁建设增光添彩。

鲁甸崇文阁的恢复重建，为弘扬中华传统美德、提倡尊师重教，创建和谐社会，推进县域教育、文化、旅游事业发展、提升地方文明形象，正在发挥不可代替的作用。鲁甸县精神文明建设委员会已将崇文阁命名为“鲁甸县爱国主义教育基地”，为崇文阁今后的建设与发展奠定了良好基础。

（李宪章　供稿　杨发恩　整理）

鲁甸县先师殿

鲁甸县明伦堂

鲁甸县泮池状元桥

鲁甸县中和堂

# 附　录：

## 鲁甸县纪念孔子诞辰2558周年
## 暨新建崇文阁落成庆典

### 祭　文

维公元二千零七年九月二十八日，金风送爽，硕果飘香，我谨代表鲁甸县人民政府暨全县各界代表、特邀嘉宾，值此先师孔子诞辰二千五百五十八周年暨我县新建崇文阁落成之际，面对巍巍儒园，敬备花果香茶，祭祀于先师孔子、历代圣贤之灵前曰：

伟哉！大成至圣，先师孔子：著春秋、编纂五经；行教化、授徒六艺。制礼仪、讲和谐，明忠孝、思廉耻。开文明之先河；立伦常于万古。悠悠华夏，文星灿烂，先孔子而生者，非孔子无以明；后孔子而生者，非孔子无以法。可谓道贯古今，德昭日月，乃万世之师表也。

今值盛世和谐，华夏宏图叠起，孔德之光，正昭明世界。鲁甸各族人民谨承先绪，鸿途未来，兴朱提之古韵，创乌蒙之江南，启民族之团结，促经济之发展。雅化一方水土，造福一方人民。是以择吉建阁，观瞻缅教，应时而使。此众心所向，万缘所归也。

鲁甸崇文阁杏亭

我县士农工商、师生长幼，已觉悟先是，面向世界、面向未来、面向现代化，由此尊师重教，怀仁立德，修身以济世，齐家以报国。为官廉明，以显人和；为子尽孝，以蔚家欢。生者，学而不厌；师者，诲人不倦。向八荣、弃八耻，明礼诚信、自强不息、科学发展、继往开来。以显老有所乐、壮有所用、少有所长，人文蔚起，百业兴旺、政通人和、国泰民安。可慰先师也！

愿先师美德广昭四海，国学精神普照千秋！
愿朱提银都文光璀璨，乌蒙江南柳暗花明！

鲁甸县人民政府县长　石邦云领祭

# 崇文阁楹联摘录

1、崇文阁牌坊

高阁誉崇文，喜圣德重辉，

一方砚池通泗水；

益邦兴学海，看人文蔚起，

满眼春色兆银都。

盛世奉先师，教育真言终不坠；

银乡留古迹，崇文杰阁此重开。

2、先师殿

先觉先知，为万古伦常立极；

至诚至圣，与两间功化同流。

（复制）　清雍正御题

气备四时，与天地鬼神日月合其德；

教垂万世，继尧舜禹汤文武作之师。

（复制）　清乾隆御题

3、儒园

宏开圣哲门，大器修成谋益世；

壮继炎黄史，雄图叠起悟崇文。

4、明伦堂

势短世长，莫依势处世；

人多仁少，当择仁交人。

5、中和堂

兴邦重教固根基，继承传统；

建国崇文添锦绣，纯正民风。

6、学问堂

百善孝为先，为子不孝，何以尽忠守节；

万般学为贵，敏而好学，自然格物自知。

7、邑文堂

重开圣殿，为政以德昭日月；

共仰先师，怀仁修己悟人文。

8、砚池斋长联

此地几繁荣，问金桂留芳，白银安在？想汉唐发迹，乾嘉鼎盛，八方商旅云集，五夜樯灯高挂。衣冠吴楚，礼仪黔川。祀炉火春秋，兴庙堂钟鼓。只晓得皇城碑陷，何曾料老君山塌。可叹者：杜宇缘亲，观音卖桃，万户魂牵知乐马；

这邦多灵秀，喜腊梅含笑，紫气东来。看文峰拱翠，砚水呈碧，四季蝶蜂戏蕊，三津果豆飘香。楼榭亭台，虹光翎舞。培乌蒙桃李，谱康靖和谐。破天荒古树新栽，装点出江南神瓅。有道是：鸿雁接力，赤子归心，百花红讯兆朱提。

9、墨客轩

崇文知荣辱；醒悟识古今。

10、尊师坊

教育仰先师，道德清源滋万里；

风仪彰后事，文章浩气贯千秋。

11、观景长廊

烟波笼砚池，文峰拱翠；

翰墨惊风雨，儒殿增辉。

（李宪章供稿　杨发恩整理）

# 曲靖市

曲靖市位于云贵高原中部，市境在东经103°03′~104°50′、北纬24°19′~27°03′之间。东与贵州、广西毗邻，西与省会昆明接壤，距昆明市区130公里，南连文山、红河，北与昭通、贵州毕节相连，是云南省连接内地的重要陆路通道，素有“滇黔锁钥”、“入滇门户”、“云南咽喉”之称。曲靖市辖麒麟区、宣威市、沾益县、马龙县、富源县、罗平县、师宗县、陆良县、会泽县凡1市1区7县，东西最大横距103公里，南北最大纵距302公里。总面积2.89万平方公里，占云南省面积的13.63%，市政府所在地麒麟区，海拔1881m。

全市总人口为545.07万人，人口密度189人/平方公里。居住着汉、彝、回、苗、壮、布依、水、瑶等民族。汉族人口506.66万人，占总人口的92.95%；少数民族人口38.41万人，占总人口的7.05%。

明代徐霞客曾走遍滇东大地，写下了《盘江考》一文，探明珠江源就在曲靖市沾益县的马雄山，并盛赞了马雄山“一水滴三江”的地理奇观。“源出马雄”的涓涓细流，流过滇、黔、桂、粤四省区，创造出南国灿烂的历史文化和珠江三角洲的繁荣。马雄山风景名胜区已被列为国家级森林公园。

曲靖市的历史文化悠久，是云南建制最早的地区之一。市境内的南盘江流域是人类活动较早的地区之一，留有旧石器时代人类活动的足迹。庄蹻开滇、秦修“五尺道”、诸葛亮“七擒孟获”等重大历史事件极大地加强了曲靖与内地的紧密联系。也极大地推动了曲靖地区政治经济文化的繁荣发展。从蜀汉诸葛亮南征，直至唐初的五百多年间，曲靖地区一直是云南政治经济文化的中心。曲靖是著名的爨文化发祥地，保存有极高的书艺价值及史料价值而被世人推崇并誉为“古今楷法第一”、“神品第一”的“南碑瑰宝”爨龙颜碑、爨宝子碑。

曲靖是云南最早接受儒学教育的地区之一，相传东汉平夷（今富源）人尹珍即师从当时五经无双的许慎接受经学教育，后官至尚书、荆州刺史。西晋太康至北周政宣年间的“滇中第一秀才”董敏也极有可能是曲靖人，至于稍后的爨宝子、爨龙颜等名流为曲靖人则更是举世公认的了。从元世祖下令云南各路兴建学校、祭祀孔子始，曲靖与全省各路同时大兴庙学，广育人才。在明、清两代科举考试中，仅曲靖、沾益举进士者达71人。曲靖所辖其他县市也不后人。清翰林院编修、咸丰皇帝的老师何桂珍（公元1817~1855年）和撰写饮誉海内外的岳阳楼名联的窦垿（公元1804~1865年）都是师宗县人。造就以上人才，曲靖庙学与书院之教育功莫大焉。

虽然历尽沧桑，但曲靖市也有多县文庙得以保存，富源、会泽两文庙保存之完好尤其值得称道。

（杨开云等供稿 蔡正发整理）

# 富源县

## 富源文庙

富源文庙位于县人民政府大门正前方，由大成殿、魁星阁、文昌阁、棂星门、泮池和太和元气坊等建筑组成。

1998年11月富源文庙与中山礼堂一并被批准公布为云南省第五批省级文物保护单位。

富源文庙孔子像

## 大成殿

大成殿为文庙大殿。修缮于明正德九年（公元1514年），万历二十二年（公元1594年）重修，天启二年（公元1622年）因战乱焚毁，崇祯八年（公元1635年）复建，清康熙三十八年（公元1699年）扩建。大成殿与大成门，东庑、西庑偏殿构成四合院，大成殿为单檐歇山顶，高7.86m，面阔5间，宽20.26m，通进深12.7m；东、西偏殿高7.25m，单檐2层，面阔各五间，宽19m，深6.8m；大成门高10.36m，重檐，面阔5间，两侧偏厦，宽26.6m，深11.8m。1949年至1993年9月，大成殿及东、西偏殿为县教育部门管理使用，大成门为县文化馆管理使用，1993年10月，县政府发文拨交县文物管理所保护维修，1991年，市、县两级政府筹资18万元将大成殿按原样修葺一新。1998年，社会团体和个人赞助集资4万余元，立孔子神龛及孔子塑像供人们瞻仰。1998年，省补助10万元、县筹资5万元，将东、西偏殿修葺一新。

富源文庙大成殿

富源文庙大成门

富源文庙东庑

富源文庙西庑

## 魁星阁

魁星阁是文庙附属建筑之一，位于文庙大成殿门左侧，阁为三重檐八角亭，通高17.6m，直径10.06m，原最高层供奉魁星神像。魁星原是中国古代天文学中二十八宿之一，俗称“奎宿”，后被称之为主宰文章兴衰的神。中国古代相传：只要魁星用红笔在某一考生姓名上一点，该考生将会金榜题名。

魁星阁始建于清嘉庆十八年（公元1813年），光绪六年（公元1880年）第一次维修，1979年由县文化馆第二次维修，1990年5月，县人民政府拨款两万余元交县文物管理所进行维修。

富源文庙魁星阁

## 文昌阁

文昌阁位于文庙大成门右侧，属文庙配套建筑之一，与魁星阁对应，通高17m，直径10m左右。文昌即星官名，又名“文曲星”、“文星”。中国神话中主宰功名、禄位的神，旧时多为读书人所崇祀。

文昌阁始建于清乾隆年间，为三重檐八角楼亭，象征人类社会文化事业繁荣昌盛，是满足和鼓励读书人追求功名禄位的一种崇祀场所。该项建筑于20世纪50年代被拆除，2003年底至2004年初恢复重建。

## 棂星门

棂星门位于文庙大成门正前方，为三开间青砖砌置牌坊，中为棂星门，两侧坊上各书“礼门”、“义路”字样，楷书。柱础为石质，均有浮雕图案，始建于清康熙三十八年（公元1699年），高9.1m，面阔7.6m，深2.2m。

棂星门属文庙配套建筑之一，是古代尊师重教，倡导以礼仪道德为本的教育制度的标志性建筑。该建筑于20世纪50年代

被拆除，2004年恢复重建。

## 泮池

泮池位于棂星门前，月牙形，长9.4m，最宽处4m，深2m。池上建石栏小桥一座，桥长6.3m，宽1.9m，造型小巧精致。封建社会，每年祭祀孔子时，只有考上秀才之人才有资格从桥上通过，其余人员只能从泮池两边绕道而行，所以古时考上秀才又称“入泮”。

泮池始建于明万历二十二年（公元1594年）；清康熙三十八年（公元1699年）第一次维修，1979年，富源县人民政府拨专款交县文化馆第二次维修，现保存完好。

富源文庙泮池

## 太和元气坊

太和原出《易·乾·象·辞》：“保合大和，乃利贞”。元气指产生和构成天地万物的原始物质，或指阴阳二气混沌未分的实体。《论衡·谈天》：“元气未分，混沌为一”。又《言毒》：“万物之生，皆禀元气。”太和元气是指以孔子思想修身齐家治国平天下，能营造出人类社会和平安定的气氛，是推崇仁义道德之象征，是圣地的标志，是最安定、最美好的和平佳境的象征。故坊前街道定名为和平街，现更名为太和街。

太和元气坊位于文庙正前方，是文庙的主建筑之一，始建于清乾隆元年（公元1736），坐北朝南，坐落于县城太和街上，高10.1m，面阔14.6m，深4.8m，五级斗拱托起飞檐，大匾书“太和元气”4个斗大的金字，两边小匾各书“圣域、贤关、学海、文澜”8个金字，设计精良，造型典雅大方。信步漫游，使人心旷神怡。

富源文庙太和元气坊

# 会泽县

## 会泽文庙

会泽文庙位于会泽县城南门外的灵璧山麓。始建于清康熙六十一年(公元1722年)，成于乾隆十九年(公元1754年)，历时32年。占地73亩，建筑面积3436.5m$^2$，其规模之大，建筑之多，在全省不多见。文庙坐南朝北，建筑雄伟，地势南高北低，拾级而上，其建筑结构采用大立柱石阶高台，整个建筑群为对称形式，重檐翘角，彩绘精美。该文庙属府级，但其中不少建筑的高、大、繁都超过省级文庙。前国民党中将，湖南长沙大学名誉教授鲁元将军，在会泽农场劳动时，于1964年游文庙及县城后，对会泽文庙甚为称赞。他曾说：“我走过的地方很多，象会泽文庙建筑雄伟的太少了。”将军即兴赋诗《赞黉宫》：“八月黉宫桂飘香，万世师表后人仰。唐公故里藏奇建，文才武将出螳琅。”“唐公故里”指会泽，奇建是文庙；文才指刘尧民教授、施丽侠女士及前清的六名进士等。武将指的是唐继尧元帅、邓泰忠上将及前清的十一名武进士等。

会泽文庙由三个建筑群所组成。

主体建筑群居中，由崇圣祠、大成殿、东庑、西庑，大成门、棂星门、名宦祠、乡贤祠、东西栅子、照壁、泮池组成。崇圣祠院两边是墙，大成门院两边也是墙，这些墙将主体建筑群与东西建筑群隔开成为三个建筑群。

东建筑群由学署、东书房、西书房、仪门、明伦堂、大门所组成。

西建筑群由圣父阁、文昌阁、明伦堂、魁星阁、大门、照壁组成。

文庙为例制性建筑，右图是会泽文庙最初的建筑群平面示意图，全国较为统一的模式。该建筑群地势南高北低，三个建筑群在一个平面上，西建筑群中的文昌阁高于大成殿，魁星阁高于大成门， 文庙总体建筑未设大山门，由照壁代替，进入文庙由东西牌坊进入。西为腾蛟坊，蛟即龙，龙坊是雄坊，略高。东为起凤坊，凤坊是雌坊，略矮，取义“龙凤呈祥”。两坊的建筑特点是：中间高，两边低，正面宽，侧面窄，双檐、八翘角、檐下为斗拱，亭角式顶，牌坊式底。腾蛟坊檐下嵌有“龙翔”，起凤坊檐下嵌有“凤翥”木匾。牌坊底座上各有一对石狮，两座牌坊单独矗立，中间为照t壁，两侧与围墙相接，围墙将三大建筑群圈成一个统一的整体，两坊之间的大照壁是文庙总体建筑群的照壁，牌坊是进入文庙的第一道大门。

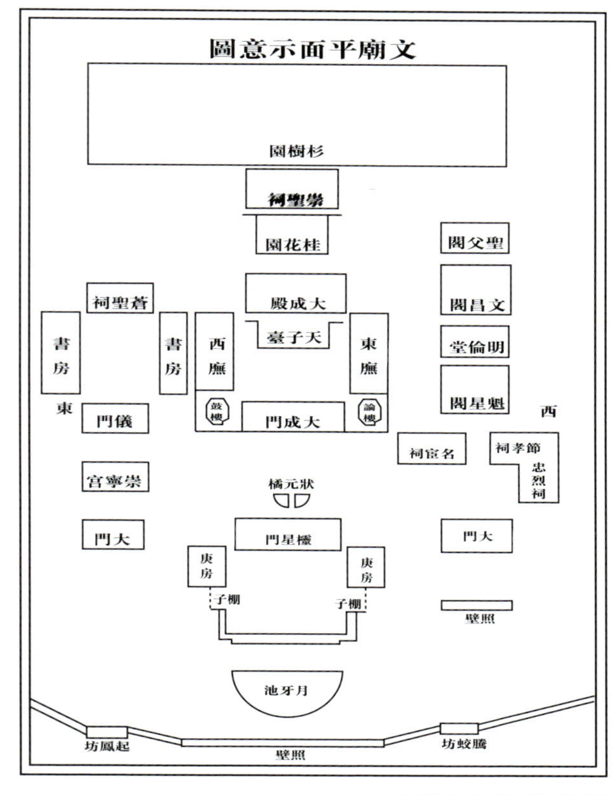

会泽文庙平面结构图

**栅子** 中建筑群为主体建筑群，主体建筑群由照壁取代山门，在照壁的花脊中有黑底金字加框的“太和正气”的四块石雕。两侧为东、西栅子，登三级石阶从栅子可进人院内。栅子设三道门，庆典时开中大门，平时开小门。西栅子门额上有“德配天地”，东栅子门额上有“道冠古今”的金字木匾。东、西栅子外下方立有“文武官员至此下马”的方形石柱，石柱顶端蹲着一石狮，形象威严。院内，仅靠东栅子有名宦祠，靠西栅子有乡贤祠。守栅子的人，冬季无处躲避风雪，只好进入乡贤、名宦祠避风雪，实为不雅观，最后只好迁乡贤、名宦于西建筑群，让出祠来做庚房（值班室）。

**泮池** 泮池原在栅子院内，很气派。泮池即黉宫前的月牙池。后修围墙时，同时筑总体建筑大照壁，为取土方便，在主体建筑照壁与总体照壁之间挖了一个直径约36m的标准半圆的月牙池，原泮池回填了。因会泽气候凉又无水，该月牙池夏不见荷花，秋不收菱角，成了个无水的干塘，只好用黉宫内的状元桥作为泮池。泮池容积不足40m$^3$，但很精致，周边石砌，有护栏，池壁上有石雕张口龙头，可引水由龙口入池。池上有石桥，造型典雅，精湛，在平常即使是“黄袍马褂”入庙祭祀的五品黄室主祭官也只能从状元桥两侧通过。要考中秀才，才能荣幸地从桥上通过一次，称为入泮，也叫入学。

## 棂星门

棂星门是进入大成殿的第一道仪门。棂星即天王星，汉高祖刘邦时祭祀，祭天先祭棂星，至宋仁宗天圣六年（公元1028年）筑郊台外垣，置棂星门。其移用于孔庙始于宋，又因门形如窗棂，遂改“灵”为棂。后其他庙宇也把棂星门这一文化引进建筑中，从栅子院内，10级石阶进人棂星门，棂星门为9开间。

## 大成门

为进入大成殿的第二道仪门。大成门左立新建文庙碑，右立重修文庙碑。大成门为9开间，两端楼底为过庭。进棂星门至状元桥分左右两道。经东西10级石阶上至大成门，通过两过庭进入大成殿院内。

“文革”后在大成门前立孔子塑像一尊。钟、鼓楼在两过庭外的拐角处，为八角亭式楼，楼有格子门、窗，西悬钟，东挂鼓。

会泽文庙大成殿

## 大成殿

大成殿前是天子台，略呈正方形，从大成殿院有两道7级石阶上天子台，石阶的中间是一石雕龙纹（螭），从天子台3级石阶上大成殿，进入大厅。大厅前面走檐上及天子台四周有白色石质护栏，使大成殿显得庄严凝重。殿两侧有门通向桂花园。大成殿正面檐下悬有康熙帝御书“万事师表”及雍正帝御书“生民未有”两块匾，院内有8个略高于地面的拜垫。

大成殿内屹立着一块高约2m、四周雕饰金龙，书有“大成至圣先师孔子神位”的牌位，为会泽知县靖华壁所书。孔子右侧依次为宗圣曾参、亚圣孟子，先贤冉耕、宰予、冉求、言偃、颛孙师之神位；左侧依次为复圣颜回、述圣子思，先贤闵损、冉雍、端木赐、仲由、卜商之神位。

会泽文庙孔子像

## 东西庑

会泽文庙的西屋在东方，东屋在西方，东、西庑祀奉先贤、先主近百位之神位、神主。

## 崇圣祠　桂花园　杉树园

**崇圣祠** 崇圣祠是雍正元年崇封至圣先师五代王爵改君圣宫为崇圣祠。为9开间大殿，从桂花园7级石阶上走檐进入祠内。崇圣祠后有杉树园，前有桂花园，祠内祀五代王爵。正位是“肇圣王木金父公”，左一为“裕圣王祈父公”，左二是“昌圣王伯夏公”；右一是“诒圣王防叔公”，右二为“启圣王叔梁公”。配位左边是先贤颜无繇、先贤孔鲤，右边是先贤曾点，先贤孟孙氏。

**桂花园** 桂花园在崇圣祠前面的大院中。“蟾宫折桂”是科考得中的美称，“折桂”成了莘莘学子梦寐以求的期望，因此这个桂花园不是供人欣赏取悦，而是先辈从“蟾宫”搬植于“黉宫”鼓励士子们去折的。

**杉树园** 在崇圣祠背后，原有200多年高龄合围杉柏树70多株，现已不全。

会泽文庙崇圣祠

实际整个黉宫就是一个大杉树园，现还有250年高龄的杉、柏树近100株，原忠烈、节孝祠前的‘龙虬柏”、“凤尾杉”已是500多岁高龄的古树了。

**仓圣祠** 位于东建筑群中，仓圣祠祀奉的是创造文字的仓颉夫子。

**崇宁宫** 位于东建筑群中，崇宁宫祀奉的是与文圣孔夫子齐名的武圣关夫子。关夫子被会泽人请进文庙配享被看做是一奇。在会泽人看来，集文武于一身才是“大成”。孔府弟子及夫子都是武功造诣很深的人，《孔子传》：“孔子说着重新换上弓弦，双腿一前一后站定，上箭拉弦，弓如满月，全身一动不动地伫立在那里。一刻时、二刻时、三刻时过去了，他依然纹丝不动。子路说：‘夫子歇息半刻吧’。子路上前托住孔子的左手，他想试试夫子的臂力，发现他那撑弓的左臂竟如车前轼木，不动不颠。再看孔子，面似静坐，气如熟睡，泰然自若。子路惊叹道：啊！不料夫子力大非凡，文武卓绝。”

孔子的弟子也大多能文能武，因此把关夫子请进文庙不无道理。

**文昌宫** 在西建筑群中，祀奉“文昌帝君”。文曲星即文昌星，中国神话中主宰功名、禄位的神。元仁宗延佑三年（公元131年）将梓潼帝君封为“辅文开化文昌司禄宏仁帝君”，后称“文昌帝君”。

**名宦祠** 进入名宦祠享受祀奉的有晋至清历朝名宦凡38人。

**魁星阁** 魁星阁位于西建筑群中，明伦堂前，为三开间大厅，内两侧墙下，嵌有4块各高约2米的石碑，上镌“忠、孝、廉、节”4个大字，据说是北宋朱熹所书。厅堂上方悬挂匾式木牌，牌上划格，书写历次科考中试获得功名者姓名，其中进士有道光十六年丙申恩科徐方杰、道光二十年庚子科周镇南、光绪十五年已丑科卢丛林、光绪十六年庚寅恩科黄德润、光绪二十年甲子恩科刘兴东、光绪已丑科刘盛堂、光绪庚寅科黄德润进士等。

## 忠烈祠　节孝祠

忠烈祠 、节孝祠是合祠，位于西建筑群。入祠者有明恒、郭树云、陈清、余连甲、段一臣、雷德溥、雷德新、李一元、李登科、夷目、者沙都、安氏、禄应爵、徐有才、李常云、李端云、毕天贵、赵珣、刘志仁、刘国泰、张连旭、施祖远、韩珍、杨腾霄、徐启凤、马增荣、木氏、张氏、潘氏、韩氏、朱氏、刘妹、廖九妹、蔺贞女等忠烈、义士、节妇之姓名及事迹简介。

会泽文庙文昌阁

会泽文庙魁星阁

会泽文庙石坊

会泽文庙文昌宫

## 文昌宫

会泽娜姑白雾村文庙大门

会泽文昌宫位于会泽县城南的金钟山巅，系1727年东川知府黄士杰和赵淳主持兴建。金钟山，古柏盘虬，状如金钟。从山陬至山巅，有石阶360级；沿途拐弯七处，以表明此山是七曲文昌的所在地，故又称七曲名山，山巅上的牌坊，建于1854年。大殿、对厅和戏台依山势按直线布局，台上绘有各种花卉图案和岳母刺字的故事。与戏台相望的对厅，两旁石狮踞立。大殿右侧辟一小花园，殿前是一四合院，文昌宫共占地8000m$^2$。每年农历二月初二，会泽人都要登金钟山，瞻仰文昌宫。

（陈家星、叶树仙　供稿）

会泽娜姑白雾村文庙大殿

会泽娜姑白雾村文庙孔子佩剑像

## 娜姑白雾村文庙（又称三圣宫）

白雾村文庙位于会泽县娜姑镇白雾村街中段北侧，坐北朝南，占地面积1991.4m$^2$，庙内正梁上书有“大清国云南布政使司东川府政堂大清嘉庆二十四年仲秋”的墨宝。原大殿内正中塑关羽，两侧为关平、周仓像，左边供孔子牌位，右边塑文昌帝君，故名“三圣宫”。据当地人介绍：该庙自建成就在宫内置办公学，为娜姑镇的教育事业作出过不可磨灭的贡献。原白雾街民间文化团体“崇正学社”也曾活动于此。现在，这里是白雾村小学学堂。据说，“文革”期间有人要砸掉三圣宫魁阁大殿，娜姑人在奎楼顶上修了一个光芒四射的红太阳，才最终使其幸免于难。

白雾村的古建筑中，目前只对三圣宫魁阁屋脊作过维修，其余的均保持着原貌。如今，这里是道教活动场所。主持名叫李理春，昭通鲁甸人，1989年在陕西楼观台入教，曾到过北岳恒山、北京白云观，现年35岁。他说自己是龙门派第22代

会泽娜姑白雾村文庙奎星楼

会泽娜姑白雾村文庙东庑

会泽娜姑白雾村文庙西庑

徒弟。

2005年，白雾村被评为“国家级历史文化名村”。

（据云南旅游网相关资料整理）

# 罗平县

## 罗平文庙（罗雄文庙）

罗平文庙又称“学宫”、“黉学”。罗平文庙始建于万历十九年（公元1591年），署州同黄宇建，后因战火焚毁。康熙六年（公元1667年）知州王鸿勋、学正尹嗣陟迁于城东白腊庙旁（后改为文昌宫），建有名宦祠、乡贤祠、道德坊、节孝祠、忠义祠、孝友祠，因年久失修，而大部分建筑倾圮；康熙十一年（公元1672年），知州张瑛复修，增置祭品；康熙二十二年（公元1683年），知州康孟侯改迁其左；康熙三十二年（公元1693年），知州孙世祯、学正杨于鼎始迁州治东南隅的虎豹营（今龙门街老武装部旁）；康熙三十八年（公元1699年）知州张含章会同学正及众乡绅兴建启圣祠、明伦堂（今县医院住院部）；康熙五十五年（公元1716年），知州王永异、学正涂瞰兴建尊经阁，署知州杜珍建泮池、状元桥。乾隆九年（公元1744年），知州戴之适率绅士将学宫再次移建于城北太液湖西面。清嘉庆二年（公元1797年），学宫被兵焚；嘉庆九年（公元1804年），绅士修葺一新。咸丰年间（公元1851~1861年），再度遭兵焚，祭器等遗失，庙宇坍塌。光绪四年（公元1878年），州城内众绅民捐资重修。

罗平文庙大成门

罗平文庙大成门全景

学宫曾为生员习经之所，是县内最高学府，称之为儒学。明代学额有儒学廪膳18名，增广生18名。康熙三十一年（公元1692年），廪生30名，增生30名，每3年取贡生2名。康熙三十七年（公元1698年），廪膳30名，文武赋生12名，科考文生12名，廪生享有领膳津

贴，被录取为贡生后，享受学租。罗平境内的书院在清中后期建成后，学宫有庙无学，每年春秋两季集文武官员于文庙祭祀孔子。民国24年（公元1935年），罗平中学设于文庙。1963年县人民医院住院部迁入，今尚存启圣祠。启圣祠又称为“大成门”，现遗五间，建筑面积504m$^2$。

罗平文庙大成门为单檐歇山顶，通进深6m，通面阔18m，高7m，石台基高1.77m，正间前铺砌10级石坎。大成门两侧耳房各三间，通高5m，进深6m，两侧通面阔各8.9m，砌5级石坎。大成门遗址经四次维修后，现作为县医院的办公室。

1984年被确定为县级重点文物保护单位。

（王德坤　图　陈江　文）

# 宣威市

## 宣威文庙大成殿

宣威文庙始建于明世宗嘉靖二十八年（公元1549年），宣威籍御史缪文龙咨于巡抚御史顾应祥、巡按林应箕，奉建于州治城南东向。后几经移址重建。雍正七年（公元1729年）卜居建于城内仓坡，后因事中辍。乾隆三年（公元1738年），知州朱绣改建完毕，终成规模。道光十七年（公元1837年），知州余崇本、学正王蕙详请重建崇圣祠、大成殿，时“大成殿高三丈一尺六寸，五楹九架”，“六级台阶”。大成殿“东西两庑高一丈九尺六寸，台二尺，阶三级。”大成门外，左右分别建名宦祠、乡贤祠。在棂星门左右建礼门、义路坊。另有牌坊、泮池等。同治八年（公元1869年），经补用道李东升倡议，于九年（公元1870年）将文庙移建至今宣威第一中学内。整座文庙由崇圣祠、大成殿、左右两庑、大成门、棂星门、文明坊、腾蛟坊、起凤坊、泮池、大门等构成一组气势雄伟、庄严肃穆的建筑群。时有“甲于全省”之誉。整座建筑群除东西两庑南北相向外，均座西朝东，沿中轴线建成。民国初，大成殿正殿还高悬康熙二十二年（公元1683年）御书“万世师表”，雍正三年（公元1725年）御书“生民未有”，乾隆三年（公元1738年）御书“与天地参”，嘉庆元年（公元1796年）御书“圣集大成”，道光元年（公元1821年）御书“圣协时中”，咸丰元年（公元1851年）御书“德齐帱载”，同治元年（公元1862年）奉颁“圣神天纵”，光绪元年（公元1875年）奉颁“斯文在兹”，宣统元年（公元1909年）奉颁“位育中和”等匾额。

宣威文庙大成殿

民国二十年（公元1931年），开始以文庙改修建学校。民国二十一年（公元1932年），宣威中学建成，10月，招初中一班开学上课。之后，随着学校的建设，除大成殿外，其余均已拆除。

1987年文物部门与宣威一中协作维修。2007年，市政府拨款30万元，学校自筹20余万元，于6月动工重修大成殿，9月底竣工。竣工后的大成殿，在保持原貌的基础上，除朽换新，改两山墙及后檐墙窗为雕木格锦窗；前面二十八扇门上

部均为镂空花格，其中二十四道下部均雕刻花卉；走廊四周安石栏石板三十八块，其中三十四块浮雕孔子圣迹图及七十二贤像，配阴刻《论语》选句，前面四块分刻《文庙简介》、《重修大成殿碑记》；前廊下均换新石级，后廊六级，前廊七级，中部安放石雕五龙丹墀；殿门上方悬五龙浮雕直匾一块，上书“大成殿”三字；飞檐斗拱、挑梁、横枋、桁条等，无不彩绘。大成殿本身高10.33m，基座高1.2m，再加上屋脊及宝顶，从平地至宝顶高14.5m。开间宽28.63m，进深17.2m（连四边走廊，不算前后廊石级伸出部分）；如果算齐前屋檐（仍然不算石级伸出部分）进深应为20.2m，占地面积达578.3m$^2$。屋脊两头及四檐角上屋脊安放着十二生肖、四不像等琉璃塑像，与琉璃大飞龙、大兽头、狮子、马、老虎等各适其位，前矗立孔子铜像，后竖立孔孟语录石碑。

宣威大成殿于1983年文物普查时列为县文物保护单位，现为曲靖市重点文物保护单位。

（据《宣威旧志汇编》等相关材料整理）

# 沾益县

## 松林魁星阁

位于云南省曲靖市沾益县城北17公里处松林村，松林村是云南省内最大的一个自然村。村中有一百多个姓氏，在全国大概也绝无仅有，村中街道都以姓氏命名为“禄家街”、“刘家街”等等。

魁星阁始建于明代天启五年（公元1625年），清代嘉庆年间重修，民国年间又修葺，1998年3月维修时将屋面的青灰色陶瓦全部换为陶制黄色琉璃瓦。魁星阁高14.5m，东西长10.4m，南北宽9.8m。底层是东、西、南、北都交汇贯通于此的过街楼形式，此建筑形式的三开间又具有门洞式牌楼建筑特点，东边底层中间有一楼梯直达顶层。魁星阁内供奉主宰文章兴衰之魁星神像。该阁楼是松林村的中心和标志性建筑物，如此造型优美独特和多用途的魁星阁，云南省内罕见。

松林魁星阁

松林魁星阁的木结构技术为抬梁式、穿斗式和移柱法及减柱法相结合的古建筑，柱网排列为柱上建屋的干栏式建筑，四角三重檐歇山顶；底层为十六棵柱子支撑，二层也是，但采用移柱法把东西两侧的八根柱子向内移了二分之一，下面用横穿的梁枋抬着内移的八根柱子；三层是八根柱子，此八根柱子是魁星阁中间从底层直达屋顶的，但在三层采用减柱法减去了东西两侧边上的八根柱子；魁星阁的屋顶为歇山顶；屋顶的正脊中央有陶制黄色琉璃宝顶，两端有陶制黄色琉璃吻兽和翘角，连接正脊的四条垂脊下端有陶制黄色琉璃兽头，连接四条垂脊的四条岔脊中间都有一护卫屋顶的陶制黄色琉璃走兽；一、二层的八条屋脊中央也都有一护卫屋顶的陶制黄色琉璃神兽，整个屋顶共有十二个陶制黄色琉璃神兽护卫并装饰屋顶；每层四角都有一个翘角，加上屋顶正脊两端的翘角，整个屋顶共有十四个翘角；三层屋面上都铺有黄色琉璃瓦。

魁星阁屋顶上的三重飞檐和翘角及各种黄色琉璃兽类装饰艺术陶构件，和整个屋顶的优美优美造型艺术是其独特之处，呈现着轻巧活泼、美丽动人的艺术形象而令人赞叹不已。该建筑所采用的移柱、减柱法使飞檐和翘角逐层收缩成宝塔的式造型，显得古朴典雅且美观大方，它的建筑技术精巧，整体造型艺术独特，用途多，文化内涵丰富，是不可多得的古代建筑佳作。加之其梁架上各衔接处所应用的榫、卯技术，使魁星阁古建筑具有墙倒屋不塌的良好抗震功能。

该魁星阁于1999年12月5日被沾溢县人民政府公布为第一批县级文物保护单位。

（支云华　网络文/图）

玉溪，本为县，原名新兴州。改为县级市后，下辖江川县、澄江县和通海县（河西县曾一度单独设县，现又划归通海县辖）。玉溪地区地处滇中南，距省城昆明较近，亦距建水（临安府）不远，文化相对发达，而通海一县更多文人，文事昌盛，文庙亦自成格局，颇多讲究。玉溪本郡之大成殿、文星阁、泮池、棂星门，川江县之棂星门、泮池、大成殿、文星阁、柱础、台山书院，澄江县之棂星门、泮池、大成殿，通海县之文明坊、大成殿、照壁，河西县之大成殿、儒学箴碑、古柏、建庙碑等，皆有可观，而修葺重建之玉溪、通海文庙更依稀重现出了典雅的古代文明。

## 玉溪市

玉溪文庙，原称新兴州文庙，始建于明代隆庆元年（公元1567年）。初筑庙城东南，继迁城外瓦窑屯，再迁城北，万历四十四年（公元1616年）又迁城东隅。前后62年间，庙四次迁移。清康熙二十七年（公元1688年），择东门故监司废署遗址建盖，功未半而倾。康熙五十二年（公元1713年）再建，占地面积十二亩六分九厘，是即新兴州文庙。旧时新州文庙有房屋七十一间，其中启圣宫三间，大成殿五间，两庑东西各七间，大城门三间，敬一亭、神器库各三间，名宦祠、乡贤祠各三间，省牲亭、更衣亭各三间，棂星门五间，左书室三间，明伦堂三间，魁星阁（文星阁）三间，大门三间，右文昌宫、桂香殿五间，后寝殿三间，书院三间；还有石牌坊三座（文明坊、德配天地坊、道冠古今坊）；泮池一个，圜桥一座；碑刻数十块。后，多被毁，仅存大成殿五间、文星阁三间及少量碑刻。2005年5月玉溪文庙重修，2006年1月1日向市民开放。新修仍仿旧制，于中轴线上依次建泮池、棂星门、大成门、大成殿，并立孔子塑像于大成殿前。

玉溪文庙泮池

## 大成殿

坐东向西，雕梁画栋，雄伟壮丽，曾一度作玉溪军分区礼堂门厅。1984年，大成殿重新修葺彩绘时，殿前有石砌月台。第一层高出地面1.15m，宽18.35m，进深6.2m；七级台阶，两侧各有一条青石垂带；台阶正中斜铺一块“二龙抢宝”石浮雕龙图(现已不存)，两侧垂带顶端各有一个直径48cm的实心石鼓。第二层月台高出第一层50cm，宽18.25m，进深6.15m。月台高1.7m，殿高8.7m，面阔5间，通面阔21.7m，进深9.1m。

重修后的大成殿仍坐东向西，单檐歇山屋顶，筒瓦、板覆盖正脊、垂脊，均为黄色琉璃瓦，正背两侧正吻为黄色陶制卷龙，正中有葫芦形宝瓶，左右各有一只陶制小兽，垂脊有走兽，顶端各有垂兽。大殿明间一门四窗，左右两次间，各有一门二窗，共通面阔21.7m，进深9.1m。门窗及内部装饰，均已按现代厅堂改建。殿内原供奉孔子牌位。

玉溪文庙棂星门

玉溪文庙大成门

玉溪文庙大成殿及其前的孔子像

玉溪文庙大成殿

## 文星阁

坐东面西，为三层四攒尖屋顶。顶约高40cm，各层高度由下至上，逐层收缩，每层四角有木柱4根，阁楼四周则有木柱14根。每层飞檐下各坠一只风铃。阁楼底座以40cm高的青石条砌成；正面有台阶三级，长12.5m，宽12.65m。底座上的楼阁边长为9.6m。

底楼四面均为三层六扇花格木门，正面上悬木质花边匾，匾额上书“文星阁”三个大字。四角飞檐顶部有套兽垂脊，顶端是黄色陶制龙头。

二楼四面均为两层八扇木格窗，正面两侧各有一个圆形花格窗，四角飞檐，顶部有套兽，垂脊有垂兽。阁楼顶部为黄绿相间琉璃瓦覆盖，正中有葫芦形宝瓶，并有四只陶制小兽围绕。阁楼内部各层均以木制楼梯相通。

玉溪文星阁

## 碑刻

文庙内现存碑刻10余块，其中较为完好的有：

1.《重建新兴州文庙碑记》两块，一为康熙五十二年（公元1713年）立；一为清新兴州知州任仲宜所撰，高2.25m，宽0.93m，康熙五十二年（公元1713年）立，记述新兴州文庙历史和重建的情况。

2.《新阁丈出余田拨充公用碑记》，高1.60m，宽0.82m，清乾隆四十八年（公元1783年）立。记述丈出余田14亩，租多拨用于赴考生。

3.《新兴州学田碑记》，高1.50m，宽0.73m，清康熙五十五年（公元1790年）立。记新兴州学田的情况，上述碑记都镶嵌在文星阁底楼外墙上。《广文学校建立碑记》，高1.27m，宽8.65m，民国三十八年（公元1949年）立，在文星阁外的空地上，记广文学校的建立情况。

玉溪广文学校建立碑记

## 文庙相关建筑及活动

1929年2月，在文庙右侧文昌宫的玉溪县立中学，玉溪旅省同学会回乡举办“新春同乐会”演出文艺节目，人民音乐家聂耳曾参加了演出活动。1944年2月，在文庙魁星阁创办玉溪县简易师范学校，作为中共地下党的活动地点。1946年4月，于文庙明伦堂侧，曾建广文学校一所。

## 附：重建新兴州文庙碑记

康熙癸巳郭堘字子煜满州人云贵总督吴存礼立庵正黄旗人云南巡抚，国家覆载，生成无远，弗届而文治之盛，亦振古所未有。盖由皇上重道崇儒，右文兴学，挥宸翰以饬士子；广解额以育人才。山陬海澨之乡，莫非礼乐诗书之习。道德一，

风俗同易，所谓观乎人文以化成天下也。滇南古百濮之，载在《周书》。自汉讫明，渐入中国，其他在五溪铜柱以外，民彝杂处，去邹鲁中原文献之邦，万里而遥。先王之春诵夏弦，党庠术序，所以涵濡而甄陶之者仅矣。今者，圣人御宇，浙仁摩义，滇虽远，时时宸虑几席间，而山水文章，交光互映，金马碧鸡之秀，昆池洱海之奇，亦遂吐露英华，宣扬精采，益焕发其巉岩清峭之气。故两迤人士皆彬彬然质有其文，新兴州旧有州学，以历岁既久，荒芜不治。州中管若梁先生名灏，与州守任君名中宜，慨然念之。以为学校者，人才所自出也。古者政治之盛衰，视学校之兴废。学校兴则化寻之功作于上，而师儒之教行；学校废则人才之心涣于下，而师儒之教熄。因倡使与阖州绅士更卜爽垲，损资重创。鸠工集事，一切维新。材木瓦甓之类取其坚，丹黄黼黻之功取其补。有正殿，有两庑，有别宫，以崇启圣之祀；有明伦堂为敬业之所，其他魁星阁、文昌宫、桂香殿，以次就理者，率皆备美轮奂。会予两人奉天子命同事兹土，来谒文为记。惟学校之由来久矣，今天下九洲四海莫不有学。然得其貌未得其心，慕其名不图其实。为师者既以劝导为官守之文，而弟子所习，亦惟呫哔是务，声利是趋，口耳是谋，辞章是逞。先王道德仁义之教，其有存焉者乎？夫学者，所以学为忠臣，学为孝子，学为正人君子，义夫烈士也。必也格致以启其源，诚正以殚其力，修身齐家以考其实，安邦定国以达其才。而后所以为学者，乃可得而言也。汉武侯有曰：澹泊可以明志，宁静足以致远。夫澹泊宁静，圣贤为学之本也。诚得其意，以求圣学。钟鼓在前，簨簴在列。躁心平，矜气释焉。至圣在上，群贤在下。如见申申夭夭之容，如闻金石丝竹之声。去溪慕之意而进于深醇，化骄元之情而造于诚笃。返躬克己，砥节立名。他日用于国家，为古今树伦纪，为宇宙荷纲常，为先圣先贤续濂洛关闽之绪，为千秋万世谨廉耻礼义之防。多士其互相砥砺交勉于成，使天下谓滇土之人才与邹鲁不相上下。微特山川生色，桑梓与荣，即予两人亦得籍手以报圣天子之否显休命矣。是为记。

（资料提供：魏渝荣　文字整理：张励民）

# 江　川　县

## 江川文庙

汉时名碌云异域，又名易笼，宋时名步雄郡。元初置千户所，至元中，升为州，旋，复降为县。明为江川县，延续至今。江川县今为玉溪市辖。

文庙又称黉学，是江川规模最大的古建筑群，于清乾隆四十四年（公元1779年）开工兴建，道光四年（公元1824年）落成，历时45年。文庙占地31亩，规模宏大，结构严谨，气势雄伟，是云南较大而保存较好的文庙之一。

文庙主体建筑是中轴对称的古代宫殿式土木结构建筑，由一殿、二门、二庑、四祠、一池组合而成，外配崇圣宫、钟秀书院。整个建筑群气势雄伟、构思巧妙、雕刻细腻、工艺精湛，具有极高的艺术价值。

江川文庙大成殿

江川文庙大成殿御制孔子赞碑并序

大成殿是文庙主体建筑的最高点，面阔五大间，每间32m²，分明间、次间、梢间和走廊。屏门24扇，共有26棵圆柱支撑。屋顶属尖山式歇山顶，由正脊、正吻、垂脊、博脊组成，屋顶由灰色板瓦和筒瓦构成，并由彩色釉瓦组成的三组菱形图案装饰其间。檐部雕龙刻凤，全部为镂空雕刻，檐下悬挂“万世师表”、“圣协时中”、“中和位育”三块匾额。居中的一品横梁上，书有“光绪十七年（岁次辛卯）大吕月望五日辰时江川县士庶重修”楷书字样。明间供奉“至圣先师孔子牌位”一块，两侧为“四配牌位”，均采用紫檀木三层镂空的龙凤雕花与之相配，并加之奇花异草，以金箔或朱漆加以修饰，雕工精巧细腻，造型古朴典雅，牌位两侧竖挂黑底金色阳刻楷书对联，上联是“六经垂万古”，下联是“一贯彻中天”。

次间立有“至圣先师孔子赞并序”石碑一座，通高2.67m，宽0.9m，厚0.2m，上有阳刻“二龙戏珠”图案，中有阴刻“御制”二字，碑文落款为“康熙二十五年七月初四”。又次间立有“颜子赞”、“曾子赞”、“子思子赞”、“孟子赞”碑一块，高1.45m，宽0.6m，厚0.2m。

此碑质地为纯青石，立于文庙大成殿左侧。碑座长150cm，宽70cm，高20cm；碑身高205cm，宽90cm，厚度为40cm；碑顶呈半圆，直径略大于碑身宽度，为118cm。图案为“双龙夺珠”，阳雕，珠下为长38cm，宽20cm的黑底竖长方形，上为阴刻金色大篆“御敕”二字。

《至圣先师孔子赞并序》曰：

盖自三才建，而天地不居其功；一中传，而圣人代宣其蕴。有行道之圣，得位以绥猷；有明道之圣，立言以垂宪。此正学所以常明，人心所以不泯也。粤稽往绪，仰溯前徽；尧舜禹汤文武，达而在上，兼君师之寄，行道之圣也。孔子不得位，穷而在下，秉删述之权，明道之圣也。行道者，勋业炳于一朝；明道者，教思周於百世。尧舜文武之后，不有孔子则学术纷淆，仁义湮塞，斯道之失传也久矣。

后之人而欲探二帝三王之心法，以为治国平天下之准，其奚所取衷焉？然则孔子之为万古一人也，审矣。朕巡省东国，谒祀阙里，景企滋深，敬摛笔而为之赞曰：

清浊有气，刚柔有质，圣人参之，人极以立，行著习察，舍道莫由。惟皇建极，惟后绥献，作君作师，垂统万古。曰：惟尧舜禹汤文武，五百余岁，至圣诞生，声金振玉，集厥大成，序书删诗，定礼正乐，既穷象系，亦严笔削。上绍往绪，下示来型，道不终晦，秩然大经，百家纷纭，殊途异趣，日月无逾，羹墙可晤。孔子之道，惟中与庸，此心此理，千圣所同；孔子之德，仁义中正，秉彝之好，根本天性。庶几夙夜，勗哉？令图溯源，洙泗景躅，唐虞载历，庭除式观。礼器摛毫，仰赞心焉！遐企百世而上，以圣为归；百世而下，以圣为

江川文庙大成殿前月台下东南面的石狮

师。非师夫子，惟师于道。统天御世，惟道为宝。泰山巖巖，东海泱泱。墙高万仞，夫子之堂，孰窥其藩？孰窥其径？道不远人，克念作圣。

康熙二十五年七月初四日

（以上碑文，均5公分见方楷书阴刻）

大成殿前是一方形月台。用青砖铺成，长14m，宽8m，高1.4m，周围均采用精雕细刻的石栏围砌，围栏上雕有石狮14只。

在文庙整体建筑的庄严肃穆的气氛中，只有这样一群石狮，显得无拘无束，悠悠然似居世外，据考证，原共有石狮12对，现仅存10对（两对失踪）。计半圆墨池之三孔联石桥两端，各置一对；前殿之南面两根屋柱下，作柱垫备置一只；大成殿青石平台护栏上及东、西、南三面的石级下端，配置7对。这些石狮，虽因“文革”遭损，使其肢体残缺，眼盲齿落，但却不减当年的造型神韵。它有肥有瘦，有大有小，有雌有雄，都神采奕奕，娇姿纷呈：有的翘首仰视，仿佛赏月；有的回眸张口，状若长啸；有的闭目养神，似在默想；有的面面相觑，恰似私语；有的舞爪弄尾，酷类作戏；有的四目对峙，似诉心中无限事……这一群石狮的出现，使古朴的文庙，顿生新意，于庄严中显活泼，于肃穆中现欢愉，为文庙总体建筑增趣甚多，添色不少。

大成殿月台东、南、西三面置石阶，正南方的踏跺中雕有“鲤鱼跃波”，御路石雕有“盘龙朝圣”。

“盘龙朝圣”是一块镶嵌于大成殿青石平台南端石级中央的大型石刻浮雕。高2.7m，宽1.3m，质地为纯青石。雕工精细，布局严谨，龙体生动活泼，仿佛从云雾中崭露头角，昂首向大成殿凝视，龙须飘拂，恰似在疾风中奋进；龙爪隐约可见，状若穿云破雾；龙尾与龙头呈上下垂直，对应点即总体布局之中轴线，遥与“半圆墨池”之半径相连。点、线结合。匠心独运，由此可见一斑。

江川文庙大成殿前御路盘龙朝圣石雕

江川文庙大殿前雕有“云托日月”“蟠龙抱拄”的石柱

## 石龙缠柱

月台正中立有相互对应的镂空石雕龙抱柱两棵，高2.5m，雕有“云托日月”图案，顶部雕有雏凤各一只，呈相向和鸣之势，含有雏凤凌空之意。缠绕柱身的龙，其须、口、鼻、爪、甲、鳞造型别致，惟妙惟肖，

江川文庙大成殿前石柱上栩栩如生的雏凤

江川文庙悬挂“道冠古今”匾额的棂星门

有吞云吐雾，跃跃欲腾之势。龙柱础分三层、上层为螺旋形，中层为八角形，下层为正方形，柱身与雕龙、雕凤合为一体，且为一石所成，是江川文庙石雕艺术中具有较高艺术价值的历史文物。

二门指大成门和棂星门，都与大成殿明间位于中轴线上，采用架梁和斗拱建筑形式，古朴大方，雕工精细。大成门高悬“佑启人文”匾额一块。从前，在大成门的两次间分别设有高2m的大钟一口和直径2m的大鼓一面。棂星门上悬“道冠古今”匾额一块，檐部雕龙刻凤，两侧高大的石狮威武雄壮。

二庑指紧接大成殿前面的东西厢房各9间，土木结构，东西对称，长16.5m，宽3.5m，檐部布局紧凑、雕刻精细。

四祠指紧接大成门的东西对称的乡贤祠和名宦祠各6间，以及紧接着棂星门东西对称的节孝祠和孝义祠各3间。四祠的结构、建筑特点、雕刻彩绘与两庑近似，其中的乡贤祠和名宦祠长12m，宽3.5m，节孝祠和孝义祠长6.5m，宽3.5m。

江川文庙南端中轴线起点的泮池

## 半圆墨池

古称泮池，俗称“月牙池”，位于文庙南端中轴线起点处，呈规则半圆形，面积约100m$^2$，池边石栏由栏板、盘子等构成，中间有三孔石拱桥，桥面宽2.5m，呈弧形贯通南北，桥边缘亦采用精雕细刻的石栏围砌。栏板原为石雕，现为水泥浇注，上有立体彩色图案分20个系列，每个系列10块，分别为:“白梅斗雪”、“仙翁驯鹤”、“鹦鹉学舌”、“吉瓶托卉”、“虎啸松涧”、“水仙争艳”、“童子拜佛”、“白象喷泉”、“秋菊傲霜”、“金鱼戏水”、“鹿鹤青坪”、“醒狮长吼”、“苍龙腾浪”、“鲤鱼跃波”、“松鹤遐龄”、“修竹迎风”、“雄鹰展翅”、“子规冲霄”、“杜鹃啼血”、“鼎上植松”。彩色图案栏板，以10块（7m）为一个层次，循环反复，构成一个统一体，围栏半圆墨池。池水原为长流水。水源从置于直径线上的两个龙头巨口中喷出，俗称“二龙吐水”。每当朝阳照池上，水雾七彩纷呈，蔚为大观。现因年久失修，自流水源枯竭，改用管道水喷头压入。

江川文庙宫墙

文庙主体建筑以外的附属建筑崇圣宫、钟秀书院等，现已坍塌殆尽。

鸦片战争后，林则徐由广东赴新疆，途经云南时，到过江川文庙，并题词“钟秀书院”，从此，文庙成为清政府培养人才、灌输统治思想的基地。民国时期，政府一直在文庙创办高小，儒家思想孕育了鲁子材、唐淮源、金汉鼎等一代江川知名人士。新中国成立后，政府亦在此创办小学，文庙一直得到有效的保护。“文革”、“破四旧”，文庙遭到前所未有的大劫难，“钟秀书院”

等价值较高的匾额和不少精美的雕刻被毁于一旦。1973 年江川县政府在此创办第二中学，文庙得以有效的保护和不断维修。

1989年5月，江川县政府把文庙公布为第一批县级文物保护单位；1996年由市、县两级政府一次性投资60多万元，对文庙二庑四祠进行了大规模修复；2001年4月，文庙被玉溪市人民政府公布为第一批市级文物保护单位；2003年12月，文庙被云南省人民政府公布为第六批省级文物保护单位。

## 文星阁

文星阁位于江城城中心，始建于清道光十九年（公元1839年），占地121m²。阁基为高0.6m、边长为11m的正方形石砌台基。底层四方开门，与通往东、西南、北四个方向的十字街道相连通。

文星阁为木质结构，布局井然，结构大方，身系宝塔形。四角柱架为穿斗式结构，中间部位亦为台梁式斗拱构成，斗拱又分七彩拱和九彩拱。楼层三叠，呈正方形。阁楼高19m，36颗圆柱支撑，形态巍峨，造型美观，建筑精巧，别具一格。

文星阁各层阁檐下均雕刻花卉图案，有透雕、浮雕，可谓斗拱飞翘，雕梁画栋。二楼边长为7.3m，原来悬有铜钟一口，为打更报时所用，现已无存。窗外的“江城如画”匾额也无影无踪。三楼边长为5.5m，有花窗十道。楼内塑有魁星神位。古时，逢七月初七，附近的先生和学生皆到此阁祭拜魁星。阁顶有多色琉璃瓦及葫芦顶装饰，点缀成精美图案，四周嵌“八仙”、“异兽”、“金鸡”等。

该阁木材全部采用当地云南松，构架间檀、垫、枋全部由穿斗、榫、卯构成，有的地方还用铁钉加固，斗拱富丽堂皇，构造复杂，充分表现了古代工匠的高超水平。

登上三楼，凭窗举目，心旷神怡，大好河山尽收眼底。向东一条大街直通江孤大道。远眺抚仙沿岸群峰，山峦层叠，极目无限。西揽云岩佳景，参天古树，苍翠碧绿。南观星云湖水，水天一色，两岸农田郁郁葱葱，公路纵横交错。北望梁王山，高耸入云，真乃天然屏障。俯瞰江城容貌，店铺林立，商品琳琅满目，人流熙攘，一派繁荣景象，真有“人在画中”之感。

为保护好这一难得的阁中之精品，1986年，江川县政府一次性拨款加以修缮，使其面目焕然一新；1989年5月，江川县人民政府把文星阁公布为县级文物保护单位；2001年9月，玉溪市人民政府把文星阁公布为第一批市级文物保护单位；2006年，经江城镇政府统筹规划，将文星阁周围48m内的私宅民房全部拆迁，使其成为江城城区休闲、娱乐、观光的亮点，这是江川古滇国文化园建设的一大举措，既有利于对文星阁的保护，又有利于加快江城城镇风貌建设。

（资料提供：中共江川县委办公室、陈汝谦；文字整理：李万春）

江川修葺一新的江城文星阁

## 江川台山书院

台山书院建于台山之上，因山而名。台山山顶形似覆盆，故又名覆盆山。还因台山土下埋着许多螺蛳，则又名螺浮山。后又因台山顶形似一盘磨，又更名磨盘山。山顶平圆如月，有七座小丘环绕，昔人称为七星拱月。台山中部前眺星云湖，后望七星塔，螺壳重叠，四周平坦，中间崛起，古树参天，风景秀丽。

顺治元年（1644），我国河南一带的和尚十多人化斋路过台山，看台山风光秀丽，地形独特，是发展佛教的宝地，便决定在此建寺拜佛。他们化斋积钱，买木请工，建造了台山寺的后殿（三星殿）和两侧的“猪神殿”、“财神殿”、“东岳殿”、“地藏殿”，供和尚们念佛和食宿之用。后来和尚逐渐增多，占据了整座螺浮山。

康熙三十三年（1694），重修了台山寺，并在地藏殿旁边建起正殿三间，为“活佛殿”。正殿檐前回廊中，左右各竖石龙柱一棵。

光绪十八年（1892），渔村李朴山在外考中举人，随后当了知县。回乡探祖时，召集渔村官府和民众，将外地和尚全部赶走。渔村官府用公田收入相继增盖了二殿（观音殿）和三殿（楼上为孔子殿，楼下为明伦堂）及其两侧厢房，建造了花园，在后殿（三殿）办起了佛堂，由渔村付鼎川主讲佛经。现存“台山书院”匾额为光绪二十一年（1895），云南省提学使高钊中（河南项城人）所书。这是利用台山寺寺产办书院的证据。

江川台山书院光绪二十一年（1895），云南省提学使高钊中（河南项城人）所书的匾额

江川台山书院大门

台山书院厢房外，左面为碑亭，右面为戏台。人们形象地比喻说，厢房似条龙，碑亭似龙尾，戏台象龙头。

光绪二十二年（1896）又增建了台山寺前殿和两侧厢房各三间，中间为院落。这样，整座台山寺形成了正殿四座，偏殿五座，厢房26间，大小院落五院的建筑格局。

台山寺里曾办过佛堂、书院、学堂、高等小学、中心小学，培养出许多能人志士，如作诗“一千两千三四千，华国文章盖世间。若问解元居何处，一支文笔插江边”的解元万华；笔势“古朴苍劲，雄健磅礴，飘若流云，活若蛟龙”，获巴拿马世界草书大赛第二名的书法家杨嘉善；“颜柳兼顾，别具风格”的楷书家付恩荣以及书法绘画造诣颇深的现代书画家普文治

等，均求学并毕业于台山书院。

昔日台山书院古树参天，匾额对联（现存杨嘉善匾“南海岸”）琳琅满目，百鸟争鸣，鹭鸶成群。历经沧桑的台山书院，今古树虽稀仍参天，但白鹭已无影，名联也无踪。值得告慰人们的是，自1983年江川县职业中学在台山开办以后，台山四周已打起了围墙，对“台山书院”采取了严格的保护措施。对台山寺一殿进行了重修，对已是危房的二殿、三殿及两侧厢房拆除后重建了二殿和两边厢房。对现存的各类古树作了尽可能的保护。多年来，职中师生对整座台山寺逐年进行了绿化美化。登上台山，虽再也看不到昔日的螺浮山旧貌，但仍可领略台山书院“双龙毓秀，百草钟灵”的风采。新种植的樱花、垂柳、雪松、柏树、草坪为古老的书院增添了几多秀色。“台山书院”已列为县级文物保护单位，成为江川的旅游景点之一。

今天，虽然再也看不到昔日螺浮山旧貌，但从江川文人韵士的诗文里，仍可领略到台山书院“双龙毓秀，百草钟灵”的风采。

## 附 录 台山书院名联、诗文

名 联：

（1）台下有星皆拱月，山上无树不参天。

——周学葵（江川小街人）

（2）双龙钟灵湖山川人物已占江邑十分五，两乡同赛会祠上下神共乐花朝二月三。

——李仕珍（江川渔村人）

长 联：

磨盘自半天飞来，除却三山，总算神功巧妙，看前横沧海，后枕流沙，纵教蜃市幻成，也无此色色形形，奇奇怪怪，我辈攀高凭眺，趁风力手拨云开，莫辜负一月当中，七星拱月。台阁从平地托出，才归五岳，又见气象堂皇，喜古号霞盆，今夸广厦，况是螺髻耸起，原有些重重迭迭，整整齐齐，谁家选胜登临，洗水光眼空尘界，好领略双龙毓秀，百草钟灵。

——李仕珍（渔村人）

诗二首：

（一）螺浮山体圆如月，培楼旁罗七个星，人道飞泉如散绮，一湖芳草正青青。

（二）古树台山可卜秋，奇踪自昔纪江州，可怜如意桥旁水，剩有村庄道姓侯。

（李万春整理）

台山寺“活佛殿”前左右竖立的石龙柱

光绪二十二年（1896）台山寺的院落

台山书院围墙

# 通海县

汉元封二年（公元前109年），在滇设益州郡，领24县，通海、河西属益州郡之胜休县。唐贞观八年（公元634年），改西宁州为黎州，通海、河西属黎州地。唐咸通年间（公元860~874年）始以通海为名设县。大理国后期曾一度设秀山郡。元至元十三年（公元1276年）改初期的通海千户为通海县，为临安路的附郭县。明洪武十五年（公元1382年）改临安路为临安府，迁府治于建水，通海县则隶属临安府，此制沿至清代。民国时期，通海县先属蒙自道，后改为云南省直隶。建国后，通海改属玉溪地区至今。通海县之与河西县，时分时合；现今河西又复为通海所辖。文庙有三：秀山北麓、河西、曲陀关。

## 通海黉宫

明初平滇后，鉴于云南及川边之地“民皆啰唣，朝廷与以世袭土官，于三纲五常之道懵焉莫知” 遂令“皆设儒学，选其子弟孙侄之俊秀者以教之，使其知君臣、父子之义，而无悖理争斗之事，亦安边之道也。”明万历《云南通志》卷八《学校志》载：“通海县儒学，在县治南，洪武二十五年（公元1392年）即废寺为之”。今寺内所存雍正十三年所立《重修通海庙学记》碑称通海文庙始建于元代，不知所本。明弘治十六年（公元1503年），通海知县余人俊曾重建文庙，康熙二十九年（公元1690年）、雍正十一年（公元1733年）又多次修葺，为现存秀山北麓文庙奠定了规制基础。此后，自清乾隆至于民国，通海文庙经十余次修葺，庙内建筑虽时有增减，但大体保留了明代文庙的格局。

中华人民共和国建立后，通海县人民政府也曾于1985年重修过文庙。然而，自民国年间始，秀麓书院、中小学先后办于文庙，建国后通海文庙内的许多建筑继续作为通海一中的校舍，加之许多建筑的损毁和人为破坏（尤其是1953~1958年的破坏），通海文庙已面目前非，仅存大成殿、东西两庑、乡贤祠、名宦祠、启圣馆以及戟门、尊经阁、文明坊等。鉴于此，通海县人民政府从2005年始投入巨资对文庙进行修复性建设，并迁走通海一中，整个工程预计于2010年完成。

清魏荩臣修、阚祯兆纂之《康熙通海县志》对康熙年间通海文庙的描述是：

> “通海黉宫建于秀山之麓，地势方广而敦崇，较县城基约高五丈许。……弘治十七年，知县余人俊扩地兴工，重建大成殿东西两庑，戟门左右名宦祠、右乡贤祠。棂星门次第而进，历阶百级。丹墀月台，石栏工麗。以旧堂为祠，祀启圣。其神厨、神库、宰牲房靡不毕葺。东为明伦堂，堂后尊经阁，栋桷拂云。中之讲堂，轩楹七丈，翼以斋廊，望之整如也。由大门入二门，重扉洞启，缭垣周广数百丈，仰挹清虚，俯瞰双湖，前涧后冈，左环右抱，碑记之矣。敬一亭踞高巘，重檐阿阁，气象恢宏，……古柏、苍松森森成行。……大成殿三间，夹室各二间；东庑西庑各九间，戟门九间，名宦祠三间，乡贤祠三间，棂星门三间俱背向，启圣宫五间，明伦堂五间，二门三间，大门三间俱北向，东西斋房各三间。”

现存之通海文庙坐南朝北，背靠秀山，依山势而建，上下高度相差超过20m，主要建筑文明坊、大成门、大成殿、崇圣祠、尊经阁等，顺序排列在中轴线上，东西廊庑房及钟鼓二楼，以对称格局配属于正殿两边。全庙共分四进三大院落。在主体建筑东边，建筑顺序为大门、文明阁、启秀楼、明伦堂、敬乐业群堂、阐经阁、乐寿宫等。在文明坊下，有石阶三十余级，下为广场，场边建有红色宫墙，墙上镶嵌着“鸢飞鱼跃”四个石刻大字，墙内建有半月形泮池，有石雕栏杆围护。池东有“江汉秋阳”坊，坊后为忠义祠，宫墙东西面各有一牌坊式大门，称东、西华门。

## 大成殿

通海文庙中较有代表性的建筑是大成殿。为五开间式，面阔22.5m，进深13.3m，单檐、歇山顶抬梁式木构架；梁架由28棵巨大的圆木柱支撑，柱基分别为灯笼式和古镜式。整体结构阔大规整，为典型的清代建筑。正殿内立有“大成至圣先师孔子”牌位，东配殿为颜子、子思子牌位，西配殿为曾子、孟子牌位。

## 古柏

大成殿前有古柏14株分列大成殿两侧，其中6株为明代榛柏，其余全是百年老树。漫步其间，有森森庙堂之气，油然生肃穆之感。

通海文庙大成殿

## 文明坊

建于清雍正十一年（公元1733年）。四柱三间牌楼式，高11.6m，面阔15.9m。八角飞檐双重，斗拱密集交错，建筑技艺高超，精巧别致，高大雄伟，金碧辉煌，据称是云南省第二大牌坊。

据县志考，明、清两代，通海一地进士、举人多达348人，礼部尚书朱嶟、翰林董玘、董健以及书家阚祯兆等历史名人，均出身县学，与文庙密切相关。通海一地，民风淳厚，学文、习礼之俗名闻遐迩，被誉为“礼乐名邦”。此四字原刻于

通海文庙文明坊

通海文庙大成门

南门月城照壁，后移在黉宫照壁之上。

## 聚奎阁

一般聚奎阁都建于文庙之中，秀山镇则将阁筑于县城正街。

聚奎阁原建于清康熙年间，光绪二年（公元1876年）被焚毁。光绪八年（公元1882年）于原址重建，虽经百年之久，又逢两次地震，至今仍巍然立于城中。奎阁占地137㎡，高17.5m，共三层，每层飞檐四翘，雕梁画栋，琉璃覆顶，典雅辉煌。建筑由40根木柱支撑，底层16根铁栎木平均直径为36cm，内层中柱4根从柱础直通阁顶，外檐柱每边4根；中柱与外檐柱连接紧密，梁柱拉结点严丝合缝，毫无钉楔痕迹，被誉为“滇中古建筑瑰宝”。二楼四面分悬四块清代匾额：东“四维统纽”，西：“高拱辰居”，北：“冠冕南州”，落款为云贵总督岑毓英，南：“聚奎阁”。

原奎阁下层中空，为南北东西大街通道，可对穿。1985年，县城扩街，底层改为图书阅览室，四周则砌成台阶，围以栏杆、花坛，俨然天成。

（资料提供：梁初阳　秦树才　文字整理：张励民　李万春　个别照片提供：可胜）

通海文庙大照壁

通海文庙红墙

通海文庙聚奎阁

# 河西文庙

河西文庙位于今通海县城西北15公里处的河西镇。河西镇时与通海县相分合，至元十三年（公元1276年）在今通海河西地设河西州，属临安路，至元二十六年（公元1289年）改为河西县，沿至1956年并入通海县。

明万历《云南通志》卷八《学校志》载：“河西县儒学，在县治东，元泰定间建。国朝洪武二十九年重建，嘉靖十二年改迁，三十一年兵备蒋宗鲁重修。”可见，河西孔庙始建于元泰定年间（公元1324~1328年），乾隆《河西县志》更将河西儒学建立时间考订为“元泰定乙丑”，即公元1325年。河西儒学文庙原建于元代河西县旧治东的螺髻山下，明嘉靖十二年（公元1533年）迁于今址。明嘉靖三十一年（公元1552年）曾重修，清光绪十六年（公元1890年）又大修，文庙占地达9000㎡，主殿屋顶全部换为琉璃瓦。1990年,通海县又对河西文庙进行修葺。经过重新修整的河西文庙现有大成殿、文明坊、大成门、东西廊庑和明伦堂等，占地约3000㎡。整座文庙坐东朝西，主要建筑沿中轴线对称排列。四周环境幽雅，整体布局宽敞，殿堂、牌坊雄伟壮观。

## 大成殿

大殿5间，通宽19.2m，进深11.3m，高11m，单檐歇山顶，抬梁式木架。檐下坊雕刻花鸟图案，琉璃瓦屋面，富丽堂皇。

通海河西文庙大成殿

通海河西文庙弥足珍贵的“唐柏”

通海河西文庙先师殿前罕见的石柱对联

## 文明坊

为三间牌楼式样，高8m，宽13.5m，四棵巨大圆柱直承屋顶，中间两柱基上前后有石狮和石麒麟各一对及青石雕刻的护栏板，屋架用小型斗拱叠架支撑。牌坊石雕及殿台基座上的动物、花卉浮雕亦生动可观。

## 碑刻

在河西文庙内，以《礼部批文碑》、《儒学箴碑》较为知名。

《礼部批文碑》又名《右仰通知碑》，立于明洪武十四年（公元1381年），碑体为青砂石质，高1.02m，宽1.05m，厚0.12m，缠枝花边，单面正楷文字。碑文乃明初礼部所发批文文本，内容涉及古代教育，尊师重教，择优提举，以及司法、民风道德等，算得古代教育的重要文献。

《儒学箴碑》立于明宣德七年（公元1432年）。碑体为红砂石质，高0.95m，宽1.4m，厚0.14m，边饰缠枝花纹，单面正楷文字。内容亦教育思想及格言之类，“化民成俗，以善其乡；成德达材，以资于邦”云。

## 唐柏

文庙有古柏称“唐柏”，最为宝贵。

## 先师殿石柱对联

石柱上承殿檐横梁，下置石狮、花瓶须弥座石墩上。一四，二三各为一联，日：

数仞宫墙有宗庙之美百官之富，
六经仁义如日月之明四时之行；

德冠生民溯地天开咸尊首出，
道隆群圣统金声玉振共仰大成。

（资料提供：梁初阳　秦树才　照片提供：李万春　可胜　文字整理：李万春）

# 澄江县

澄江地处滇中。西汉元封二年（公元前109年），汉武帝开西南夷，在今澄江一带置俞元县，隶属于益州郡。元至元十六年（公元1279年）设澄江路，下辖河阳、阳宗、江川三县及新兴、路南二州；其中，河阳县即相当于今之澄江。西汉元封二年（公元前109年），汉武帝开西南夷，在今澄江一带置俞元县，隶属于益州郡。元至元十六年（公元1279年）设澄江路，下辖河阳、阳宗、江川三县及新兴、路南二州；其中河阳县即相当于今之澄江县。明洪武十五年（公元1382年），改澄江路为府，府治仍设河阳县。民国二年（公元1913年），撤销澄江府，改河阳县为澄江县。今划归玉溪市管辖。

## 澄江文庙

澄江旧有文庙，位于今澄江县城内。

位于金莲山麓的澄江文庙始建于元代大德年间（公元1297~1308年）。明洪武十六年（公元1383年）于旧址重建。隆庆四年（公元1570年），知府徐可久迁府治于舞凤山麓（今县城凤麓镇一带），府学也随之而迁，但万历三十一年（公元1603年）云南巡按宋兴祖又将府学迁回金莲山麓。明天启六年（公元1626年），经御史朱泰祯上疏，河阳县获准建立县学，由知府李若金、知县赖子崇于府城西兴建。康熙四十一年（公元1702年），莅任伊始的知府黄元治“详请上宪”，将府、县学合二为一，建于府署东侧，经康熙四十四年继任知府刘骊的努力，合建工程方告完工，从而形成了今天澄江文庙的规制。其后，乾隆、嘉庆、道光、光绪诸朝对文庙均续有修葺、增建，文庙的占地面积达2万多$m^2$。现今所存文庙，多数系光绪二年（公元1876年）修葺后的建筑。20世纪90年代以后，澄江县人民政府也曾多次拨款修缮棂星门、大成门、大成殿等建筑。

清代府县二级儒学合建后的澄江文庙，坐北朝南，有影壁、泮池、石拱桥及棂星门、大成门、东西两庑、大成殿、启圣宫等主体建筑，由南而北沿中轴线依次递进。庙前的影壁两旁设东“礼门”，西“义路”。在棂星门与大成门之间，东西各建房三间，东为名宦祠，西为乡贤祠；在学宫之右，复有明伦堂三楹，仪门三间。现存澄江文庙建筑主要有大门、泮池及石拱桥、棂星门、大成门、大成殿等。

## 大成殿

澄江文庙大成殿高18m，五开间，面阔28m，进深20m，系土木结构抬梁式构架，双层屋檐，不用斗拱，举架甚高。殿中共有26棵朱红大柱、20道格扇门。殿前的两棵大柱金龙环抱，气势雄伟。大殿正脊下方镶有“国泰民安”、“天下太平”八个大字。大殿前悬仿刻光绪皇帝御笔“斯文在兹”匾额，意指世间所有文化盖源于儒学创始人孔子。两旁悬有康熙五十一年郡人李發甲（康熙甲子举人）所建“德配天地”、“道冠古今”二坊之匾额。殿内原供“大成至圣先师孔子之位”于九龙木雕坐上，两旁供四配十哲牌位。次间正墙上镶康熙二十五年(公元1688年)和二十七年(公元1690年)颁发的《御制孔子赞

澄江文庙大成殿

碑》和《四配赞碑》。殿前月台下正中御道上镶嵌石雕五龙石壁，姿态生动逼真，雕刻精巧，被列为县级重点保护文物。

## 棂星门

澄江文庙棂星门建于清康熙四十一年（公元1702年），为木石结构牌坊式门楼，三开间，高10m，宽15m，重檐歇山顶，有二重飞檐，下层分左右两边，为上层覆盖。檐下斗拱数重，梁与檐间绘彩色图案。每边正中饰有金鸡、牡丹，龙凤等镂空木雕。牌坊由四根坊柱支撑。坊之正中上方，匾刻“棂星门”三个大字，为光绪贡生洪云程所书。两道侧门分别镌刻“金声”、“玉振”篆书，语出《孟子·万章下》“孔子之谓集大成，集大成者，金声而玉振也。”

澄江文庙棂星门

## 泮池

棂星门正对有泮池及三孔石拱桥，全由青石雕砌而成。桥长12.4m，宽3.35 m，两侧石栏，雕刻二十四孝及古代故事。桥两端有石狮一对,皆精细生动。

## 碑刻

澄江文庙现存碑刻不少，价值颇高。其中《范忠宣公格言碑》，据称为元赵孟頫所书，最为珍贵。此碑为墨石，长1.2m，宽1.35m，行楷书体，叙述范仲淹劝人必须“以责人之心责己，以恕己之心恕人”的忠恕之道为人处事。碑刻于明万历三十四年（公元1606年），现砌于文庙大成门内墙。

澄江文庙范忠宣公格言碑

另一块较为珍贵的碑为《御制赞碑》，全长3.4m，宽1m，清康熙二十八年（公元1689年）立.碑额为半圆形，上刻云龙图案，云纹中有篆书“御敕”二字。碑文为楷书，对孔门四弟子（颜回）、曾子（曾参）、子思（孔伋）和孟子的德行进行了赞扬。此碑书法工整，为清顺治进士、康熙户部尚书、文华殿大学士张玉书所书。此碑现亦镶嵌于大成殿正壁之上。

（资料提供：朱红娜　秦树才　文字整理：张励民　个别照片提供：可胜）

# 保山市

保山，古称永昌，为哀牢故地，相传，这里是“九隆神话”的发源地。这个古老的神话，本源于古老的西戎，而定型于永昌。后来，“九隆”也就被认定是哀牢夷的祖先。及至唐代，九隆又被附会成南诏国主蒙氏的祖先。九隆神话在滇西彝族、白族群众中有深远影响。九隆神话的故乡保山，也就带有一种古老而神秘的色彩了。

范文澜《中国通史》说“永昌郡是汉在西南方的基地。”据专家考证，保山古城最早可追溯到西汉元封二年（公元前109年）的不韦县治，这是汉王朝在云南设置的第一批县治，也是当时“王鞭”所及的最“边”的一个城池，是云南建筑最早、规模最大的城池。明洪武时变土城为砖城，又“辟西城而广之，罗太保山于内”，到此，保山城市风貌基本定型，“七十二条街，八十一条巷。”街巷多垂直交叉，呈“井田”状展开。如今，古城经多年改造拓展，市区面积已是原有的四倍。

保山市的前身——古哀牢国及永昌郡、府一直占有十分重要的地位。东汉永平十二年（公元69年），哀牢王柳貌，率邑王77名，族氏5万多户共55万多人内属，汉明帝以其地置哀牢、博南二县，并和益州西部六县一道设置永昌郡，郡治在今保山城南诸葛营。从此“永昌”二字便在历史的星空中闪灼了1800余年，而我国的西南边疆亦大体确定。当时的永昌郡地域极广，相当于今滇西、滇南及缅北广大地区，有231,897户计897,344人，为卓立东汉的天下第二大郡。清代设永昌府，领土府一、厅、县、土州、长官司各二及安抚司三，宣抚司五，是全省领州县级政区最多，设治也最复杂的府。辛亥革命后，废府置县，易名保山，同时在其原辖地腾冲县设腾越道，辖域相当于今保山、临沧、丽江、大理、德宏、怒江、迪庆7州市。

保山市还是一个书香浓郁、人才辈出的人文荟萃之地。西汉武帝置不韦县，并迁中原文化望族吕氏（不韦）后裔“实之”。“汉德广，开不宾。度博南，越兰津。渡兰沧，为他人。”这首诗歌反映了中原文化与本土文化碰撞出的最初的精神火花。诸葛南征，当地最为出色的官员恰恰是吕氏后裔中的吕凯，在危难之际“执忠绝域”，抗强保境。备受诸葛亮推重，官至云南大守，封阳迁亭候。接着，名满天下的新都杨状元谪戍保山，沧怒之间更是魁星高照，文气大炽。尤其是与杨升庵惺惺相惜的诗人张含，其大量诗文“上猎汉魏，下汲李杜”，极大地丰富了地方文库，于滇省亦堪称大家。

（杨发恩）

## 永昌府学宫

永昌府学宫，在保山城内西北角，元代建于都元帅府西。洪武十六年（公元1383年），永昌府庙学在兵乱中被烧毁。洪武二十三年（公元1390年），省府废学。洪武二十七年，命秀才余子禧为教师，教授武职军民子弟读书，以镇南门所署为馆舍。至永乐十七年(公元1419年)，余子禧靠募捐重建永昌府文庙于中正坊。正统九年(公元1444年)，刑部待郎杨宁与黔国公沐斌征麓川时驻师永昌，于城内西北角建金齿司学，明礼部尚书王直有《重修金齿司学记》。之后，余子禧死，其子余谷继任，并被任命为府学训导。

明成化四年(公元1468年)，巡按朱皑为永昌府庙学建馔堂、号舍、大门。成化十七年，兵备副使王槐建兴贤、毓秀二坊。正德八年(公元1513年)，训导黄临建坊表。十五年，兵备副使汪标建泮池和石桥。嘉靖三年(公元1524年)，改金齿司学为永昌府学，并于大成殿下建两庑、戟门、官厅和库舍，围墙有33楹，戟门外有两竖碑，亭前凿泮池，有棂星门及东西黉门。文庙旁为明伦堂，仪门外建石坊。文庙占地面积214平方丈。万历十三年(公元1585年)，永昌知府陈严之在庙学泮池南建石

永昌府学宫大成殿（今保山一中内）

坊。二十三年，通判李绍芳，推官董述先建一亭，置祭器、乐器，后毁于兵乱。

清康熙六年(公元1667年)，知府王家相重修。以后，总兵周化凤、知府罗纶再次重修。雍正十二年(公元1734年)，知府严宗哲捐资重修文庙，并增祭器、乐器。乾隆十一年(公元1746年)，知府徐本仙、总兵陈纶、知县张福昶重修文庙，并置祭器、乐器。三十四年，知府佛德重修文庙。三十六年，知府贺长庚、宣世涛、知县汪相銮、陈国敕、陈其伟等重修文庙正殿。三十九年，知府周际清重修祭器。四十八年，知府宣世涛重修两庑、黉门、明伦堂等处。嘉庆二十三年(公元1818年)，训导王恺重修两庑、泮桥。道光二年(公元1882年)，知府伊里布补修围墙并泮池、石桥栏杆。道光十二年，署知府董国华重修府学，详董国华《修理永昌府学记》。咸丰七年(公元1857年)，文庙部分房舍在回汉械斗的兵乱中被烧毁。咸丰十一年，永昌城被回民起义军攻占，文庙除正殿残存外，其余皆被拆毁。至光绪九年(公元1883年)，知府郭怀礼倡议并率绅士捐修文庙。

坐落在文庙后的启圣宫，曾由知府祖维焕重修，也在咸丰年间的回汉械斗中被拆毁。此外，位于魁阁右面的名宦祠，由同知冯遇伯、教授蒲易藩同修，也同时被毁。位于庙学左面的魁星阁，于乾隆四十七年(公元1782年)，曾由教授袁人龙、训导孙辉祖重修，咸丰年间被毁后，祠宇残落，光绪九年(公元1883年)由知府郭怀礼率绅士补修。由绅士邵其位、袁文典于乾隆年间重修庙学左面的乡贤祠，道光三年(公元1823年)知府陈廷焴补修，咸丰年间也被毁。

（木心 整理）

# 保山县学宫

保山县学宫先师殿（今保山试验小学内）

保山县庙学位于府学南面，于明嘉靖十一年(公元1532年)，由巡抚顾应祥奏设，嘉靖十二年由巡府都御史胡训、知府郑寿建成。之后，知县马冕建泮池，教谕蒋永吉建棂星门和石桥。隆庆三年(公元1569年)，兵备周公祚曾改修该庙学。以后，逐渐破损，清康熙九年(公元1670年)，知县吴士鲸同郡人王伯昇重修。之后，教谕李昌兰建庙前礼、仪门，二门向东当街建，二坊跨街，中凿文明井，庙右为明伦堂，堂前为仪门，门前为坊，坊外为照壁。雍正十三年(公元1735年)，知县张福昶再次重修，并增祭器、乐器。乾隆二十四年(公元1759年)，知府佛德、知县陈廷献重修。乾隆三十一年，训导敦元建二坊为黉门。乾隆四十一年，知府汤雄业、知县李伟烈、教谕任聚仁率绅士重修。乾隆四十七年，知县潘钰重修启圣宫和东西两庑。道光二年(公元1822年)，教谕杨春辉重修黉墙、牌坊、泮池、栏杆等处。至咸丰年间，因故，除正殿残存外，其余皆被焚毁。同治十三年(公元1874年)，知府朱百梅率绅士重修，至光绪元年竣工。光绪三年(公元1877年)，知县刘云章曾续修。光绪八年，知府郭怀礼率绅士补修仓圣祠及两厢房和县庙学大门。

保山县的启圣宫，乾隆四十六年(公元1781年)由知府特昇额、知县潘钰率绅士重修，咸丰年间被毁坏后，光绪四年(公元1878年)知县刘云章率绅士重修。魁星阁原在明伦堂右面，由知县陈时务建于明崇祯年间，乾隆四十六年，知县潘钰率绅士在明伦堂前面重修，咸丰年间被毁。



（因心　整理）

# 腾冲县

作为云南省首批历史文化名城之一的腾冲，早在西汉时就已名列《史记》。《大宛列传》载，昆明之西“千余里，有乘象国，名曰滇越”。“哀牢归汉”，滇越则归新设之永昌郡；至南诏改腾冲府，“腾冲”之名首现。此后相继在此设立司、州、厅、县、道、署等军政机构，曾一度成为“滇西道”、“第一殖边督办署”等滇西大部地区的行政中心。腾冲又是西南丝路重镇，滇缅公路未通车前，是云南通往缅甸的经济中心和主要商埠，腾冲海关是云南三大内陆关之一，在全国海关开关史上排行第十二。

“书礼名邦”腾冲人崇尚文化，素以“知书达理”为荣，文化渊源极深而泽被极广，明成化时即筹办司学，“设官以教，选材以养。”黉学建立后又倡建书院；清康熙以后又陆续在城乡设立义务性质的义学。“立书院以培一郡之英姿，卓荦者得蒙作育；后建义学以教各乡之子弟，贫苦者共沐熏陶。”建于明弘治元年的腾冲秀峰书院是云南最早的书院；腾冲创建义学59馆，位居全省85个府、州（厅）、县683馆之冠。从明成化至清末的三四百年间，腾冲教育一直延续并不断发展，遂至“科第蝉联，名贤辈出，创造了腾冲教育文化史上的辉煌，永昌明成化进士，南京户部右侍郎张志淳誉为“冠天下之学”。清末民初腾冲涌现了：打响云南辛亥革命第一枪的腾越起义领袖张文光，被章太炎誉为“天南一枝笔”的李曰垓，曾任农商总长及代总理的国民党元老李根源、毛泽东的哲学顾问大众哲学家艾思奇等一批具有全国性影响的大智大勇人物。

（杨发恩）

## 腾冲文庙

腾冲文庙，位于明代所建腾冲城区南端，为一规模宏大的建筑群。

腾冲文庙，始建于明成化十六年(公元1480年)。原建于城内西北隅，清康熙四十年(公元1705年)，移于明腾冲军民指挥使旧署。前以大车湖为泮池，西以秀峰山为魁阁，东建文昌祠。后因地震、兵燹，累经浩劫。光绪五年(公元1879年)重修。重

腾冲文庙启圣宫

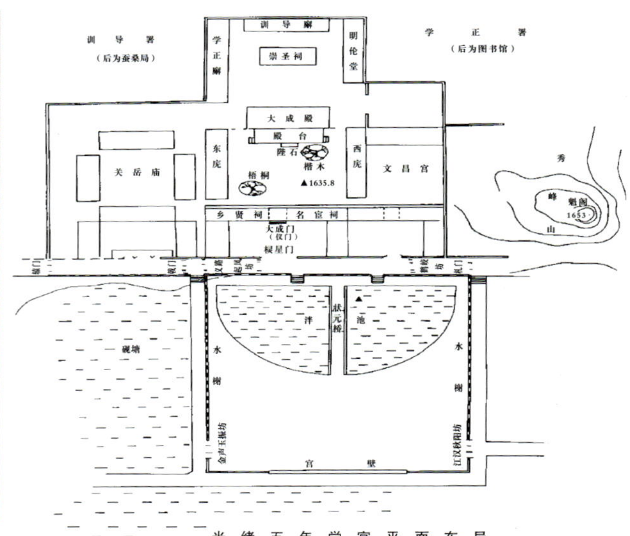


光绪五年学宫平面布局

腾冲文庙大成门

腾冲文庙泮池

腾冲文庙西庑

腾冲文庙棂星门

修建的文庙，规模更为完备。

文庙建筑坐南向北的朝向为全国所仅有。原占地面积近40000m²。照壁、泮池、泮桥、棂星门、大成门、大成殿、启圣宫贯穿在南北中轴线上，纵深260m左右。其左右建筑物基本上作对称式的排列，布局严谨，气势宏伟。泮池半圆形，周围以石砌筑，腾冲文庙泮池小于建水文庙，大于全国其他文庙泮池，水面约5000m²，中建三孔石拱桥，桥长55m。泮池两旁外设围墙，围墙上置小厦百余间。内设石栏杆，中为道路。池前左为“江汉秋阳”坊，右为“金声玉振”坊，均为三间四柱木结构牌坊，檐下斗拱五层，明间两柱石鼓夹抱。池正前方为大照壁，厚近2m，壁上部横排3个大圆孔，以透风减阻。池南地势升高，沿石阶上堤，中间为棂星门，堤左“腾蛟”坊，堤右“起凤”坊。第一进中为大成门，面阔5间，硬山顶穿斗式木结构建筑，左厢为“名宦”祠，右厢为“乡贤”祠。第二进中为大成殿，重檐歇山顶，抬梁式构架，面阔5间，进深3间，飞檐羽角上翘，造型凝重古朴。

左右两庑均为单檐硬山顶，穿斗式木结构建筑，面阔5间，上建重楼。在此中轴线西侧有二进院落，前院为明伦堂，单檐硬山顶穿斗式木结构建筑，后院为训导廨，明伦堂西为秀峰山，上建秀峰亭。中轴线东侧为学正廨，其东原建文昌宫，1944年毁于战火。

腾冲文庙是腾冲城在1944年对日反攻战役中遗留下来的惟一古建筑群，对研究中原文化在祖国西南边陲的传播具有重要

的历史价值，是璐江以西唯一省级重点文物保护单位。

注：本文部分照片引自云南民族出版社《腾冲县建设志》，深表谢忱。

（腾冲孔学组供稿　杨发恩整理）

## 文昌宫与魁星阁

据《腾冲民国县志稿》记载，腾冲明清两代，曾修建文昌宫十处，遍及四乡八练，其建设规模宏大，气势磅礴，尤以绮罗、和顺、小西文昌宫为最。

绮罗位于腾冲县城东南两公里处，这里民风淳朴，风光旖旎，文化古迹众多，历史上曾以侨乡称著。绮罗清代有将军8人，进士2人，举人5人，贡生10余人；清末民初有一批同盟会员、留美学生、黄埔军校学生等。

绮罗文昌宫位于县城南4公里的腾越镇热海社区下绮罗村，地处风景如画的绮罗河畔，系采用儒教文庙规制与道教宫观相融合设计的组群建筑，建于形似“金龟”的小山丘之上。

文昌宫坐南向北，大门、泮池、棂星门、朱衣楼、文昌殿、启圣楼、花园等建筑，沿南北纵轴线依次排列。以文昌殿为中心，殿左魁星阁，殿右至圣楼，沿东西横轴线排列，其余建筑皆排列其前后左右，各自构成四合院式的建筑单元。

宫门为牌楼式大门，券门3道，中门门额嵌“玉真庆宫”四字刻石；“礼门”、“义路”分别其两侧。大门内为半圆形泮池，池中方形石砌台面，两端以石桥连接，四周以石栏板围护。泮池南棂星门，牌坊式木结构建筑，四楹3间，明间石鼓夹柱，额枋之上5层斗拱，制作精美。棂星门后朱衣楼，单檐硬山顶穿斗木结构建筑。朱衣楼后为中心建筑物文昌殿，重檐歇山顶抬梁式木结构建筑，面阔3间，梁檐柱枋施以彩绘并饰浮雕、透雕图案。明间隔扇门6面，每面上部以团花棂子为地，透雕施彩，以历史故事为题材的“明刑弼教”、“历代义门”、“范公书院”、“提戈取印”、“龙文鞭影”和“斐度还带”等六组画图，构图匀称，景物自然逼真，人物栩栩如生，雕刻刀法明快，堪称古建筑工艺佳作。文昌殿内祀文昌帝君。正殿后为启圣楼，重檐硬山顶穿斗式木结构建筑，面阔三间，祀孔子父母牌位，楼后为小花园。

文昌殿左魁星阁，六角攒尖顶三重檐阁楼，祀魁神；殿右至圣楼，六角攒尖顶三重檐阁楼，楼上祀孔子牌位，楼下祀乡贤牌位。

文昌宫始建于明万历三十七年(公元1609年)乡人段尧俞倡建。清

腾冲绮罗文昌宫

绮罗文昌宫浮雕隔扇门

中为文昌宫，左为魁星阁，右为朱衣阁

康熙至光绪年间，经数度改建、扩建，现存规模，距今已近400年。

文昌宫前拱高黎贡山，层峦耸翠；后连鹫岭，叠嶂回龙，秀水东来，环流宛若襟带。其建筑布局严谨、重户叠拱、雕梁画栋、飞檐翼张、构造精巧。1988年由云南省人民政府公布为第五批重点文物保护单位。

城西南四里许就是大名鼎鼎的“南州冠冕古名乡”著名的和顺侨乡，古镇还被评为“中国第一魅力名镇”、“中国历史文化名镇”、“全国最美丽的十大乡村”等殊荣。和顺文昌宫，俗称文宫，为传统庙宇，三进院落。清顺治、道光历经重修，并扩建宫左之孔子殿。“宫阙”左为魁星阁，右为朱衣阁。魁星人所共晓，而“朱衣”则鲜为人知。朱衣，原指唐、宋时一些官员绯（红）色官服。据《侯鲭录》载：相传欧阳修知贡举时，每阅卷，觉座后有一朱衣人，朱衣点头的文章就入格，回头看却不见其人。因有“唯愿朱衣一点头”之句，后因称科举考试官为“朱衣使者。”和顺、绮罗文昌宫不但建有魁星享祭之所，亦留有朱衣使者用武之地，可见腾冲民俗对人文的重视。

文宫紧邻是享誉国内外的和顺图书馆。文昌宫有六块石碑，保存着明清两代科甲题名录，记载着和顺乡八百多人的履历，记载着他们的辉煌。文昌宫自修建以来，一直是和顺文化教育的中心，曾为和顺义学，两等学堂、益群中学校址，培养了成千上万的英才，艾思奇（原名李生萱）一家“四杰”就诞生在这里。

小西地方亦有建于清光绪年间的文昌宫，其规模之宏大，可与绮罗文昌宫媲美，上世纪70年代，小西中学曾寓办于此，惜无人监管抑或职责不明，今已残破不堪。

关于魁星阁，《腾冲县志稿》称，“魁星阁有九，一在城内十字街，又名文星楼，踞城中央，形势雄壮……”“一在和顺文昌宫并石头山侧。”石头上侧有多处风景名胜，名为“魁阁”者是其中之一，1949年李根源到和顺考察，大本营即设在魁阁。“县志稿”说的“魁阁”并不包括和顺文昌宫的魁阁，也不包括绮罗、小西及其他地方文昌宫的魁阁，若把文昌宫里的魁阁统计在内，远不只“有九”。

文昌宫与魁星阁情同手足，不分彼此。凡有文昌宫的地方，宫内几乎都建有魁阁，有魁阁的地方不一定相应要建文昌宫。腾冲文庙“西以秀峰山为魁阁，东建文昌祠。”昆明文庙也建有魁星楼，昆明大西门外有文昌宫。文昌宫一祠，据《史记·天官书》载：“斗魁戴匡六星曰文昌宫”。文昌宫的六颗星官，分别都有职责，享受祭祀，其中“司命”是主“灾咎”之星。《楚辞·九歌》祭有大司命，少司

腾冲和顺文昌宫牌楼大门

腾冲和顺文昌宫内景

腾冲小西文宫右山承重头

腾冲和顺魁阁

和顺魁阁精美的斗拱

和顺魁阁侧后

命。这司命星，汉代就叫文昌星，那神又叫文昌星君。司命而叫文昌星，并将其所在的星宫命名为文昌宫，宫中还有其他五颗星。文昌星君是文化之神，人们认为文化乃是人类社会的精华，国家的根本，民族的依托。社会要发展首先要发展文化，人类社会要倡导文明不能依仗暴力。《辞海》“文昌”条称“文昌，星官名，又名文曲星，文星”。元代将“梓潼帝君”加封为“辅文开化文昌司禄宏仁帝君”，后称“文昌帝君”。吴自牧《梦粱录》说梓潼帝君“专管禄籍，凡四方士子求名赴选者悉祷之。”

不管是文昌星君、文曲星、文昌帝君都是主载文化之神，在中国历史上影响深远。《儒林外史》第三回：“如今痴心就想中起老爷来，这些中老爷的都是天上的文曲星。”昆明拓东路上的状元楼又名聚奎楼，原名魁楼，顶层有“魁星占鳌”泥塑，楼前有“文启南滇”匾额。源于云南历史上未出过状元，滇中父老祈求上苍早降“文曲星”于当地，后来袁嘉谷考中经济特科第一名，故有“大魁天下”四字于楼上。今天年轻一代使用的文具或一些文具店名称不都冠以“文曲星”之名吗?

“文曲星”是中国人认定的主管文化之神，但在中国还有“魁星”也管文化。“魁”的意义为第一，科举以及今天的各种考试的人们都想得第一，因而魁星也被人们认做了主管考试的星官，魁星阁、魁星楼、聚奎楼、文星楼比比皆是，不少学子也礼拜最勤。魁星塑像左手握笔。昆明西山龙门石窟雕凿的魁星高约三尺，左脚踢斗，右足踏鳌，挥笔点斗，横手捉龙，寓意“魁星点斗，独占鳌头。”今天龙门石窟魁星手中之笔，是另外放上去的。传说石匠用了十年精力，雕凿这一神像。雕到最后，只剩下魁星手中拿着的那支笔了，也许是因为耗尽了精力，竟然失手把笔凿断，这一失误不仅给整个艺术带来疵点，照迷信的说法，也给云南士子带来不祥之兆。一时悔恨交加，纵身跳下悬崖，以身献艺。后人游此，每生感叹：叶嘉莹《旅游昆明九绝句·龙门·魁星像》最后两句：“如何留此千年憾，断却魁星笔不全。”

（昆明杨发恩　腾冲孔学组　合撰）

楚雄彝族自治州位于云南省中北部，自古为省垣屏障、滇中走廊、川滇通道。境内多山，气候温和，资源丰富，民族特色鲜明。全州总面积29258平方公里，辖楚雄市和双柏、牟定、南华、姚安、大姚、永仁、元谋、武定、禄丰9县，居住着彝、汉、苗、白、回、哈尼、傈僳等各族人民。全州户籍人口260万人，其中，彝族人口70.6万人，占全州总人口的27.1%，为自治州的自治民族。

因禄丰境内陆续出土了大量的恐龙化石而楚雄州素有“恐龙之乡”的美誉！

因元谋境内发现了元谋人牙齿化石而楚雄州被誉为人类的发祥地之一，元谋人的发现使人类历史提前了120至170万年！

铜鼓是在楚雄最早出现的，所以楚雄被称为“铜鼓之乡”！

彝族十月太阳历的使用年代在秦末汉初，源于夏代以前的西羌文明，它将一年分成十个月，每月以一个动物命名，分为36天整，不分大月小月，过完十个月后的五到六天，称为“过年日”。彝族的十月太阳历文化公园建在楚雄，这是中国唯一的彝族文化公园。

远溯至秦汉时期，楚雄各族人民就已经开始接受儒家文化的教育，到元世祖至元十九年（公元1282年），中央王朝下令云南各路普遍建立学校，祭祀孔子后不久，楚雄便有了庙学。明永乐元年八月，朝廷在楚雄府楚雄县正式建儒学，于是儒学教育普及至县，全府儒学大兴。明清两朝，文庙遍及今楚雄州各县，人才辈出：明嘉靖十一年（公元1532年），楚雄进士李启东殿试虽被持偏见的嘉靖皇帝降为“二甲第一名”，但在考官的评判中，他是实际的状元。这一时期，楚雄庙学教育还培养出了杨畏知、池生春、刘荣黼、高奣映等大批优秀人才。同全国一样，文庙在楚雄教育史作出了不朽的贡献。因而各族人民理所当然地爱护文庙，保护文庙。楚雄州文庙保护之好，在云南省相当突出。现云南省公布为省级重点文物保护单位的文庙凡12座，楚雄州就有3座，何况大姚石羊镇文庙中还保存有被誉为世界第一的孔子全身铜像。

（起永俊等供稿　蔡正发等整理）

# 楚雄市

## 楚雄文庙

楚雄文庙位于今城东隅的鹿城小学内。始建于明洪武二十年(公元1387年)，原址在凤鸣山麓，明成化五年(公元1469年)迁于现址；府文庙于嘉靖六年（公元1527年）迁建于县文庙之右射圃。清康熙十九年（公元1680年）地震倾圮，二十二年（公元1683年）奉旨重建，遂成统一布局。其格局与建筑风格均与全国相统一，分为东、中、西三区，即东厢、西厢，中区有崇圣殿、仓颉殿、大成殿、大成门、棂星门、三元桥、泮池等。“其地势宏敞，与临安府（今建水）埒，谓之甲于全滇”。清咸丰十年（公元1860年），旋遭毁损，同治年间，再次重修。虽然规模远不及前，但“阶级置楚石栏杆，栽松柏，殿宇越觉辉煌。”光绪十三年（公元1887年）谢墀又于庙右建成魁星阁。光绪十七年（公元1891年）知府夏廷燮委托贡生王光裕制铜祭器。

建国后，文庙因年久失修，部分建筑损毁，仅存仓颉殿、大成殿、大成门、三元桥、泮池等。其中大成殿保存较完好。

1985年，楚雄市人民政府拨专款10余万元对文庙进行维修。

1999年，楚雄市政府再次决定修复楚雄文庙。2000年，开始修复尊经阁。2001年，对其附属设施进行维修。2002年，大成殿出现险情，瓦屋顶沿口部分坍塌、掉瓦，屋面渗漏，许多梁遭朽严重，由小修变大修。在修大成殿的同时，市教育局下决心对东厢房进行拆除后恢复重建（原东厢房被拆后建了一幢教师宿舍），接着修大成门，重铸孔子铜像等，累计共投入资金198万元。一直持续到2004年竣工。

现楚雄文庙共占地34亩（包括鹿城小学），殿宇肃穆庄严，殿外古木参天。修旧如旧，既保持了原文庙的整体布局和建筑风格，又不失庄严典雅，壮观辉煌。

1987年，云南省人民政府公布楚雄文庙为省级重点文物保护单位。

楚雄文庙大成殿（高14.13m；宽22.4m；进深15.2m）

2002年8月，楚雄文庙以纯铜新铸重2吨，高2.96m的孔子铜像。

楚雄文庙大成殿全景

楚雄文庙三元桥泮池

## 尊经阁

康熙二十二年（公元 1683 年）楚雄府重修文庙学宫。相继有知府牛典、卢洵、梁文宣，督学巩建丰等人捐资重修学宫，新建尊经阁。后在尊经阁周围，建左右书舍 5 间，藏书 6 部，26 套共 265 册，计有《明史》、《大学衍义》、《性理精义》、《尔雅》、《周易折衷》、《春秋》、《四书》、《朱子全书》等。这样一种官督私助的图书馆，开创了楚雄地区的公共图书馆事业。

康熙二十五年(公元1686年)，武定知府王清贤率部属重修启圣祠及两庑，建武定尊经阁。购藏的《四书》、《五经》、《性理通鉴》、《忠经》、《孝经》等经籍，为邑人所传诵。

雍正七年(公元1729年)，姚安知府杨辉祖重建姚州尊经阁，所属大小书房10间，全部焕然一新。由官费购置了《十三经》、《二十一史》、《朱子全书》、《古文渊鉴》等书加以珍藏，供莘莘学子苦读。图书馆由府、州两级学司管理。

咸丰八年(公元1858年)，镇南州进士刘忠景个人捐献白银千两，于龙川书院内建藏书楼，并向书院捐赠了大量藏书，计有《资治通鉴》、《四库备要》等2000余册。

清光绪二十五年(公元1899年)，楚雄府龙泉书院由邑人捐助，建万卷楼，珍藏《四库备要》等书千余册。

楚雄文庙尊经阁

# 大姚县

## 大姚县石羊孔庙

石羊孔庙又称文庙，位于距大姚县城35公里的石羊（又名“白井”）古镇，始建于明洪武年间（公元1368年），万历三十七年（公元1609年）建成，历经十二个朝代增建修复，逐渐完善。

该孔庙的建筑规模十分宏大，占地面积6584m$^2$，建筑面积1616.8m$^2$。其建筑格局完全按中国古代宫殿式衙署规模布置，纵横对称排列，主体建筑布置于中轴线上，附属建筑置于两侧。整个建筑群以大成殿为主体，两侧有东庑、西庑、乡贤祠、名宦祠，外侧有朱子阁、仓圣阁等建筑，结构严谨，布局匀称，宏伟端庄。

1993年，石羊孔庙被列入省级重点文物保护单位；1995年石羊镇被列为首批公布的三个省级历史文化名镇之一。

近年来，政府及开发商共投资2000万元对石羊孔庙（文庙）进行了维修，恢复了朱子阁、魁星阁、明伦堂、黉学馆、泮池、照壁等建筑，同时塑造朱子、仓颉及孔子72弟子塑像，恢复了孔庙的历史面目。并对石羊古镇街道用红沙石铺就，香水河进行了清疏。

## 大成殿

大成殿是孔庙的主体建筑，殿顶用黄、绿、蓝、三色琉璃瓦覆盖，门窗、木柱用朱漆彩画，整座建筑雕梁画栋，金碧辉煌。

大成殿内供奉有世界第一的孔子铜像。孔子铜像铸造于1700年至1709年，历时9年铸成。铜像高2.3m，重2.5吨，采用三台乡未俄铜矿石，炼铜铸成。孔子铜像头戴王冠，手捧朝笏，身穿金袍，是唐玄宗时追封他为大成至圣文宣王时的打扮，他那“忠、义、礼、志、信”的神态栩栩如生，特别引人注目。大成殿门额上方悬挂着康熙二十五年颁“万世师表”、雍正

大姚石羊孔庙大成殿

大姚石羊孔庙大成门

三年颁“生民未有”、乾隆元年颁“与天地参”、嘉庆元年颁“圣集大成”、道光元年颁“圣协时中”、咸丰元年颁“德文恃载”、同治元年颁“圣神天纵”、光绪元年颁“斯文在兹”八块红底金字匾额，人们读后深有教益，也显示了孔子铜像及八块金匾的历史价值及惠及子孙的现实意义。

大成门居于孔庙正前方的一座大门，大门分设三道，中间一道属正大门，两边两道为侧门。正中一道大门高大宽敞，两扇门页钉有横直九颗星宿门丁，代表九五之尊，是皇帝进出的大门。两道侧门比正大门要小一些，门页钉有七七四十九颗星宿门丁，两道侧门是文臣武将进出之门，没有功名的人只能走侧门。如果文臣武将或无功名的人走了正门，则有欺君之罪，受到惩罚，反映了封建社会森严的等级制度。

## 孔子铜像

石羊孔庙大成殿正中，供着一尊举世无双，纯铜铸成的孔子铜像，据有关史料记载，铸造这尊孔子铜像开始于康熙三十八年（公元1699年），由白盐井提举郑山主持，绅衿士庶捐资，请来昆明铸师杨维伦在石羊铸造，历时九年，于康熙四十七年（公元1708年）铸成。石羊孔子铜像造型独特，是按“文宣王”的封号而造型为“王者相”座式，高2.2m，重约2.5吨，铸像雍容大度，气宇轩昂，头戴王冠冕旒，目光炯炯有神，手捧朝笏，广袖薄带，纹理细致，熠熠生辉，他那“忠、义、礼、志、信”的神态栩栩如生，特别引人注目。铜像左小腿侧面刻有“白盐井课提举司提举郑山暨阖井绅衿士庶等”二十字。右小腿侧面刻有“昆明铸师杨维伦僧广福广禄敬造，至王熺、熠、爆、汶，康熙戊子岁春二月穀旦”等字，字迹清晰。

石羊孔庙孔子铜像，经中国历史文化名城专家委员会于1985年考察认定：大姚石羊孔子铜像，论其铸造年代，铸造体积和铸造工艺，均属全国乃至世界第一。

2003年，云南大姚相继发生里氏6.2级、6.1级地震，石羊孔庙在震中遭受重创，七幢建筑墙体开裂，翘角倒塌，瓦屋面破损。所幸，端坐于大成殿正中的孔子铜像坚如磐石，没有受损。

大姚石羊孔庙孔子铜像

位于石羊孔庙大成殿右侧的朱子阁

## 朱子阁

朱子阁位于大成殿的右侧，是为纪念北宋儒学家朱熹而建，阁内供奉着朱熹塑像。纪念他主张用天命之主载气质之性，存天理、灭人欲。注重“持敬”的涵养功夫，居敬穷理，以“仁”为修养的最高境界。朱熹在继承和发展儒学方面的杰出贡献，清代被升为“十二哲”之一，可谓殊荣之至。

## 仓圣宫

仓圣宫位于大成殿的右侧，宫内供奉着仓颉塑像。仓颉是公元前26世纪时轩辕黄帝的史官，他在前人创造象形图画文字的基础上，把象形文字发展到五百余汉字，称为“中国的五大发明”。

## 魁星阁

魁星阁位于大成殿左侧，魁星本是二十八星宿之一，是北斗七星中最明亮的一颗，它照耀人们的前途，古时人们把“魁星神”封为主管文运之神，是封侯挂印之神，最受读书人崇拜，以求神灵保佑，文运亨通，皇榜有名，加官晋级，荣华富贵。

## 东庑 西庑

东庑西庑位于大成殿东西两侧，其中供奉七十二贤。

大姚石羊孔庙仓圣宫

大姚石羊孔庙魁星阁

大姚石羊孔庙东庑殿内七十二贤

大姚石羊孔庙西庑殿内七十二贤

## 明伦堂

明伦堂位于东庑后院，是当时博学人士议事之地，现在堂内嵌贴着大理石“封氏节井浮雕”。浮雕是由清代石羊灶户杨旭东捐刻，当地民众称为“大姚的清明上河图”，浮雕雕功精细，图像逼真。浮雕记述了明末清初，吴三桂引清兵入关，张献忠在四川败亡，部将孙可望率残部降清占据昆明。并挥师向滇西挺进占据姚州府（今姚安县城），为敛取白盐井盐税，派部将张虎领兵攻占姚州府（今姚安县城），姚州武举席上珍（石羊镇人）率乡勇抵抗被俘，解押至昆明，孙可望劝降不成而将其杀害。孙可望部将张虎攻占白盐井（今石羊镇）后，强迫花容月貌、琴、棋、书、画无所不通的席上珍之妻封氏为妻，封氏不从，投井而死，当时在民众中影响极大。为纪念封氏洁身自律的范例，将封氏投井洁身之井命为“封氏洁井”。“封氏洁井”的故事，自清代一直流传至今。

大姚石羊孔庙黉学馆

## 乡贤祠

乡贤祠建于清康熙年间，由清代白盐井提举司提举孔尚焜主持建造，用于乡贤聚义和存放表彰卓有德绩的乡贤匾牌。教化后人德济天地，造化人生。

## 黉学馆

黉学馆建于清康熙五十一年（公元1712年），由清代白盐井提举司提举郑山（浙江上虞人）主持建造，用于办学。郑山任职12年之间，除主管盐政外，倡导孺学，筹款兴

大姚石羊孔庙黉学馆后殿

修学宫，助生务学。聚集乡贤捐资，发动庶民挖矿炼铜，请工匠铸造孔子铜像。

## 泮池

泮池位于棂星门前，建于清康熙年间，由清代的白盐井提举司提举白兑（浙江奉天人）主持建造。原为红砂石砌池、大理石拱桥及柱，“文革”期间被毁，现已恢复。古时泮池的功能是：一是防火；二是象征着读书人的学问深似池水。池中有荷花，荷花出淤泥而不染，象征读书人考取功名以后在仕途中像荷花一样洁净清廉。中间的拱桥是状元桥，中状元者可上桥观光，一般学子则绕泮池行走，桥上状元和学子低头赏荷花观鱼，表示向孔子行礼尊重。

照壁位于泮池前沿，土红色照壁庄严、凝重。古时照壁是回避的墙壁，申事在照壁之外，经允许后，方能进入大殿申报事由。由于有评判不合理的现象，曾有“照壁后骂官”的成语。

棂星门是整个孔庙的正大门。棂星为天上八十一星宿之一的文曲星，它掌管着文运兴衰，是文运的保护神。孔子一生为中华文化和“忠、义、礼、志、信”教化后人做出了巨大贡献，人们认为他是文曲星下凡转世。孔庙的正大门也因此被命名为棂星门，读书人一旦跨进棂星门，就会受到孔子的保佑，文运亨通，连科晋升。

（大姚孔子学会　提供资料　李万春整理）

大姚石羊孔庙泮池及照壁

大姚石羊孔庙泮池后的棂星门

大姚石羊孔庙全景

# 牟定县

## 牟定文庙

牟定文庙位于县城东隅今茅阳中学内，是该县境内目前保存较为完整的明代建筑物。

该文庙于明嘉靖二十六年（公元1458年）始建于县城东南。后续修大殿五间，东西两庑各七间，戟门、棂星门、启圣祠各三间。清康熙十年（公元1671年）、十二年、二十四年（公元1685年）、四十一年（公元1702年）、乾隆二年（公元1737年）、七年、十一年（公元1746年）、十三年（公元1748年）多次整修、扩建。建有大成门、泮池、德配天地坊、道冠古今坊、照壁等，均仿照中原建制。

牟定文庙泮池大成门

1992年、2003年、2005年牟定县人民政府又先后拨款对该文庙进行了修缮，现存大成殿、祭祀台、东西厢、大成门、泮池、龙板和孔子铜像，恢复了文庙古朴、典雅、端庄、雄伟的原貌。院中有古柏，外有月拱石桥平分泮池，古朴庄严，占地面积3000m$^2$。

该文庙建筑雄伟壮观，大殿前檐高耸，雕刻技艺精湛，结构为歇山顶斗拱宫廷式建筑，具有明代建筑的古朴风格，是牟定县范围内仅存的明代建筑，是研究古建筑艺术难得的实物史料。大殿建筑面积270m$^2$，内有6尺余高的孔子铜像和八大弟子塑像，殿外建有110m$^2$的祭祀台。

文庙左侧立有定远县儒学碑，系状元杨慎于明嘉靖二十七年（公元1548年）撰修。碑高192cm，宽94cm，厚12cm，碑面正文547字，用楷书镌刻，书法猷劲潇洒。碑文记载了定远县名称的沿革和建儒学的情况，对研究本地区的历史文化有很高的史料价值。

1993年11月17日，牟定文庙被省政府列为云南省重点文物保护单位。

牟定文庙孔子铜像铸于1998年，造型规格完全同大姚县石羊镇文庙孔子铜像。

牟定文庙孔子像

牟定文庙石刻

# 禄丰县

## 广通文庙

广通文庙位于今禄丰县广通镇广通小学内，始建于明朝，清康熙五十四年（公元1715年）重修。广通文庙现存泮池、大成殿及两庑。大成殿为重檐歇山顶，通面阔五间，凡20.8m，通进深三间，13.3m，前檐设廊，施斗拱。此处地势平坦宽敞，环境幽静。

## 黑井文庙

黑井文庙位于禄丰县黑井镇小学内，始建于明万历四十五年（公元1617年），至清代再次重建。文庙占地5648m²，坐北朝南。沿中轴线上自南而北，依次建有太平坊、泮池、大成门、大成殿。东侧建有名宦祠、先贤祠；西侧有乡贤祠。

大成殿为清康熙年间所建。如今仍巍然屹立，该殿面阔五间，通面阔15.4m；进深四间，高20m，通进深17.2m。为木结构单檐歇山顶，檐下由六层象鼻、凤头斗拱加以装饰。内供孔子及先贤牌位。东西石壁的须弥座上刻有精美的浮雕6幅，其中东侧的一幅“九狮戏珠图”，构思别致。名为“九”狮，数来数去却只有八只。

太平坊矗立于泮池前，全石质，该坊始建于明崇祯年间，清康熙年间被废，嘉庆年间又重建。为四柱三间式，高5.7m，面通阔9m。四柱三门，须弥座上，四狮护基，四鼓拱卫。石坊横

禄丰广通文庙大成门

禄丰广通文庙大成殿

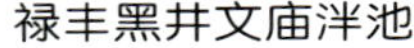
禄丰黑井文庙泮池

禄丰黑井文庙棂星门

梁，斗拱单檐。

1973年，禄丰县人民政府公布黑井文庙为禄丰县重点文物保护单位。

1995年8月，黑井镇被列为云南省第一批历史文化名镇之一。

## 广通起凤塔

广通起凤塔位于云南省禄丰县西部广通镇政府南约2公里的文碧山山顶。该塔建于清代乾隆四十八年（公元1783年），距今214年。起凤塔为正方形九级空心砖结构密檐式宝塔。塔高19m，塔基须弥座，边长4.3m，高1.39m，第一级为石砌体，高7.27m，余为青砖塔身，石质宝顶塔刹，塔顶四周有风铎（今不存）。在塔高2.1m处，四周都有一宽0.93m、高0.53m的浮雕。东面为《鹿鹤同春》，南面为《连升三级》，西面为《龙凤呈祥》，北面为《鱼跃龙门》，表达了建塔的由来和意义。正北面第一层檐口上有石刻一块，中书“起凤”两字，两边题款，左为“乾隆癸卯（公元1783年）”，右为“合邑同建”。

塔基须弥座上原有的雕刻，因为自然风化、剥落、人为的损坏，早已不见踪迹。塔身上有个宽20cm，高40cm的“门”。

2003年5月22日，禄丰县人民政府公布起凤塔为禄丰县重点文物保护单位。

禄丰广通起凤塔

## 琅井魁阁楼

禄丰琅井魁阁楼

琅井魁阁楼位于禄丰县妥安乡琅井小学内。阁楼为三重檐，六方形，基长10.6m，楼高14m。每层檐均为斗拱支撑。第一层檐厦均由象鼻形斗拱撑托，第二层斗拱与第一层相同，第三层檐厦由象鼻、灵芝、如意形斗拱撑托。据传为剑川木匠建造。据清乾隆《琅盐井志》载，琅井魁阁楼建于康熙年间，重修于雍正年间，重建时铸有铜像，已不存。

1980年禄丰县人民政府公布琅井魁阁楼为禄丰县文物保护单位。

# 南华县

## 镇南（南华）文庙

现南华县城旧为镇南州治所，据记载，镇南文庙本在州治南，明永乐七年（公元1403年）建。嘉靖己丑（公元1565年），知州温元晋迁建于城东七里处之上东山。隆庆二年（公元1568年），又回迁建于城南，建正殿五间，东西两庑各九间，名宦乡贤祠各一，凿泮池，建棂星门、文明坊及左右道德坊，建云路坊于南市口。万历三十三年（公元1505年），署知州何居谷重修，兼置祭器。崇祯十五年（公元1642年），生员黄天宠补修。康熙二年（公元1663年），知州彭程汉、生员杨春光、刘梅林重修正殿、两庑、棂星门，土同知段光赞重修文明坊。七年（公元1669年），知州卞廷松、学正夏允中、生员等重修启圣祠。二十二年（公元1683年），知州岑鹤重修，学正许謪建照壁。三十六年（公元1697年），署知州谢震置铜锡炉。四十二年（公元1703年），知州陈元捐俸重修，设先贤先儒木主。乾隆七年（公元1742年），知州葛庆曾增置祭器篚。四十七年（公元1782年），知州韩培及绅士会商迁建正中，与广福寺互易。嘉庆十九年（公元1814年），署知州洪其于复移建于城南旧地，建崇圣祠、大成殿、东西两庑、棂星门、道德坊，凿泮池，修学桥并建奎星阁于左。二十四年（公元1819年），署知州郭安龄增修泮池。咸丰十年（公元1860年）被毁。光绪元年（公元1875年），巡抚岑毓英拨付银两，饬州属官绅修学，知州赵鹤立、贡生吕海杬率两库捐资，时进士刘钟璟官泸州知州，捐银千两，重建大成殿。并建东西两庑、大成门、棂星门、道德坊，置正殿两庑木主，仍建魁阁于左。十一年（公元1885年），知州易为霖筹拨夫马租，建崇圣祠、文明坊、照壁、四围宫墙。生员郭兆煃独始终其事，兼手植柏树、杉树百余株。十四年（公元1888年），知州易为霖重建乡贤祠、名宦祠各三间。二十七年（公元1901年），知州张铨修泮池、学桥。民国二十五年（公元1936年），省教育厅在镇南设师范学校，以大成殿为礼堂。解放后，镇南师范迁至楚雄更名为楚雄师范，原校中学部即今南华一中。现镇南（南华）文庙建筑群仅存泮池。

（据《楚雄旧志·南华卷》整理）

南华文庙泮池

# 红河州

红河哈尼族彝族自治州位于云南南部，与越南毗邻，因地处红河的流域而得名，该州是云南省自然和人文资源的富集区，云南省最低的海拔、最大文庙，最长的古桥，最早的出境火车都分布在红河州境内。红河州辖个旧、开远两市和建水、石屏、蒙自、弥勒、泸西、红河、元阳、绿春、屏边、河口、金平等11个县。是一个以哈尼族、彝族为主的多民族地区。除哈尼族、彝族之外，还居住着苗、傣、壮、瑶、回、布依等少数民族，少数民族人口占总人口的52.7%。

红河州地势西北高，东南低。地形以元江为界，元江以东属于滇东高原区，元江以西为横断山纵谷的哀牢山区。全州最高处为金平县西南部的西隆山，海拔3074m；最低处在河口县南溪河口，海拔76.4m。境内河流分属红河、南盘江（珠江）两大水系。红河发源于云南省中部，由西北向东南奔流，中游进入红河州，流经红河、石屏、元阳、建水、个旧、金平、蒙自、河口等县市境，在河口县城旧街处与南溪河汇合后流入越南，经河内市注入南海北部湾，在下游形成了富饶的红河三角洲。

红河两岸资源极其丰富，是云南省有色金属和热带、亚热带经济作物的重要基地之一。锡产量居全国第一。个旧市被誉为我国的“锡都”。经济作物以甘蔗、花生、烤烟为主，草果产量居全国首位。香蕉、菠萝、石榴为该自治州名产。历史上商业比较发达，造就了无数富豪，清末闻名海内外的巨富王炽就是弥勒人。经济的繁荣为文化繁荣的创造了物质条件。今建水、石屏、弥勒、泸西自元代以来就是红河流域的文化中心，建水为元朝临安府治，早在元朝至元二十二年（公元1285年）即建有文庙，成为全省最早兴庙学教育的地区之一。明初改临安庙学为临安府学，明清两代又广设书院，但教育内容并未改变，庙学、府学、书院教育为红河两岸府县培养出过大批优秀人才。

红河州建水洙泗渊源坊

明清两朝科举考试中，仅建水就产生过文武进士110人（文进士67人），文武举人1173人（文举人696人）。在当时云南科举考试中，临安士子之名有时多达半榜，故有“临半榜”之誉，曾有“父子进士”、“叔侄进士”、“一门三进士，兄弟两翰林”之家。从建水走出过名臣包见捷、贤臣傅为詝等优秀人物。从蒙自、泸西走出尹壮图、杨增新、陈度、袁文典等名人。石屏更“钟灵毓秀，人才辈出”：产生过涂晫、涂应恒、袁绍虞、王尊贤、朱艧、李表东、陈钧、许印芳等一大批优秀文化名人，尤其值得一提的是从这里走出了云南历史上唯一的状元袁嘉谷。

这一切辉煌成绩中，无不包含庙学、儒学的巨大贡献。袁嘉谷的考场论文《〈周礼〉农工商诸政各有专官论》题目就出自儒经。

（张辉等　供稿　蔡正发整理）

※ 张辉自注：所提供稿件的文字资料及图片出自《建水文庙——开启滇南文明的圣殿》（2004年云南美术出版社出版，柯治国主编）和《红河州文物志》（2007年云南人民出版社出版，红河州文化局编）两书。

# 建水县

## 建水文庙

建水文庙位于建水城内西北隅，始建于元朝至元二十二年（公元1287年），占地114亩，按山东曲阜孔庙布局 。经明、清两代扩建，形成规模庞大、气势恢宏的古代建筑群。有“金碧壮丽甲全滇”之美誉，其规模仅次于山东曲阜孔庙。建水文庙原有一池（泮池）、一坛（杏坛）、一圃（射圃）、二殿（大成殿、崇圣殿）、二庑（东庑、西庑）、二堂（东明伦堂、西明伦堂）、三阁（尊经阁、文星阁、柱香阁）、四门（棂星门、大成门、金声门、玉振门）、五亭（敬一亭、思乐亭、斋宿亭、东碑亭、西碑亭）、六祠（寄贤祠、仓圣祠、名宦祠、乡贤祠、节教祠、忠义孝悌祠）、八坊（太和元气坊、洙泗渊源坊、礼门坊、义路坊、道冠古今坊、德配天地坊、圣域由兹坊、贤关近仰坊）。碑文记载：此庙“殿堂门庑，圣贤肖像，刻雕藻绘，金碧辉煌”，“遂成一观焉。”后来又新建了东西两个碑廊。为了纪念明代王奎、韩宜可在建水办学而建的二贤祠，在全国1000多座文庙中独一无二。除了射圃、尊经阁、文星阁、敬一亭和斋宿亭已不存在外，其余建筑基本完好保存至今。2001年6月25日，作为明、清时期古建筑，国务院批准建水文庙列入第五批全国重点文

建水欢庆国务院批准建水文庙列入第五批全国重点文物保护单位

物保护单位名单。

建水文庙的总体平面布置，采用深长的南北向纵轴线为中轴线，沿中轴线层层递进，布置庭院，组成有层次，有深度的空间。这些空间均由门、殿、廊、庑组合，尔后形体逐步扩大，直至主体建筑大成殿。主殿之后，还有庭院作为陪衬。而在每个庭院中，采用对称手法组织各单位建筑，使文庙的总体建筑达到神圣、庄严、稳定、正统、秩序井然、主次分明和整体协调的境界，并与儒学思想“正”、“序”、“和”的观念相吻合。建水文庙的总体布置虽是仿效山东曲阜文庙的布局形制，营造法式严谨，建筑宏伟壮丽。但由于庙学合一的影响，在其主轴建筑组群上，加入了新的内容，出现了明伦堂、文昌宫、书院、乡贤祠、名宦祠、寄贤祠、仓圣祠等与学宫配套的建筑。同时受南方干栏式建筑风格和气候的影响，其建筑显得高大，空间较宽，多楹柱回廊，体现出鲜明的地方特色。其装饰亦十分华丽。现今的建水文庙建筑群尚存建筑三十余座。

建水文庙太和元气坊

建水文庙泮池思乐亭

## 太和元气坊

太和元气坊原称“云路坊”，始建于明代万历三年（公元 1575 年），为知府昌应时所建，牌坊上题写“滇南邹鲁”4 个大字，雍正四年（公元 1726 年）知府栗尔璋重建牌坊，改题门额为“太和元气”。在次间门头板上刻有临安府主要军政官员的名字，左为文职官员，右为武职官员。重建后的太和元气坊，“棹楔高悬，宫垣远映，金碧雕镂，与云影天光相辉耀于晴波中，光彩陆离，爽襟豁目，文明气象岿然增新”。“复于坊前创立甬壁，由是规模阔大，形势尊严，观者莫不起敬”（《重建太和元气坊碑记》）。现存的建筑属四柱五楼三门道木石牌坊。牌坊通面阔 23.3m，进深 5.9m，高 9.8m，占地 137.5m$^2$。屋面为青色筒板瓦单檐歇山顶，檐下斗拱繁复，精美异常。石砌须弥座夹杆石上，雕刻有龙、狮、象、麒麟等精致图案。当中两扇木门饰以金色门钉，门前置石鼓一对。

## 泮池

泮池俗称“学海”，始建于明成化三年（公元1467年），知府周瑛、同知白伦等按古学宫布局开挖，泮池下基以石，上乘以桥，引泉水，植芹藻，“冠带缙绅之士，鼓舞于圜”。弘治十二年（公元1499年）知府王贤良疏浚，池广20余亩。以后又经清康熙、乾隆年间几次浚修，泮池南北长达270m，东西宽110m，面积3万余m$^2$（约45亩），规模居全国之冠。康熙五十三年（公元1714年）修砌泮池堤和宫墙。泮池北端筑一小岛，岛和堤由一座三孔石拱桥相连。岛上所建“思尔亭”，亦

称“钓鳌亭”，始建于明代。其意取于《诗经》“思乐泮水、薄采芹藻”之意，是勉励生员发奋读书、勤苦学习，日后高登龙虎榜，犹如钓得海中大鳌。光绪四年（公元1878年），临安知府许桂庭重建时，亲笔题书“涵咏圣涯”匾额悬于亭上。泮池还有极深的文化内涵。旧时以“思乐亭”为界，分成上下两塘，上塘种红莲，下塘种白莲，取“连（莲）连高中”之意，东面池边植水芹。在科举时代，凡生员入学、中举或中进士之后，都必须到文庙拜孔圣人，随后登“思乐亭”，环游泮池一周，再采芹而归。其“游泮采芹”，是士子们引以为荣的大事。昔日的泮池，“秀甲于滇，汪洋里许，焕影卧波，历冬春不歇。昔当道，临环以桃柳，亭榭其中，曰钓鳌亭，曰文星阁。登眺于斯，游艺于斯，壮丽为一时最”（李溶《重修文星阁记》）。泮池是建水著名的古十景之一。其水“汪洋清澈，每朝晨曦乍起，翠波点心，净碧无尘，文澜万倾”。而南面焕山倒影映入池中，山光水色，与蓝天白云相映衬，分外宜人，故称“学海文澜”或“焕山倒影”。

现耸立于泮池前二层台基上的孔子铜像，高3m，重6吨，是香港孔教学院院长汤恩佳博士应云南孔子学术研究会之请而捐赠的。

建水文庙孔子铜像

## 礼门、义路坊

礼门、义路坊取意于《礼记》：“圣人修义之柄、礼之序，以治人情。”警示人们的一切行为，都要以礼义为准则。“礼门”、“义路”两坊，原为木制牌坊。清顺治四年（公元1647年）毁于战火。清

建水文庙礼门坊

建水文庙义路坊

乾隆二十九年（公元1690年），定“官员兵民人等于此下马”例，通告各省，故在文庙外立此“下马碑”。凡有祭典活动，各路官员至此，必须文官下轿，武官下马，以示对孔圣人的尊敬。“礼门”、“义路”两坊均为青石雕刻的仿木结构（榫铆）四柱三楼三门道石坊。通面阔5.82m，进深3.56m，高5.35m。

建水文庙下马碑

## 洙泗渊源坊

洙泗渊源坊名源于孔子故里。洙水和泗水交汇处即孔子出生地，后来又成为孔子聚徒讲学的场所和儒家思想的发源地。后人就以“洙泗”作为儒家和儒家思想的代称。“洙泗渊源”，意即儒家学说，起源山东曲阜洙水、泗水交汇处的孔子故里。该建筑为清乾隆四十三年（公元1778年）重修，前题“洙泗渊源”，后题“万世宗师”。为典型的七开间三门道古牌楼建筑。通面阔23.7m，进深4.5m，高9.8m，占地106.6m$^2$。屋面为单檐歇山顶，檐下半拱密密层层，精巧玲珑。中间一坊座各雕一个跪姿石人，头顶一朵莲花，上托一根雕龙细圆木柱，4个石人4根木柱，支撑起最高一层坊顶的4个檐角，形成两根主柱悬挂4根吊角辅柱的架势。石砌须弥座夹杆石上为巨型石雕龙、凤、麟、狮、象，造型栩栩如生，精雕细刻，是罕见的建筑石雕精品。坊东西两侧是青砖烧制后拼缀而成的“二龙戏珠”、“双凤朝阳”巨幢壁画精品。紧接两侧的红墙上，镶嵌着“鸢飞鱼跃”石刻大字4块，各高1.52m，宽1.12m。整座牌坊气势宏大，为全国文庙同类建筑中的顶尖之作。

建水文庙洙泗渊源匾

## 德配天地、道冠古今坊

“德配天地、道冠古今”极赞孔子的伟大及其思想在历史上产生的巨大深远影响。两坊建制相同，为三开间四柱五楼单门道砖木结构牌坊，通面阔16m，进深5m，高9m。现存建筑为清乾隆五十七年（公元1792年）重建。“德配天地”，语出《中庸》章句：“博厚配地，高明配天，悠久无疆。”意谓孔子之德高明博厚，与天地相齐。“道冠古今”，赞叹孔子之道为古今之冠，贯穿于古往今来整部文化史。

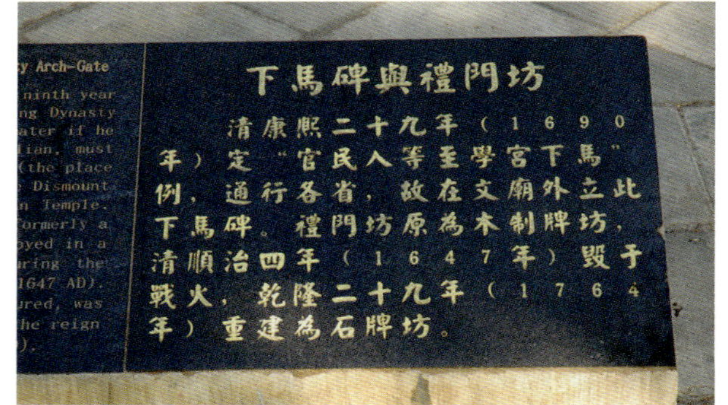


建水文庙下马碑礼门坊说明

## 圣域由兹、贤关近仰坊

两坊建制相同，为三开间二柱二楼单门道砖木结构牌坊。圣域由兹坊为文庙东侧门，贤关近仰坊是西侧门。通面阔10.24m，进深3.8 m，高7m，清乾隆五十八年（公元1793年）鼎建。“圣域由兹”意为圣贤之地由此进入；“贤关近仰”，意为进入贤圣之地，则科举仕途仰首可见。

## 东西碑廊

雍正九年（公元1731年）鼎建，后毁。1999年恢复重建。碑廊建成后，原文庙所存碑记，经整理修复，移存于内。“东碑廊”保存有元朝至大元年（公元1308年）武宗皇帝追封孔子为“大成至圣文宣王”的圣旨碑及历代有关重修学宫、置庙学田产、丁祭大典等碑刻三十余通，具有很高的史料价值和学术研究价值。“西碑廊”保存有明清两代临安府儒学科甲题名碑记和历代德政碑、警示、训导、圣谕、程子四箴及部分有地方历史价值的碑刻三十余通，同样具有很高的史料价值和学术研究价值。东西碑廊的资料，是研究古代文化教育和儒学在边疆传播发展的珍贵史料。

## 棂星门

棂星又名灵星，是天上的文星，主管文人才士的选用，“主得士之庆”。帝王凡祭天，必先祭棂星，棂星门故而得名，并象征祭孔中同尊天。棂星门为三开间单檐歇山顶抬梁式建筑，青色筒板瓦屋面。通面阔14.6m，进深6m，高6.8m。现存门楼为清乾隆四十五年（公元1780年）重建。建筑别具特色，屋顶上4棵中金柱穿脊而出，柱顶上罩有明代雕龙青花瓷罩，下段裸柱上刻有木制雕龙。中金柱又名通天柱，源于宋代大儒朱熹“孔教真理能通天，无所不包，无所不能”。其4棵中金柱历两百余年风雨而不腐朽，不能不说是一个奇迹。其门楼建筑形式既保留了孔庙棂星门所特有的坊式特点，又与地方门楼特色建筑巧妙结合，在全国文庙建筑中绝无仅有，古建筑学专家称之为全国之最。

建水文庙洙泗渊源坊

建水文庙德配天地坊

建水文庙棂星门

## 杏坛

杏坛相传是孔子聚徒讲学之所。建水文庙杏坛始建于元代，明代天顺六年（公元1462年）知府王佐、徐景云，指挥万僖重修。清乾隆五十七年（公元1792年）再度修葺，后因地震毁坏。现建筑为2000年第3次重建。建筑采用三开间平面正方形单檐亭阁形式。高10.3m，阔7.12m。二层台基，石栏环绕，四面敞开，中立明代天顺年间刊刻的“孔圣弦颂图”古碑。石栏板上雕有48幅中国民间传统吉祥图案和48幅58段孔子名言及释文。12棵高浮雕盘龙石柱林立，五踩重昂斗拱，十字歇山顶，琉璃黄瓦屋面。内为斗入藻井、金龙和玺彩画。建筑等级仅次于先师殿。

建水文庙杏坛

建水文庙杏坛碑

## 文昌阁

文昌阁始建于明万历三年（公元1575年），清雍正十三年（公元1735年）重建。为重檐歇山顶抬梁式阁楼建筑。通面阔10.9m，进深11.34m，高10.8m。阁内原供奉的文昌帝君，是中国古代神话中主宰功名、禄位的神祇，有寄寓文教昌盛之意。

## 名宦祠

名宦祠为三开间三进深单檐硬山顶建筑。占地面积156$m^2$。始建于明嘉靖二十年（公元1541年），清康熙二十二年（公元1684年）重建，光绪五年（公元1879年）、宣统二年（公元1910年）重修。是为纪念元、明、清三代为建水经济和社会发展作出贡献的省、州、县地方军政官吏而修建的纪念性建筑。原供有牌位75座。其中，有元代创建建水庙学的临安广西道宣抚使张立道；明代初领兵征云南，驻师临安，并扩修城池，置卫所屯田的临安卫指挥金朝兴；有在建水为官八年，修学宫，置乐器，聚生徒讲明义理，使士风大振的临安道兵备副使李孟蛭；有清代廉明有为，修学官，复泮池，修书院，筑河堤，革夫役，平抑米价的临安知府张玉树等。

建水文庙文昌阁

## 乡贤祠

乡贤祠为三开间三进深单檐硬山顶建筑，占地面积156$m^2$。始建于明嘉靖二十年（公元1541年），清康熙二十三年（公元1684年）重建，同治十二年（公元1873年）、宣统二年（公元1910年）重修。是为纪念元、明、清三代在外地做官卓有政声的建水籍人士而设立的纪念性建筑。原供有牌位37座。其中有明代官至南都察院右佥都御史、出使琉球（今日本冲绳岛）册封中山王而谢却重金的萧崇业；有官至吏部待郎、直言进谏，并以博学多才受到万历皇帝嘉奖并敕领有关部门在他的故乡建水建立“文献名邦”牌坊的包见捷；有清代官至副都御史、藏书教子、对地方文化有重大影响的傅为詝等人。

建水文庙名宦祠

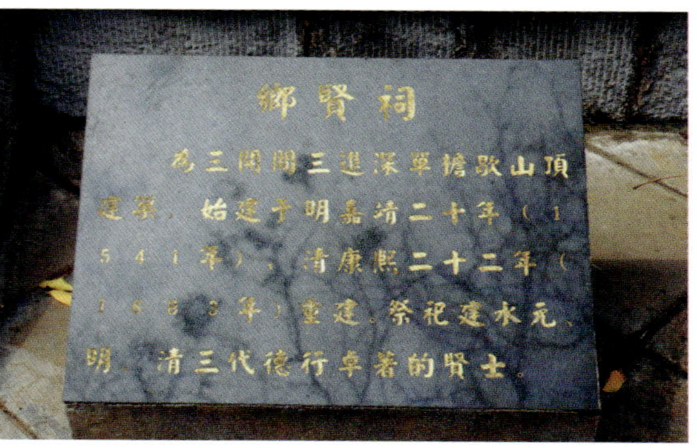


建水文庙乡贤祠碑

## 金声、玉振门

“金声玉振”，是孟子赞扬孔子的形象比喻。语出《孟子·万章》：“孔子之谓集大成，集大成也者，金声而玉振之也。金声也者，始知理也；玉振之也者，终条理也；始知理者，智之事也；终条理者，圣之事也。”建于清嘉庆十八年（公元1813年）。均为单檐歇山顶单门道，青瓦屋面。通面阔5.3 m，进深5.6m，高5.8m，面积26.5$m^2$。为进入东西明伦堂的侧向通道。

建水文庙金声门

## 大成门

大成语出《孟子》“孔子之谓集大成”，意即孔子是集古代先圣先贤思想之大成者。现存大成门为清嘉庆十八年（公元1813年）再度重建。三开间内进深单檐歇山顶抬梁式建筑，琉璃瓦屋面。通面阔13.31m，进深5.5m，高7.4m。大成门是级别较高的三门道门楼建筑。门前石阶正中有翔龙浮雕一幅。门上饰有金色门钉。从两侧而上，便可跨进大成门。

## 东西两耳

东西两耳为五开间单檐歇山顶土木结构，是存放礼器、乐器的地方。

## 东庑、西庑

东庑、西庑为15间土木结构建筑。两庑前7间供奉东周（公元前522年）

建水文庙大成门

至北宋（公元1107年）79位先贤的木主牌位；后7间供奉战国至清代77位先儒的木主牌位。先贤、先儒是历代帝王追封、认可在各个历史时期对中华文化、儒学发展作出特殊贡献的学者和品德高尚的名士。先贤在文庙祭典中为附祀的第三等，先儒是附祀的第四等。

## 大成殿（先师殿）

大成殿为文庙主体建筑，建在庭院后部、整个文庙建筑纵向中轴线的最高台地上，突出了它在建筑群中的核心地位。因清代著名书法家王文治就任临安知府时曾题书“先师庙”三个楷书大字而俗称“先师殿”。为文庙的中心，是祭祀孔子的正殿。为五开间三进深单檐歇山顶五架抬梁式建筑。通面阔27.2m，进深18.4m，高10.5m，占地500.48m$^2$。斗拱为七踩双昂，屋面出檐深远，四面环廊，黄色琉璃瓦屋面，屋脊上有6条透雕的琉璃金龙和吻兽。全殿用材坚固粗大，共采用28柱作承重结构。其中20棵用整块青石琢磨而成，形成了古建筑中十分特殊的石木构架承重结构。其中前檐左右两棵角柱为石龙抱柱，雕工精巧，十分珍奇；其余16棵为方形石柱，高4.35m。门槛五道皆用整块青石琢磨而成，光滑如镜。其中三道各长5.7m，高、宽各40cm。大殿屋檐下悬挂“先师庙”3个鎏金字匾额，笔力雄浑遒劲，匾沿镶嵌玲珑剔透的木雕浮龙。正面5个开间共有22扇透雕木隔扇门。其中，明间6扇各雕云龙一条，组成“六龙捧圣”状，排列于殿内孔子圣像前，象征由孔子创建的儒学在古代意识形态领域内至高无上的地位；次间、梢间每扇为一中国民间传统吉祥图案，如“太狮少狮”、“喜鹊闹梅”、“犀牛望月”、“三阳开泰”、“麟叶玉书”、“蜂（封）猴（侯）挂印”、“旭日东升”、“竹报平安”、“禄禄有福”、“一路连科”、“象呈升平”等图案。其上共雕有一百多个大小动物及翎毛花卉，惟妙惟肖，栩栩如生，个个镂空为立体状，体现了古代木雕艺人的高超技艺，堪称木雕艺术珍品。大殿梁架、斗拱上的彩画绘制精美，保存完好，艺术价值极高。整个大殿中共悬挂了清代帝王御笔亲书赞孔尊孔的“御题”贴金匾额八块，它们分别是康熙的“万世师表”、雍正的“生民未有”、乾隆的“与天地参”、嘉庆的“圣集大成”、道光的“圣协时中”、咸丰的“德齐帱载”、同治的

建水文庙东庑

建水文庙西庑

建水文庙大成殿

"圣神天纵"以及光绪的"斯文在兹"，充分显示了清朝帝王对孔子及儒家学说持推崇备至的态度。

大殿内明间后檐墙正中设有神龛，龛座用巨石拼合而成，盘龙贴金，"大成至圣先师孔子神位"牌位立于麒麟图案装饰的镂空檀香木阁上。殿前拜台面积为277m$^2$的青砖地墁，三面有石栏板望柱围护。拜台中有铜鼎一座，拜台正前方中部有浮雕云龙御路石阶。庭院中的青石甬道两旁，高有拜场。其中用青石镶嵌的拜位，有大有小，是当地文武官员在祭孔时按序排列的拜位。周围还有植于元代的古松、古柏、山茶数株，林阴中伏坐驮有青铜花瓶的石雕白象两头。尤其值得一提的是大成殿内院的排水系统：地下以卵石层层铺垫，其上分层填以森炭和沙砾，使雨水能迅速渗漏地下，不至于积水成潭。其匠心独运、科学合理的排水设计，展现了建水工匠高超的科技水平。

建水文庙先师殿御匾

## 东西碑亭

东碑亭为三开间单檐硬山顶抬梁式建筑，青瓦屋面。面阔15m，进深9m，高6m。碑亭内立有清雍正三年（公元1725年）雍正皇帝御书的《御书平定青海千成太学碑》。

西碑亭的建制与东碑亭完全相同。碑亭内有清乾隆二十四年（公元1759年）乾隆御书、满汉文对照的《御制平定回部告成太学碑记》。

建水文庙明伦堂

## 东西明伦堂

西明伦堂为三开间三进深单檐硬山顶抬梁式建筑。始建于明洪武十六年（公元1383年），清康熙六年（公元1667年）重建，为临安府学所在地，也是讲礼习义，谈经论道研艺学文之所。堂门右前有一树中树的奇观，俗称"万将军拥抱柏小姐"。

东明伦堂始建于明万历四十三年（公元1615年），建筑规划及其功用皆与西明伦堂相同。不同之处在于西明伦堂是府学所在地，而东明伦堂为州、县学所在地。

## 崇圣祠

崇圣祠原称"启圣祠"，先是孔子父母的祭坛。始建于明嘉靖九年（公元1530年），并置经籍雅乐于内。清康熙十二年（公元1673年），五十三年（公元1714年）两度重修。雍正九年（公元1731年）移建。清嘉庆十五年（公元1810年）重修后，改为"崇圣祠"。奉祀孔子上五代祖先，并以四配之父及宋代理学家周敦颐等5位先贤之父配享从祀。旧时祭孔须先祭崇

圣祠，取“子不先父而食”之意。现建筑为五开间三进深单檐歇山顶抬梁式规制。面阔21.25m，进深12.5m，高10.9m，占地面积344.1m$^2$。檐下两侧立有两块巨形石碑。殿前有石栏望柱拜台，石栏板上有两湖26景风光名胜图浮雕。

## 二贤祠

二贤祠又称“寄贤祠”、“景贤祠”。明洪武年间，山西布政使韩宜可、参政王奎二人，因上书言事，政见与皇帝相左，被贬谪到临安。他们在这里开馆讲学，传播儒家学说，为时长达16年之久，对建水的文化教育事业作出了巨大贡献，开建水文教昌盛之先河。后人永志其德，建祠以祀。始建于明成化二十二年（公元1486年），原“构祠三间，以栖公神。中为亭，前门、外门称之，东西为厢房，皆缭以垣，深整严肃”。塑韩宜可、王奎两人遗像于其中，并题“寄贤祠”匾额于祠上。嘉靖五年（公元1526年）重建，“于祠前广易基地，作前后讲堂者二，环以书房总四十间”，讲堂一题额“聚奎”，另一题额“丽泽”，祠题额“寄贤书院”。清康熙十二年（公元1973年）重修，改题为“二贤祠”。现建筑为清宣统三年（公元1911年）重修。属三开间单檐硬山顶抬梁式建筑，青瓦屋面。通面阔12.86m，进深11.49m，高8.2m，占地面积167.05m$^2$。

## 仓圣祠

仓圣祠始建于明代，现建筑为清道光十六年（公元1836年）重建，为三开间三进深单檐歇山顶抬梁式建筑。通面阔14.75m，进深9.9m，高9.8m，占地面积181.43m$^2$。仓圣祠是供奉传说中的黄帝史官、汉字创造者仓颉的建筑。传说仓颉观察飞禽走兽的足迹，注意到每种动物的足迹都不同而且具有可分辨性，受到了启发，于是他把每种足迹和每个物体画成画，并简化了笔画的数量，形成了最初的象形文字。

建水文庙仓圣祠

建水文庙的规制，虽是多种因素作用下发展起来的复合体，是程式化、制度化的礼制，但它在原有的基础之上，吸收了南方建筑的一些特点，恰当地运用了传统的庭院组合和环境烘托手法，使其在建筑组成方面独树一帜，成为一座具有浓厚特点的庙学殿堂。同时，文庙的建筑艺术也十分精妙，从整个形体到各部分构件，充分利用了木架构的组合和各构件的形状及材料本身质感等进行艺术加工，达到了建筑功能和结构艺术的完美统一。如梭柱、脊饯、垂脊、月梁、半拱等，从开关到组合经过艺术处理以后，便以艺术的形式出现在建筑上，形成了独特的艺术风格。色彩处理上，近于宫廷规格，遵循了古代宫廷建筑的规律：红墙黄琉璃瓦以及琉璃装饰屋脊、垂脊、吻兽等。檐下用金、青、绿等色彩，整个格调显得十分华贵高雅。

# 石屏县

## 石屏文庙

石屏文庙位于石屏县异龙镇北正街，始建于元至正年间（公元1341~1369年），明洪武二十二年（公元1389年）重建，明嘉靖二年（公元1523年）、天启五年（公元1625年）修葺并扩建，清顺治、乾隆年间亦进行修缮。文庙面阔33.75m,总进深96.33m，占地面积4257m²，坐北朝南。现存有棂星门、洙泗渊源坊、泮池、大成门、大成殿、东庑、魁星阁、崇圣祠、尊经阁等建筑。泮池石雕凭栏雕刻细致。

1983年，该文庙被列入红河哈尼族彝族自治州重点文物保护单位名单。

石屏文庙棂星门（前）

石屏文庙棂星门（后）

石屏文庙大成门

石屏文庙泮池

石屏文庙先师殿

石屏文庙东庑

## 石屏魁星阁

石屏魁星阁位于石屏县城东门外小瑞城文昌阁西侧，始建于清康熙五十二年（公元1713年）。坐东朝西，为抬梁式重檐歇山顶建筑结构，通面阔9.4m，通进深9.7m，高10m，占地面积91.18m²。青瓦铺顶，四面墙壁为土坯砌筑，用柱16棵，其中檐柱8棵，金柱（通柱）4棵，柱础鼓镜式，青石质，直径60cm，下层柱头有斗拱24攒，楼上有20攒，五架梁，彻上露明造，楼上脊檩上墨书题记：“康熙五十一岁次辰春月吉”。东壁有木质楼梯一架，地面以沙质夯实。

石屏魁星阁

简介

来鹤亭，原名海山亭，始建於明崇祯年间（1627—1644）清康熙十二年（1673）重建。亭坐西向东，占地面积615平方米，为木结构八角重檐攒尖顶建筑，亭西部与文昌阁後墙相连接。

来鹤亭、文昌阁、魁星阁等建筑雄踞禾东岛上，氣势雄伟四周湖水萦绕，远看如海市蜃楼，近观胜琼楼玉宇，素称石屏名胜。

[illegible]护范围：东以山门滴水外延5米为界，南以来鹤亭南墙外延67米为界，西以魁星阁西墙外延14米为界，北以文昌阁北墙外延60米为界。

建设控制地带：保护范围线四周向外延30米为界。

石屏县人民政府　立

石屏来鹤亭、魁星阁碑

石屏魁星阁

阁东北向墙壁上镶《文昌阁祀田记》青石质碑一块，通高1.87m，碑高0.94m，宽0.54m，有碑帽和碑座，清乾隆四十六年（公元1781年）立。

1991年10月，公布魁星阁为石屏县第二批县级重点文物保护单位。

石屏文庙文昌阁

## 石屏文昌阁

石屏文昌阁位于石屏县城东门外小瑞城，始建于明崇祯六年（公元1633年）二月，清康熙十二年（公元1673年）知州李犹龙、乡官许瑞麟等人主持重建。阁为一楼一底，木结构抬梁式重檐歇山顶建筑，阁门西向，面阔13.15m，进深12m，占地面积157m$^2$，建于高1.9m的石台基上。阁高10m，青瓦铺顶。门前有垂带踏跺10级，用柱子18根，其中檐柱12棵，多柱2棵，通柱4棵。东壁与来鹤亭相接，楼梯紧靠东壁，木质，下层檐柱头有斗拱24攒，上层有斗拱20攒，计五架兴，彻上露明造，脊檩上有明崇祯六年二月建筑的墨书题记，四面墙壁用板，地面用沙质土夯实。

柱础为鼓镜式，青石质，直径60cm。东北向有小门一道，直通来鹤亭，明间装格扇门六道，下层四面墙壁为土坯所砌，厚45cm。阁门南向墙壁镶《文昌阁记》碑，青石质。北向壁上镶《小瑞城祀田碑》，青石质。文昌阁主体结构台基、梁柱、斗拱、瓦顶基本保存完整。

1991年10月，公布文昌阁为石屏县第二批县级重点文物保护单位。

石屏文昌阁（前）　文星阁（后）

## 石屏尊经阁

石屏尊经阁位于石屏县城北正街，在文庙中轴线崇圣殿遗址背后，玉屏书院东北侧，坐北朝南，明万历二十五年（公元1597年）建为收藏经史子集的藏书楼（类似今图书馆）。面阔19m，进深12.9m，高约12m，占地面积为245$m^2$。四开间、三进间，为抬梁式和穿斗式相结合的重檐歇山顶建筑，用檐柱12棵，金柱9棵，四角转角科斗拱下用砖礅，下层不用斗拱，上层用斗拱28攒，青瓦铺顶。其中藏书供州人“家传户诵，躬行实践。”

1991年10月，公布为石屏县第二批县级重点文物保护单位。

# 弥勒县

## 弥勒文庙

弥勒文庙（公布为县级文物保护单位时误为弥阳文庙）位于弥勒县第一中学内，坐北朝南，据清康熙《弥勒州志》载：

弥勒文庙棂星门

"文庙四迁。"旧在州西城外，明嘉靖间知州王业创建。隆庆四年（公元1570年）知州陶标继修。万历二十年（公元1592年）知州李捷云落成，有庙无学。万历四十一年（公元1613年）知州肖以裕详请，天启三年（公元1623年）始建学设官。知州沈仰迁于南关外。崇祯四年（公元1631年）阿迷州（今开远）土酋普名声犯弥勒州城而被烧毁。崇祯七年知州魏起龙重修文庙并在大成殿前植柏树二株，历经三百七十余年，至今古柏仍苍翠繁茂。

弥勒文庙遗址明代古柏（特写）

弥勒文庙遗址明代古柏

1995年，弥勒一中建实验大楼，拆除大成殿及厢房、乡贤祠等。现仅存棂星坊、古柏和六通碑刻。

1981年公布为弥勒县重点文物保护单位。

## 弥阳文昌宫

弥阳文昌宫位于弥勒县城北县政府内，坐北面南。弥阳文昌宫始建于明天启三年（公元1623年），始为弥勒州学府，今文昌宫为清光绪十五年（公元1889年）在原址重建，占地214m$^2$，木结构建筑。弥阳文昌宫为三重檐歇山顶抬梁式结构，通面阔17.4m，通进深12.3m，建于1.9m高台基之上，正中有垂带式踏跺七级，殿前有80余平方米的天子台。整个建筑造型宏大，雕镂精湛。

弥勒虹溪文庙大成殿

## 虹溪文庙

虹溪文庙又称黉宫，位于弥勒县城西南虹溪镇北。大成殿单檐歇山顶，抬梁式木结构，通面阔19m，通进深12m，东西厢单檐硬山顶，此外尚有中厅、棂星门、大门、天子台等。始建于清雍正元年(公元1723年)，民国十八年(公元1929年)改建为虹溪区立简易乡村师范学校，但全部建筑制式仍按文庙建筑。现存大成殿是黉宫中最古的建筑，抬梁式单檐歇山顶，面阔19m，进深12m，通高13m，三开间三进间，大成殿梁上记有建殿时间。东西厢房为单檐硬山顶建筑，另有棂星门及大小廊房、泮池等。

天子台位于大成殿前，长10.5m，宽8.7m，台高1m，东西各有宽0.8m踏跺三级。简易师范于1929年改建为弥勒第三中学时大成殿为学

虹溪文庙大成殿建殿记载

弥勒虹溪文庙东庑

弥勒虹溪文庙棂星门

弥勒虹溪文庙魁星阁

弥勒虹溪文庙文笔塔

校议事室和图书室。因此公布为重点文物保护单位时称“三中天子台”。庙内现存明、清各时期碑文13通，是研究弥勒历史文化的重要资料。

## 虹溪魁星阁

虹溪魁星阁位于弥勒县虹溪镇南门外，建成于清雍正九年（公元1731年），1921年重修。原阁内安立有魁星铜像，1958年大跃进中被毁。木结构建筑，坐南朝北，正对黉宫（即虹溪文庙），北向文笔塔，三个古建筑在一条南北中轴线的不同点上，魁星阁为三重檐六角攒尖顶楼阁，登楼可眺望虹溪坝子风光。阁楼面阔15.2m，进深8.9m，高18m。是当地较高的古建筑。在魁星阁的外围走廊上有一巨大石狮，高1.2m, 长1.18m，雕刻精湛，神态独特。

## 虹溪文笔塔

虹溪文笔塔位于弥勒县虹溪镇南5公里的扎营山顶，与魁星阁遥相对应。建于清乾隆十二年（公元1747年），塔基为正方形，用青条石砌筑，青石以上为方砖逐渐收缩呈空心圆锥状。塔尖约1米为青铜铸造，塔基有楷书阴刻“天开文运”石刻字匾，塔通高17m，边长6.8m。虹溪文笔塔突起在扎营山青松林间，是县境内造型别致、高大、雄奇的古建筑物。塔为立锥体形，摹拟硕笔书天之状，故名“文笔”。

虹溪文笔塔、魁星阁、三中天子台（即虹溪文庙）同时于1983年公布为弥勒县重点文物保护单位。

## 竹园文庙

竹园文庙又称竹园文昌宫，位于弥勒县竹园镇北段文笔山麓，木结构古建筑，坐东向西，始建于清康熙五十一年(公元1712年)，后几经重修。建筑群依山而立，逐步升高，甸惠渠横穿其中，环境幽美别致。正殿为单檐歇山顶，抬梁穿斗结构，面阔23m，进深11.4m，通高10 m，五开间四进间，天花板有壁画16幅。南北两侧有硬山顶厢房，面阔16m，进深9m，通高8m，五开间三进间。五经楼为重檐歇山顶抬梁穿斗结构，面阔20m，进深11.4m，通高10m，五开间三进间。中门廊房为单檐硬山顶，面阔23m，进深7.4m，通高9m，五开间。大门入口从第三间通过。北侧与八神庙相连，庙有前、后殿及两厢，为单檐抬梁式穿斗结构，歇山顶建筑，后殿建于2.4m高的青石台基上，长14m，宽13.4m，通高10m，三开间四进间，前殿面阔14m，进深11m，通高10m，三开间四进间。两厢为一楼一底，各面阔11m，进深8m，通高8m，三开间三进间。

弥勒竹园文庙文昌宫大门

弥勒竹园文庙文昌宫大殿

弥勒竹园文庙文昌宫五经楼

文昌宫为竹园地区文庙与文宫兼具的古建筑。原大门石台阶前的文明坊于文革中被拆毁。文昌宫一直为学校使用，在使用中有所维护修理，基本保存完好。

1983年，公布为弥勒县第二批重点文物保护单位。

## 竹园魁星阁

竹园魁星阁位于弥勒县竹园镇西南阿阳村西1公里的山上，始建于清顺治元年（公元1644年），咸丰元年（公元1851年）重修。阁坐南向北，高14.5m，三重檐六角攒尖顶砖木结构。魁星阁东有甸惠渠，西有甸溪河，中有地龙沟，北临莲花池，遥映起伏连绵的东西山岗，景色别具一格。

## 朋普文昌宫

朋普文昌宫位于弥勒县朋普镇南街。始建于明代，后毁于兵燹，乾隆九年(公元1744年)重建。占地面积2500m$^2$。坐西向东，由宫门、前殿、正殿及南北两庑组成。正殿又名桂香阁，重檐歇山顶，五开间三进间，通面阔23m，进深14m，高15m，台基高1.45m。前殿单檐歇山顶，抬梁式结构，三开间四进间，面阔17m，进深13m，高12m，台基高1.33m。殿前月台长6.9m，宽5.9m，高0.6m，有护栏，高0.65m。有各时期碑记8通，对研究当地文化教育有很高的价值。

1983年，公布为弥勒县第二批重点文物保护单位。

# 泸西县

## 泸西文庙

泸西文庙又称黉学，位于泸西县城钟秀山麓南部（今泸西县中枢小学旁），明成化十七年（公元1481年）由知府贺勋倡建。明万历二十四年（公元1596年）知府陈忠将该庙迁于东关外距城三公里处。明万历四十一年（公元1613年），知府肖以裕

泸西文庙大成殿孔子塑像

泸西文庙崇圣祠

泸西文庙大成门

泸西文庙东庑

泸西文庙西庑

又将该庙迁至城东郊1里左右的今新华小学背后。清顺治十八年（公元1661年）知府万裕祚复将该庙迁于钟秀山故址。清康熙、雍正年间曾多次维修和增建。光绪十三年（公元1887年）邑人总兵吴永安为首捐资，虹溪王兴斋及地方人士大力捐助，建成了现存的气势磅礴，规模宏大的泸西文庙古建筑群。以后一直为泸西学宫。民国二十四年（1935年）用作县立小学迄今。

上世纪60年代后期，先师殿、大城门等处屋面脊饰、檐口飞头、吊柱等多遭破坏，明代砂石棂星坊被推倒，砂石云龙纹华表被掀翻。现经维修复原，一展往昔风貌。

泸西文庙为四进院落；占地面积8627.93m²，建筑面积1636.94m²。建筑群座北朝南，由南而北次第升高。主体建筑照壁、泮池、灵星坊、大成门、先师殿、崇圣殿布局在中轴线上，其余附属建筑左右对称配列。

一进院落起于宫墙照壁，止于棂星坊。照壁嵌“太和元气”四字石刻，字大二尺有余。照壁左右侧东西向设腾蛟、起凤二门，起凤门已被拆除。照壁下为泮池，池半圆形，2003年11月将泮池矮护墙改为青石勾栏望柱，栏板刻各类动物图案。池后数m，左右各立一砂石云龙纹华表，此为明代原物。华表后为灵星坊，坊为三门四柱牌楼式砂石结构，其左右为礼门、义路。1989年用土坯修筑起凤门围墙，以便和中枢小学分开。1991年3月维修腾蛟门，后来一律拆除，恢复旧貌。

二进院落为棂星坊至大成门，大成门为五楹楼房式建筑，通面阔12.30m，进深7.10m，建筑面积87.30m²。硬山屋顶，穿斗式梁架结构。1991年2月，大成门屋面全面翻修，对大门作了复原处理。唯大成门檐口飞头具有一定承重作用，上世纪60年代飞头被锯除，造成檐口屋面下沉错位，无法修复。大成门左右各三间为名宦祠、乡贤祠。

三进院落起于大成门，止于先师殿。先师殿面阔23.40m，进深16.40m，建筑面积383.76m²。五楹、单檐歇山顶，琉璃瓦屋面，穿斗式梁架结构，檐下斗拱具清代晚期装饰性特点，前檐下梁枋、飞头、雀替雕刻精致，尤以明间檐柱雀替镂空雕刻为最，五楹均设六抹头雕花格子门。室内置孔子牌位，此为明代文庙原物。牌位为云龙纹镂空透雕，中部阳刻楷书“至圣先师孔子神位”八字，髹以红地金漆，尤

显金碧辉煌。殿前设勾栏月台，台高1.50m，须弥座式，台面铺青石板；四周勾栏望柱原为砂石，1989年以青石按原制式复原。台前及左右置踏步石阶。先师殿左右翼各三间，是为神厨、兴文祠。先师殿东西庑各九间，面阔35.50m，进深9.20m，两庑建筑面积共653.20m²，单檐硬山屋顶，琉璃瓦屋面，檐下彩绘。六抹头雕花格子门，灯笼吊式花窗，檐下为副阶走廊，廊宽2m。院内植花木、草坪，极显幽静肃穆。先师殿于1989年3月由通海古建筑队承包维修，屋面彻底翻修，朽椽败瓦等全部更换，新添之琉璃与旧瓦互用，采用“剪边”作法，恢复原脊饰。内外木构部份按原图、原色彩绘复原。两庑于1991年初进行全面维修，屋面、廊檐部彩绘均遵循恢复原状之原则，并在此原则下，辟为文物陈列室六间。

第四进院落起于先师殿，止于崇圣殿。崇圣殿五楹，通面阔22.20m，进深13m，建筑面积288.60m²。单檐硬山屋顶，琉璃瓦屋面，穿斗式梁架结构，前檐梁枋施彩绘，设格子门，较先师殿为简。殿前月台高1.50m，殿左右各有三间平房。1989年5月对崇圣殿作了维修，修复倾斜欲倒之左山墙，屋面如先师殿作了相应处理；耳房翻修屋面，恢复格子门窗。同年8月以水泥大砖修筑与中枢小学之围墙。

今所存建筑四进院落基本都进行了一次维修，保存基本完好。主体建筑已初步恢复原貌，文庙保存有孔子牌位，清代康熙年间铸造的黄铜祭器礼器，庙内数块匾额业已恢复，维修、记事等碑刻经清理建立碑廊供游人参观，珍贵碑刻作成拓片收藏。其余定制、明伦堂、朱子祠等因划归粮管所，历年维修改造，最终被拆除，仅留朱熹所书“忠孝廉节”四字残碑。

泸西文庙因清咸、同年间毁于兵燹。清代最后一次重修、重建始于光绪十三年（公元1887年）八月，至光绪十六年（公元1891年），历时四年，耗资“一万余金”，吴永安捐一千五百一十三两，王炽（字兴斋）亦捐同等数目，余七千余两为城乡绅民捐助。至今文庙仍保存有《东乡碑记》、《南乡碑记》等，是记录此项捐资修缮的实物历史资料，足以说明当时绅民同心协力，共襄善举。其详情载光绪十八年（公元1892年）《重修文庙碑记》中。

文庙于明成化年间建成后，便是广西府重要的教育圣地，当时初取童生七名，至康熙中，取文武童生共九十四

泸西文庙春风阁

名。此后随社会发展，所取童生不时均有增加。解放后改为中枢小学，至今仍为城区重点学校。

文庙内现辟有文物陈列室。

1983年，经泸西县人民政府批准为县级重点文物保护单位。

（杨俊 供稿）

## 红河县

### 红河甲寅文星阁

甲寅文星阁位于红河县南隅哈尼族聚居的甲寅乡，始建于民国十四年（公元1925年），占地78m²，高12m，重檐攒尖顶，砖木结构。门檐悬陈荣昌书横匾“文星阁”。甲寅文星阁整体建筑造型美观，气势不凡，是哈尼族与汉族文化交流的历史见证。

该阁1991年公布为红河哈尼族彝族自治州重点文物保护单位。

### 迤萨文星阁

迤萨文星阁位于红河县迤萨镇大观潭边，建于民国十三年（公元1924年），后又重建。迤萨文星阁为重檐攒尖顶楼阁，高约12m，占地约100m²。四周绿树成荫，背负青山，下临碧水，山水相映成趣，有“滇南奇观”之誉。

该阁1983年公布为红河县重点文物保护单位。

红河县甲寅文星阁

红河县迤萨文星阁

红河县迤萨文星阁正侧面

# 文山州

文山壮族苗族自治州位于云南省东南部，东邻广西壮族自治区百色地区，南与越南社会主义共和国接壤，国境线长438公里。全州辖文山、砚山、西畴、麻栗坡、马关、丘北、广南、富宁8县，居住着汉、壮、苗、彝、瑶、回、傣、白、蒙古、仡佬、布依等11个民族，总人口313万，其中少数民族人口占56.2%。全州70%的地区属亚热带，30%的地区属温带，年均降水量和日照量充足，全年无霜期达270~350天。

文山得天独厚，拥有丰富的生物、矿产资源：是明代医学家李时珍称之为“金不换”，当代医学专家誉之为“人参之王”的名贵药材三七之乡。

已探明和发现的黑色、有色、稀有贵重金属、非金属矿已达11类55种670个矿点，又被誉为“有色金属王国中的王国”。

文山人文历史悠久，旧石器时代，有著名的西畴人化石被发现。发现新石器时代的文化遗址地点以及岩画遍布全州各地。文山铜鼓则具有时代早、种类全、数量多等三大特点：春秋战国时期的铜鼓发现6面；世界古今划分的8类铜鼓类型在文山均有发现；全州3.1 万平方公里的土地上就发现铜鼓达138面之多。文山更是名副其实的铜鼓之乡。

远在西汉时期，文山便为畇町、都梦、镡封、进桑、宛温等县而隶属牂牁郡，因此也较早接受了中原文化的影响。但直到明朝崇祯十三年（公元1640年）才有私塾，清康熙六年（公元1667年）始设文庙，兴庙学。庙学起步虽晚，但文庙、文笔塔之建筑则既多且汇萃了古代建筑之精华，其中广南文笔塔享有“迤南第一高塔”之美誉。文庙、书院培养人才之成就也颇突出：享誉海内外的请代大学者方玉润就是一位。

由于时更世替，大多数文庙早已毁于兵燹人祸，现已无从知道文山曾建过多少座文庙，但仅从记载中我们还是知道了丘北一县就曾建有双龙营文庙、三乡城（马者龙）文庙、者龙山脚文庙、官寨文庙等多座的事实。由此可想见文山往昔庙学之盛况。

（杨文光　供稿　蔡正发　整理）

## 文山县

### 文山文庙

文山文庙又名五子祠，位于文山壮族自治州文山县开化镇学海巷。本是明代龙土司家的宗祠。万历二十年（公元1612年），第二十六代土司龙上登赴京袭职，返回文山后，改为文庙祭祀孔子。清代加祀本地五位经师（名佚），故又称五夫子庙。清末改为学馆，光绪十六年（公元1890年）移文庙于镇中心，改称“五子祠”。1949年10月新中国成立后，改为文山州文化宫、群众艺术馆和图书馆，现为州文化馆管理使用。

该建筑为单檐硬山顶，现存大殿、两厢房和前过厅，组成四合院，占地面积1426m$^2$。

文山文庙有龚发举题文山文庙190字长联：

此地属三长官，带河襟山，应数畇町名胜。自先辈经营圣域，率乡人礼拜前庭，棫朴菁莪，造吾邑二百载英才之盛。忽而雕墙峻宇，忽而蔓草荒烟，感其事者，每慨乎桑田沧海，然发抒兴致，面面皆宜，请看那螺峰

文山五子祠大门

文山五子祠大殿

西拥，雁塔东高，风岭北横，龙江南下；

于今祀五夫子，馨香俎豆，实接孔孟渊源。赖诸君大启贤门，不几时恢复旧制，濂洛关闽，开后儒亿万年理学之宗，或则花里寻师，或则竹中问友，登斯境者，恍得之鱼跃鸢飞，况毓沧性灵，时时可领，莫负他杨柳春疏，芙蕖夏满，桂林秋老，榕树冬青。

该长联以栗木雕成凹体，黑底金字，悬挂于正殿两边，“文革”中被毁。

该文庙于2003年12月18日公布为第六批省级文物保护单位。

## 文山文笔塔

文山文笔塔位于县城东侧东文山顶。清康熙中期建，拱翼学宫，景名“雁塔秋风”，为文山八景之一。嘉庆二十三年（公元1818年），移魁星阁文峰塔于此。塔七层，高19.33m。嵌楹联：“双桂争奇，铁画银钩探月窟；一江横影，层峦叠嶂蹑天根”，准确地概括了文山地理形胜。抗战中期修筑防御工事全部拆除，现重建新塔高49m，七层八翘，比旧塔更为壮观。

文山文笔塔

# 丘北县

## 丘北文庙

丘北文庙位于双龙营村东北角，清嘉庆年间（公元1796~1817年）建。庙向朝西南，由正殿3间，左右厢房各2间、通道厅3间组成四合院，筑于陡峻的半坡上，以多级石梯通过一座单跨石拱桥到达庙宇。殿为硬山顶台梁式建筑，深8m，面阔18m，左山墙镶有《双龙营沿革》碑。现为丘北县县级重点文物保护单位。

## 丘北文笔塔

丘北文笔塔位于距丘北县城东南2千米的青龙山脊，建于1852年，基座4级，塔高22m，主体造型为方形7级密檐式空心石

丘北双龙营文庙泮池

丘北双龙营文庙大殿

丘北文笔塔

塔，西面一门可通出人。第四层四门留有门洞，第七层有“文光普照”4个大字，塔顶为5m高的葫芦顶。后因雷击而毁，使塔身形成四角微翘的平顶式。古塔下的青龙山现已辟为文笔山森林公园。

1985年，文山州人民政府公布该塔为州级重点文物保护单位。

# 广南县

## 广南文庙

广南文庙又称霸州文庙或广南孔庙，位于县城南后街（今广南县一中内），占地面积9000余$m^2$，为五进院落。始建于清康熙四十八年(公元1709年)，于雍正五年(公元1727年)、乾隆六年(公元1741年)先后增建。乾隆三十八年(公元1773年)、道光六年(公元1826年)先后重修。现存有泮池、棂星门石坊、大成殿。

泮池位于棂星门石坊前，半圆形，周围以条石砌筑而成，池中有双孔圆形拱桥，池周有石雕护栏。

棂星门坊位于大成殿前，青石结构，为四柱四墩三开间石坊。须弥座上，前后各有一樽伏卧翘首石狮。石坊上镌刻有“棂星门”匾额，两旁横向刻有“腾蛟”“起凤”、“鱼跃”“鸢飞”两面共八字。

大成殿为单檐歇山顶抬梁式木构架，共36柱。殿面宽19.73m，进深15.5m，高9m，四周有2.2m宽的走道相通。大殿的檐下枋、昂翘、腰头等，均雕有龙、凤、象、花卉等图案，门、窗上也有精致的雕花。

大成殿前有正方形的天子台，台高1.2m，边长14m，为条石垒砌而成；台周有雕花石板、石栏相连。台上有百年桂树，枝繁叶茂，八月飘香。清代该文庙中设有莲峰书院。

广南文庙环境幽雅，花木繁多，是古城广南的胜地之一。

广南文庙棂星门

广南文庙棂星门前的栩栩如生的石雕

1985年5月，文山州人民政府公布广南文庙为州级重点文物保护单位。

## 广南文笔塔

广南文笔塔又称雁塔，位于广南县城南13公里的坝洒村东侧三台坡顶上，与莲城遥相对望。该塔始建于清道光年间，距今已逾170年。塔共有11层，高36.8m，系六角空心檐式塔，塔呈笔形。台基呈六方，条石砌筑，高1.8m，每方宽4.8m；塔体青砖砌筑，底层内空直径4.8m，壁厚1.48m，塔的每层前后有圆拱装饰假窗，唯7、10两层前窗内较深。塔体逐层往上自然收缩。塔最高层收藏有魁星和文昌帝君铜铸像各一尊，冠戴顶珠5颗，毛笔100支，古书1本，石砚一块。石砚上镌刻着“雁塔题名”4个篆字。该塔结构严谨挺拔，曾享有“迤南第一高塔”的美誉。

1978年，广南县人民政府拨款3万余元将古塔修葺一新。又在三台坡垭口新建了刻有“莲城胜境”4个大字的一座牌坊，还在古塔前后两个山顶上新建了望莲亭与清风亭。

1985年5月，广南文笔塔被文山州人民政府列为州级重点文物保护单位。

1993年，被云南省人民政府列为省级重点文物保护单位。

广南文笔塔

广南文庙泮池棂星门

广南文庙的精美石雕

广南文庙大成殿

# 普洱市

普洱市位于云南省西南部，地处北纬22° 02 ' ~24° 50 ' 、东经99° 09 ' ~102° 19 ' 之间。东接红河哈尼族自治州、玉溪地区，南接西双版纳傣族自治州，西北沿澜沧江为界与临沧地区相望，东北接楚雄彝族自治州，北接大理白族自治州；东南边界与越南、老挝接壤，西南边界与缅甸接壤，国境线长486.29公里，其中中越段67公里，中老段116公里，中缅段303.29公里。具有得天独厚的“一市连三国，一江通五邻”的地理区位优势。全市南北纵距208.5公里，东西横距北部55公里，南部299公里，总面积为45385平方公里。是云南省土地面积最大的地级市。共辖九县一区：墨江哈尼族自治县、宁洱哈尼族彝族自治县、景东彝族自治县、镇沅彝族哈尼族拉枯族自治县、景谷傣族彝族自治县、江城哈尼族彝族自治县、澜沧拉祜族自治县、西盟佤族自治县、孟连傣族拉祜族佤族自治县、思茅区。该市有汉族、哈尼族、彝族、拉祜族、佤族、傣族、布朗族、傈僳族、回族、白族、苗族、瑶族、蒙古族、景颇族等14个世居民族。少数民族人口151.41万人，占总人口的59.4%。

普洱市属南亚热带气候类型，垂直气候特征明显。物产丰富，盛产橡胶，有著名的普洱茶、景谷芒果等。茶树种植资源尤其丰富，目前已有30多个茶树品种，是我国乃至世界茶树资源的重要宝库。境内有普洱茶马古道，早在唐代南诏国时期，今普洱市景东县就是与波斯、婆罗门等国进行贸易的重镇。

普洱市虽地处边疆，民族众多，但历史悠久，西汉时属哀牢，东汉时期已属永昌郡。中国传统文化教育在该地区起步虽晚，但至迟于清代，已堪称教育大盛且育才甚众。著名者如程含章曾在乾隆至道光年间历任广东、山东、江西、浙江四省巡抚。有清一代仅镇沅县就产生过羊拱辰、郑丕钦、刘世爵、戴安礼等四进士，墨江也产生过杨衍士、李定辉两进士。该市有多县文庙建筑宏伟，保护完好，像景东文庙、墨江文庙的气势之恢弘，保存之完好以及孔子在这些地区人们心目中的地位之高，内地已不多见。正应了孔子“礼失而求诸野”的名言！

（周德翰　供稿　蔡正发整理）

## 景东县

### 景东文庙

景东文庙也称景东孔子庙，位于景东古城西的玉屏山麓。现存文庙建筑规模为清代同治十三年（公元1874年）修复规模，并经过多次修复而成如今之全貌。景东文庙座西向东，面对哀牢山，后枕无量山。庙区古木参天，阁楼角亭，琉璃黄瓦，重檐飞角。前后有五进院落，河东凤凰山、文庙棂星门、大成殿房顶宝瓶以及玉屏山顶峰贯穿在一条东西纵长的轴线上。建筑雕梁画栋，气势宏大，雄伟壮观，庄严肃穆，既是景东历代尊孔崇儒、祭祀孔子的庙宇，也是景东历代文化教育中心。

景东文庙是滇西南规模最为宏大壮观的宫殿式建筑，具有中国皇家传统建筑风格，是传统文化与建筑艺术融为一体的珍贵遗产。

## 景东文庙的历史沿革

景东文庙经历了多次建而毁，毁又建的曲折历史，历时已近六百年。从1442年建成至2006年，共经历了12次的大修，使文庙格局日臻完善而成为云南省内除了建水文庙以外最为完好的文庙。景东文庙是民族文化的自觉意识和当政者推崇倡导相结合的产物。该文庙从建成到每次修葺都跟当时的执政方针和当政者的重视分不开。其建筑规模与格局，除受经济制约外，与当时当政者的重视程度绝对成正比关系。

据有关史料记载，景东卫儒学，最早建于卫城外，根据景东地理位置推断，即为今文庙所在区域。之后，迁往塘窑学坡。明正统七年（公元1442年）改建于城北南仓井西，后因周围住户较多，祭祀不便，景东通判尹学孔于明万历十年（公元1587年）将文庙复迁回塘窑原址（今称望楼）。明朝末年，景东彝族首领曹氏率兵与明军和府兵恶战，文庙毁于战火。

清顺治十七年（公元1660年），景东同知薛荩倡导和发动城乡士绅捐款，共捐得白银400两，购买明代武卫军指挥徐振宗旧宅设立庙学，使绝迹多年的儒学教育作为官方教育机构得以延续。清康熙二十一年（公元1682年），景东通判汪遴卿与景东土知府陶秉鉴共同向社会各阶层倡议，并捐献俸银，乡村人民投工出力，将文庙改建于玉屏山麓（即文庙现址），其后，景东同知汤传楷、黄元治等人在任期内不但拨出库银，而且解囊捐俸。清康熙三十九年（公元1700年），景东同知徐曰忠、土知府陶澄及士绅捐银，又将文庙迁回锦屏山下的塘窑学坡旧址。这期间，文庙已具有相当规模，修建了殿祠、两厢、棂星门、大成殿、乡贤祠、名宦祠，同时还修建了文昌宫、魁星阁、明伦堂、学署，斋房。以后几年，士绅再次捐银补修了大成殿，新修了尊经阁等堂宇。清乾隆十七年（公元1752年），因文庙地基下陷，建筑多处损毁，景东同知程近仁率士绅梁文元、程其珖等人，在社会各界协助下，将文庙拆迁回玉屏山麓旧文庙址（现址），作了部分修复。

清嘉庆十一年（公元1806年）、道光二十一年（公元1841年）先后暴发农民起义，文庙建筑多遭损毁。清道光年间，陶氏土知府及地方士绅嵩山、程承辅、李继昌、罗承休、罗承式等倡导大规模重修文庙。特别是督修文庙的程承辅，为修文庙呕心沥血。在修建文庙的三年中，始终食宿于文庙工地，很少回家，《景东旧志》载修建文庙皆因他一人之功。这时的文庙已经规模宏大，规制完备。主要建筑有宫墙、龙门（左右各一）、金声、玉振、泗水牌坊、魁星阁、棂星门、大成门、崇圣祠、东庑、西庑、乡贤祠、名宦祠、明伦堂、学署、仪门、射圃、泮池、南北钟鼓楼等。大成殿改用黄色琉璃瓦，棂星门用金龙和玺彩画。当时因境内名人才子辈出，尊孔崇儒蔚然成风，不但文庙得以不断修缮和扩建，祭典之礼也进一步规范，旧制也得以改变。清咸丰六年（公元1856年），滇西回民起义攻占大理城，县境回民也焚香结盟响应，文庙多处建筑物遭毁，经典籍大都焚于一炬。战争过后的同治十三年（公元1874年），同知凌应梧率邑绅捐资，对文庙重新修复。但被全部烧毁的厅房、泗水牌坊、金声、玉振、崇圣祠、射圃等建筑已无力重建。修复时，大成殿中的乾隆御书又从建水文庙拓片回来制作。

从清末到民国第一个十年间，景东兵匪祸患不断，民穷财尽。文庙的教化功能逐渐弱化，直至消失而成为闲置的庙宇。民国二十四年（1935年），民国景东县政府在文庙内建立民众教育馆，对多年废弃闲置的文庙进行简单的维修和管理。民国二十五年（1936年），土地清丈工作开始，大部分房屋划归清丈处办公使用。民国三十二年（1943年），又作为“地方行政人员训练所”训练干部之用。民国三十三年至三十五年（1944~1946年）作为简易师范班学校教学场地使用，文庙设施损毁较多。1948年鼓楼又因失火而烧毁。

解放初期，景东文庙作为“景东整训总队”办公学习场所。清匪反霸开始后，大成殿被当做关押罪犯的“监狱”。1956年以后，作为景东收音站和景东放映电影小组办公和住宿之地。1957年，魁星阁被拆除，材料用于修建“跃进会堂（今人民会堂）”。1957年，又迁入文化馆。

1966年下半年，在“文革”破四旧的劫难中，存于文庙的部分典籍被焚毁，文庙也被视作封建迷信的场所而遭受砸

捣。幸好景东文化馆工作人员及时将文庙古建筑中的一些木雕石刻用石灰膏覆盖起来，从而避免了这些珍贵雕刻遭受更大破坏。

1968年5月28日，县城造反派在文庙内外发生武斗，双方用石块、大弹弓对打，文庙建筑损坏严重。经过多次严重破坏和分割，景东文庙不但规模缩小，幸存的建筑也面目全非，屋顶漏雨，房檐破朽，围墙歪斜，大成殿面临倾覆，棂星门椽朽檐缺，飞禽走兽、雕梁画栋残缺不全。

从1982年开始，景东县文教局和文化科多次向上级提出修复文庙的要求，县委县政府多次进行研究，时任县长何太忠，副县长车天成，县委常委、宣传部长童其锋多次到文庙调研，召开现场办公会议，决定修复文庙。主管文化工作的副县长车天成亲自到通海调研，与地方政府协调，请来以师本钊为师傅的二十余位能工巧匠，于1994年10月16日正式启动文庙修复工程。修复工程到1987年10月竣工，总共投入资金27.59万元。其中，云南省文化厅拨款12.5万元，景东县人民政府拨款15.09万元。工程投入技术工7886个。修复大成殿、大成门、泮池、大门、棂星门、鼓楼，新建钟楼及两个六角亭、一道侧门、一间厕所，新修道路和地坪966m²，砌花台10个，花墙若干，修围墙270m²。这次修复，应修面积1400m²，已修面积1174m²，除20世纪70年代末期建盖的一幢土木结构的二层办公楼因图书馆暂无办公地点没有拆除复建外，修复房屋计19间。在施工设计中，为了方便游人出入，将连结东部凤岭（凤凰山）、棂星门和大成殿屋顶的宝瓶和西部玉屏山一线贯穿的文庙中轴路改为分南北双线行走的路线。之后，又对部分建筑相继修葺，仅天子台就进行了三次修建。1983年，图书馆搬迁新址后，将原砖木结构楼房拆除，恢复原样重建厢房。

进入21世纪，景东县委县政府采取了一系列促进景东文化事业发展的措施，其中最重要的一项就是对景东文庙进行全面维修，这次较大规模的修复，历时两年，投入资金146万元。修复从2004年4月25日开工，2005年12月10日竣工。

## 建筑群落与建筑风格

景东文庙的建筑几次选址都不在平坦之地而选择在山麓，这不是偶然的巧合，登上几级台阶进入一块平坦之地，再登几级台阶最终到达供奉孔子的大成殿，暗喻了读书人需一步一个台阶登上人生顶峰。景东文庙古建筑群庞大雄伟，庄严肃穆。建筑群坐西向东，沿东西纵轴线布置庭院，组成有层次、有深度和高度的空间，并由门、坊、殿、廊等将这些空间进行组合。进入大门后，建筑形体逐步扩大，逐步向高层延伸，直至主体建筑大成殿。通过一层层的过渡和引导，而最后在一种庄严肃穆的氛围中进入高潮，使人对孔子的敬仰和崇拜之情油然而生。景东虽地处边陲一隅，但却总体秉承了中国传统建筑艺术之大成，其主要建筑格局没有离开儒家文化这个蓝本。景东文庙从整个形体到各部构件，都充分利用了木构架的组合和各构件材料本身质感进行艺术加工，达到了建筑和功能、结构和艺术的和谐统一。比如平常的月梁、雀替、垂脊、戗脊、棱柱、斗拱等从形状到组合都以艺术品形象出现在建筑上。大成殿的楹柱采用的滚龙抱柱和双龙戏珠装饰，收到了特有的艺术效果。古代中国的建筑强调中轴线对称布局，这是中国封建社会以居正为尊，秩序和谐至上的儒家等级观念、伦理思想的具体化、形态化。景东文庙的建筑风格也完全循此规范。绿瓦红墙，雕梁画栋，金碧辉煌，彰显出神殿的庄严富丽、肃穆典雅的情调。景东文庙建筑呈三路布局，左右中轴对称，东西纵深发展组成登九级台阶五进院落，尽管现存文庙已不完整，但仍保持了文庙重要的核心建筑部分，讲究中规中矩，等级森严。在古代中国，九为阳数之极，多被用来附会帝王，常以九五至尊称帝王之位。景东文庙建筑也附会了这层含义，就连建筑的开间也以九、五、三为准，较多地采用帝王方能享受的九五之数。景东文庙门前，是一块空地，一株五百余岁的红椿木伞状矗立，枝杈古朴，意象万千，遮天蔽日。文庙大门屹立于威严肃穆的照壁中央，门前双狮雄踞左右，日日夜夜卫护着文庙。

## 照壁（宫墙）

景东文庙照壁除仿中原皇家宫墙建筑风格外，还附会了白族民居的一些特征，体现了景东古代文化的包容性和多元性。清代咸丰之前，都是由照壁两侧的龙门出入文庙。龙门于清同治年间毁于战火，重修时未修复照壁两侧龙门，从照壁正中开一门，门前设台阶五级，门两侧有精细石雕，一对石狮抬着门槛，两扇各宽0.96m、高2.18m的大门上面，有栩栩如生的房屋雕饰。正门建成后，一直封闭，传说要等曾做过同治皇帝的老师、时为湖南巡抚的刘崐开启，但因刘崐至死未回乡梓，所以都由钟楼上面的侧门出入。中华人民共和国成立后的1952年，大门才被打开使用。1984年，大门修复时曾在门内新修一屋，作为门卫值班之用，2006年修复时拆除。文庙照壁全长22m，厚1.63m，高9m，为朱红色砖体结构，瓦覆面墙体。大门宽2.85m，进深2.9m。

景东文庙照壁

## 泮池、状元桥

踏进大门，便是泮池及横跨泮池的状元桥。泮池深1.43m，呈月牙状，块石镶砌而成，由45棵石条望柱和41块栏板组成石护栏。泮池正中是由六棵望柱和六块石板为护栏的弧形石拱桥，名为状元桥，桥长8.3m，宽2.45m。池内养鲤鱼，与龙门相配。寓读书人跨进龙门进入文庙进香为鲤鱼跃龙门，跨入状元桥即是中状元之意。池外四周设植过道可绕池而走。1984年修复时在池内设喷头和假山，2006年复修时拆除。泮池周围除植鲜花点缀外，右侧还有一株清代的老松。泮池悠静古朴，风送浅水，微波阵阵。庭院深深，沉静优雅。

景东文庙泮池　状元桥

## 泗水牌坊　魁星阁

景东泗水牌坊　魁星阁

从泮池拾级而上15级台阶，就是泗水牌坊。这是进入文庙大门后第一级台阶。为块石结构，原牌坊已毁于清同治年间战火。2006年在原址根据原样重新修复，主体高4.26m，面阔7.41m，进深2.3m，用水泥浇筑。泗水牌坊平台占地面积481.25m$^2$。

沿泗水牌坊直上13级台阶，进入魁星阁平台，魁星阁建在台阶之上。魁星阁又称藏书楼，是进入文庙的第三道门。因孔子古称天上"奎星"下凡，作文被举为"奎主文章"。清道光元年（公元1821年）始建成魁星阁，立二掖门，左称"圣域"，右为"贤关"。原阁在清同治初年部分毁于战火。当时，清军将火炮置于楼上对外射击，设施及图书损失严重，战争之后，此炮一直放置此楼，1957年毁坏。清同治三年（公元1874年）修复。1957年底拆该阁原料石板建"跃进"会堂。2006年依原样在原址重建，中轴线门改为正中直上（原为左右门）。这样使中轴得以一线贯通，增加了线条式古代建筑美感。魁星阁高9.41m，面阔7m，进深4.8m，二层结构。魁星阁修建时，藏书较丰，供县学诸生阅读，清朝晚期典籍毁于战火。整个场地占地面积422.88m$^2$。古代奏乐以敲钟开始，发出金属之声。以击磬结束，让玉石之声绵延相传。金声与玉振就被用来表示奏乐的始终，比喻孔子思想有始有终，完美无缺。清代原在此地左右建有"金声"和"玉振"坊，用来比喻孔子思想是集古圣先贤之大成，可惜已毁于清同治初年的战火。1985年重修文庙时，在此平台新建两座重檐六方亭，穿斗式结构的六角亭，供游人休闲和读书人静思。亭子玲珑小巧，雕梁画栋，映衬在古椿、古梅等参天大树之中。古梅植于元代，现仍花繁叶茂。

## 钟楼鼓楼

跨过1952年开挖而横穿文庙的菊河大沟小桥，踏上五级台阶，到达一块占地面积218.29m²的场地，清道光元年（公元1821年）添建的钟楼和鼓楼就矗立在这里。两楼原分别置大钟大鼓各一只。“文革”期间，鼓不知所终。

钟鼓楼台基为南北对向，穿斗式结构，重檐歇山式屋顶，设木梯至二楼西可仰视玉屏，东可观凤凰诸山。钟楼于民国三十七年（1948年）失火烧毁。1985年修复，用去木材18m³，按原样新建。鼓楼建成后经过数次复修。民国元年（1912年），民国县政府征剿为霸一方的苏三宝，将剑川木匠为苏三宝雕刻的几扇门窗移建于鼓楼门面。钟鼓楼高8m，面阔6.96m，进深6.95m,正四方形结构。楼顶檐角上悬挂着铜铃，微风轻拂，叮当作响，使文庙平添无限清雅情趣。

景东文庙鼓楼

## 棂星门

从中轴线拾级而上，走过钟鼓楼前，踏上十一级台阶，进入一块左右植有翠柏，占地面积389.88m²的地坪，便是棂星门前庭院。棂星门是文庙的核心建筑之一，建于清康熙二十一年（公元1682年），由景东署同知通判汪遴卿主持修建。抬梁式牌楼木结构。整个木构架立于高1.55m的巨石砌成的须弥座上。须弥座上刻有多种浮雕,龙飞凤舞，千姿百态，栩栩如生。须弥座上部分别设置高1.8m的滚墩石。房檐下的七层平身斜斗拱往返置于额枋上，承托檐檩及屋顶。屋顶为歇山式，紫黄绿三色琉璃瓦，构成美丽的棱形图案。棂星门高13m，面阔11.55m，进深4.9m。“棂星门”三字按清乾隆御书制作。从庄严的棂星门下置身而过，登上五级台阶，进入一块占地面积298.29m²的庭院。院内棂星门与大成门东西对视，两幢厢房南北对座。原厢房1986年拆除重修。清代名宦祠和乡贤祠两处厢房后依原样重建。厢房各面阔五间，属穿斗式结构，造型别致美观，灯笼窗和梅花窗为厢房主要装修。两株水杉屹立在大成门旁。

景东文庙钟楼

景东文庙棂星门

## 大成门

跨过棂星门后面的院子，进入文庙的第七级台阶，登上十一级台阶，即进入大成门。大成门面阔三间，宽14.1m，进深7.46m，高6m。穿斗式结构，歇山式屋顶。进入院内的大门于1984年改设为八角形。古时，大成门只有举行祭孔大典时方开启，平时从两掖门出入。进入大成门，便是文庙的主院，也是文庙的主体建筑群。主院两厢各设有九间厢房，主院占地面积639.46m²。院内植有四季飘香的缅桂。

景东文庙大成门

## 天子台

天子台西连大成殿，占地面积114.75m²，是镶嵌在文庙主院的重要建筑，是祭孔的主要场所。天子台在大成殿前的场院筑石为台，台两旁植有玉兰。台长七级而达，台尾有狮雕。台上设石护栏，台阶中央有龙形雕刻，南北各设阶梯进入南北厢房，环植翠竹玉兰，优静典雅。

## 大成殿

大成殿紧连天子台，金碧辉煌，突兀凌空，双重飞檐，五开间，群龙紧紧团护着“斯文在兹”四个大字。大殿为抬梁式结构，歇山式屋顶，团龙紧凑的28棵圆柱分别立于鼓形及覆盆形基石之上。大殿使用大跨度横梁，前檐四层斗拱承托檐檩，主檐下饰以云龙图案，金箔贴裹，熠熠生辉。大成殿高9m，面阔22.45m，进深16.5m。大殿护壁用坚木雕刻龙鱼鸟兽，山石花虫，玲珑剔透，刚劲有力，栩栩如生。大成殿屋檐下的斗拱和彩画大量采用冷色调的青绿色，这与深红的墙壁、朱红门扇配金黄色浮雕暖色调形成对比，在视角上也增加了出檐的深度，大殿的屋顶配以微微下垂的垂线，屋檐的相交处陡然高高翘起，使建筑具有强烈东方建筑特色。在玉屏山青山绿树、蓝天白云的衬托下，一切都显得十分柔美和谐，这种动静交替、虚实相济的建筑艺术美感显得极为鲜明强烈。站在大成殿前远观，只见蓝天、白云、绿树，交相辉映于紫黄绿三色琉璃瓦顶部的飞檐与宝瓶之

景东文庙大成殿

景东文庙东庑

景东文庙西庑

间。近观，只觉大殿居高临下，巍峨壮丽，一种“入室神如在，升堂乐似闻”的神秘感油然而生。大成殿居中供奉着汉白玉孔子像。孔子像高3.1m，底座高1. 5m，头部（含冠冕）高达70cm,肩宽1m,下肢部总宽1.2m。孔子头戴十二旒之冕，身着十二辛之服，手执镇圭。表现了这位文宣王“温而历、威而猛、恭而安”的神态。孔子雕像两侧是“四配”，再两侧是“十二哲”雕像。“四配”即复圣颜回、述圣孔伋、宗圣曾参、亚圣孟轲。“十二哲”即闵损、冉雍、端木赐、仲由、卜商、有若、冉耕、宰予、冉求、言偃、颛孙师、朱熹。“四配”像高2.25m,底座高1.6m；“十二哲”像高1.5m。大成殿始建于清康熙二十一年（公元1682年），清道光二十一年（公元1841年）重修。1984年重修时更换厦柱2棵及部分横梁檩子。修复房顶时，拆除原用铁线连缀在一起并损坏较多的三层紫黄绿琉璃瓦，修复后仅复盖一层，并从通海新购部分琉璃瓦替换损坏者。

## 中轴线

景东文庙的建筑为三路布局，中轴路直贯始终的建筑方式。一条中轴线连结了整个文庙，而文庙也以中轴对称。古代建筑非常讲究地脉山向，景东文庙修建时也融入了这方面内容，用中轴线与东面的凤凰山之顶和西面的玉屏山之顶相连结，形成了凤凰山顶——文庙照壁大门——泗水牌坊——魁星阁——棂星门宝殿——大成门正厅——大成殿宝顶——玉屏山之巅相对应于这一轴线之上，显现了万里龙脉东方来，千里地脉连紫气的风水宝地色彩。同时还继承了古代居正为尊，秩序和谐至上的等级观念。景东文庙中轴路全长128.46m,宽3.3m,是儒家文化具体化、形态化的重要象征之一。

## 厢 房

景东文庙大部分厢房多数已毁于清同治年间的战火，清同治十三年（公元1874年）修复时也未能按原格局复修。部分修复的厢房随着时代的变迁，其原功用也大多不存。中华人民共和国成立后，逐渐修复厢房，21世纪初，全面清理厢房中的陈设，除作办公之用外，都作为“孔子生平殿”和“景东教育史”展室。大成殿两侧大厢房为9开间，建筑面积各为223.75m$^2$。各面阔32.5m，进深6.2m。大成门前两侧小厢房5开间,面阔各20m,进深5.8m,建筑面积各为78.57m$^2$。

## 其他已毁建筑

纵观景东文庙清代建筑格局，为五进院落。已毁建筑左边有斋房、学署、明伦堂、仪门、儒学、金声、龙门；右边有射圃、玉振、龙门。还有规模较大，位于大成殿后供奉孔子之父叔梁公以上五世祖的崇圣祠（原名启圣祠，毁于清同治元年（1862年）战火）。景东文庙北连创建于清康熙四十年（公元1701年）的开南书院（现公安局与县小学校址，书院毁于同治元年即1862年）。南连清雍正十二年（公元1734年）设立的景东考棚（现公安局办公区）。整片建筑以景东文庙为核心区，左为开南书院，右为景东考棚，布置十分巧妙壮观，洋洋洒洒虽有区别又连于一片，枕山蹬水，让人感受到儒学遗泽之绵长和恒久的力量。

景东三营文庙正殿

## 者干三营文庙

者干三营文庙位于景东彝族自治县大街三营村，现为三营小学校址。明代兴办社学，明万历十五年（公元1587年），举人杨仕汉被授于广西庆远府同知，解囊为乡梓兴办庙学。同时，景东通判尹学孔亦捐金资助修文庙。明崇祯十四年（公元1641年），司马赵邦奇捐资修崇圣祠、大成殿、东西两庑、桂宫、魁阁、围墙，仿县城学宫而建。清雍正八年（公元1730年），景东同知徐树闳拨小街租税为师生膏火。清同治初年当地爆发农民起义，文庙被毁严重。清同治十一年（公元1872年），同知凌应梧捐金一百两重修，基本恢复旧貌。同时，规定凡岁科两试新取文武生员，富者年捐银5两，贫者年捐银3两，监生捐银5两，储存备用。

文庙于清末和“文革”时遭受毁坏较多，现存大成殿，另还存有桂宫、泮池等建筑。

景东三营文庙侧门

宁洱文昌宫门

# 宁洱县

## 宁洱文庙

宁洱文庙即宁洱文昌宫，创建于清雍正十年（公元1732年），位于宁洱县城西南。原建筑群有大成殿、崇圣祠、大成门、棂星门、礼门、义路、泮池、照壁、道冠古今坊、德配天地坊及文明坊等。因地势低洼，于乾隆三十二年（公元1767年）移置到今文化馆重建。嘉庆二十一年（公元1816年）改建棂星门；二十三年（公元1818年）重修文明坊。道光六年（公元1826年）知府邓璁、知县宫慕久率绅士捐资建名宦乡贤二祠；十一年（公元1831年）重修崇圣祠、太和元气坊、道冠古今坊、德配天地坊与宫墙。清同治元年（公元1862年），回族起义军陷城焚毁，十一年（公元1872年），他郎厅（今墨江县）游击孙世恒率士民捐金修大成殿、东西庑、崇圣祠，置四配十二哲神位。清光绪五年（公元1879年）重修棂星门，移建太和元气坊，补修崇圣祠、东西庑，重建道德二坊，修泮池，筑周围城墙。

清光绪二十八年（公元1902年），奉令改学堂。今仅存重檐小歇山顶式门楼等建筑。

现为县级重点文物保护单位。

# 思茅区

## 思茅文庙

思茅文庙位于思茅市城东门外今思茅第一中学校内。思茅文庙改建于清道光二十年（公元1840年），数次被焚后，重修于光绪七年(公元1881年)。据史载：嘉庆十九年（公元1814年）同知李文桂倡捐偕士民建大成殿3间于城外思诚书院内，春秋二仲捐资致祭。道光二十年（公元1840年）同知李恒谦捐廉四百两改建于东门外，三十年（公元1850年）署同知侯晟率士民重建后为崇圣祠，前为大成殿，东西两庑，大成门、棂星门、坊、池、宫墙悉备，内附建名宦乡贤二祠。同治元年（公元1862年）毁于兵燹，十年（公元1871年）同知廖鼎声倡捐率士民重建，是年又因战乱，焚毁殆尽。光绪七年（公元1881年）同知陈景湘率阖邑士民捐资重修。文庙坐北朝南，有大门两道呈于东西两侧，为砖木牌坊式建筑，大门内有泮池，池上有状元桥，桥北为棂星门，门侧两旁各有圆门一道，圆门内东厢为名宦祠、乡贤祠和书斋、保管室、住房，西厢是节孝祠和客房、伙房。圆门内石镶路石阶上是大成门，门内两侧是东西两庑，中间为天井，北端砌1米多高平台，宽约10m，再砌1m多高平台，上建大成殿。后面是崇圣殿，供孔子牌位。文庙古建筑群大部已拆除，今仅存大成殿，为思茅一中图书馆，大成殿系抬梁式单檐歇山顶建筑，面阔5间26m，进深3间20m，台基高1.75m，石踏跺高1.6m，占地面积750m$^2$。殿檐下有浮雕绘画，1978年曾作过修缮，前后门位置已调换，屋顶梁架保持原貌。

思茅文庙大成殿

1987年4月16日，思茅县人民政府公布为县级文物保护单位。

根据云南民族出版社《思茅文物志》整理）

思茅文庙状元坊

# 墨江县

## 墨江文庙

墨江文庙位于墨江县城东北“九叠联珠”第六峰上，原第五峰、第七峰上还分别建有《中山公园》和《庆龙公园》，现两园已不复存在。墨江原名“他郎”，民国四年（1915年）改称墨江，故墨江文庙原名他郎文庙。关于墨江文庙的修建，相传清代举人金堂借上京赶考之便，绕道山东曲阜，雇请匠人用高粱杆按曲阜孔庙原型穿斗而成模型，带回他郎按比例仿建而成。据史料记载：道光元年（公元1821年）通判龚正谦率绅士金棠等捐资建于东门外，嗣于五年（公元1825年），通判李恒谦续成，后建崇圣祠三间，前建大成殿五间，东庑、西庑各七间，大成门、棂星门、坊、池、宫墙齐全。内左建仓圣阁，右建魁星阁，附建名宦祠、乡贤祠、忠义节孝祠。同年，详请祭祀银两。八年（公元1828年），议准照宁洱附郭之例动支地丁公项体制同府学。同治二年（公元1863年），厅绅孙世恒阖邑士民捐资修葺。

墨江文庙西庑

墨江文庙建于九叠联珠的第六叠上，居高临下，鸟瞰城区，为墨江最大的古建筑群，又是迤南道上除建水文庙之外的较大文庙。建筑群为古代重檐歇山、台梁扣榫式结构。室外在保留古柏苍松的同时，新植有“活化石”之称的桫椤林和北回归线特有物种。

墨江文庙坐北向南，现存建筑占地面积7600m$^2$，总建筑面积2959.09m$^2$(其中房屋建筑面积2465.34m$^2$，畔池、龙墙、通道建筑面积439.75m$^2$)，依山而建,系纵向台阶庭院式建筑群。共分五台（层），层层相连，气势雄伟，布局精巧，颇为壮观。

墨江文庙东庑

## 棂星门　东西庑

文庙大门在南方东侧，第一台大门内有两耳房为管事房和客房，原有石月牙泮池，沿石踏跺而上。第二台正中为棂星门，左右两侧为新楼

墨江文庙大门

墨江文庙泮池

墨江文庙照壁

墨江文庙星宿门

墨江文庙棂星门

墨江文庙大成门

和五经楼。再上石阶为第三台，此处正中为文明坊，左右两侧为魁星阁和文昌阁。再上第四台，正中为星宿门，左侧为西庑名宦祠、乡贤祠，右侧为东庑节义祠、忠孝祠。上溯第四台后，正南的文笔塔、笔架山和涟漪桥、城西北回归线标志园尽收眼底。第五台为天子台、大成殿、后宫。东西两厢供奉孔子名弟子七十二贤牌位。

## 大成殿　大成门

大成殿为墨江文庙现存主体建筑，系重檐歇山顶、抬梁式木结构，面阔5间20.5m，进深3间14.4m。全殿用24棵高10余m、直径60~70cm粗的大圆木柱支撑，建筑面积295.2m²。大成殿重檐上挂有四块宽高各 1 m的木板，上书“斯文在兹”四个大字。四周檐下有斗拱3层，正面、背面各30朵，两侧各20朵。后宫为单檐歇山顶，面阔3间12m，进深2间9.6m。

天子台采用石板围栏望柱相围而成，长17.3m，宽7.45m。文昌阁为抬梁式重檐歇山顶建筑，魁星阁为重檐攒尖顶建筑，檐下有斗拱三层，二阁面阔10.3m，进深10.7m。

墨江文庙曾遭多次破坏，又多次修复。1966年“文化大革命”开始后，所受破坏最为惨重，全部匾额、牌位悉被焚毁。

1995年起政府拨款开始重新修复文庙，至2003年底修缮工程全部完成。

墨江文庙有三奇：第一，建筑所需木材为球香树，其特点是不被虫蛀，因此，文庙里即使无人打扫，常年累月也不会有蜘蛛拉丝；第二，文庙里最古老的一株树已有2500多年，几乎与孔子同龄，前几年文庙破烂失修，本已枯死，后政府拨款重修文庙，它奇迹般地又长出了新叶；第三，墨江文庙有神奇古老的传说。

何淮道指点他郎江山时亲笔撰写盈联称赞：“九叠联珠三宝地，双环玉抱小溪天”。

1986年6月24日，墨江哈尼族自治县人民政府公布为县级文物保护单位。

墨江文庙现为云南省级重点文物保护单位。

（据云南民族出版社《思茅文物志》等有关材料整理）

周德翰　整理

墨江文庙孔子像

# 大理州

作为云南文明的发祥地，大理州是云南最早引进和传承儒家思想的地区。早在汉章帝元和二年（公元85年），大理就和昆明一起建起了云南最早的儒学机构。元、明、清三朝是大理地区文庙建设的鼎盛时期，元代建大理路（后来的大理府）文庙、邓川文庙、鹤庆文庙。明、清两代凡大理府、州、县治所在地均建立了正规的文庙，甚至一些乡（镇）、村也有中规中距的文庙。在大理州县辖区范围内，共有16所正规的建制文庙，另外还保留下来2所乡镇文庙，占全国文庙总数的1%。可见，大理地区无疑是中国儒家文化影响、传承的高度富集区，这在中国边疆民族地区中也是独一无二的。

遗憾的是，由于历史和政治的原因，大理州历史上的那些建制文庙也历尽沧桑，现在已经没有一所具备原有的功能，在保护和维修上也不尽如人意。除了剑川、鹤庆、巍山、凤仪县部分修复了文庙建筑以外，其余概莫能外，已变得残败、萧条，有的竟连遗址都不复辨识了，实在是令人惋惜和感叹啊！

可喜的是，大理州孔子学术研究会率先启动并完成了大理州历史上的文庙研究工作，并在此基础上提出合理化建议，为弘扬中华传统文化，保护、利用珍贵的文庙资源提供了有益的参考。

## 大理市

大理市是大理白族自治州首府驻地，其辖区范围在历史上的变化比较大，在这个狭小的空间范围内，历史上文庙众多，曾有过五座文庙长期并存，每逢春秋二丁，五地同时祭孔的盛况，成为历史佳话。这五座文庙，是各不相同的五个级别的文庙，分别为府文庙（大理）、州文庙（凤仪）、县文庙（太和）、镇文庙（下关）、乡文庙（挖色）。除挖色文庙外，其他四个都是正规文庙，是完全具备文庙功能的建制文庙。其中明代大理知府汪标在地震后重建的大理府文庙有塑像110尊，大成殿内全是铸铜像，其铸塑像规模为云南之冠，即使在全国也不多见。

因太和县文庙已不复存在，故此，仅对大理府文庙、赵州文庙和挖色文庙的具体情况作介绍。

### 大理府文庙

大理府文庙是元代云南第一批文庙之一，开创了云南建庙祭孔的历史，也是当时滇西地区规模最大的文庙，现为大理市中和镇文化图书馆所在地。

大理府文庙始建于至元二十年（公元1283年），明代几次重修，完成了基本建制。正德十年（公元1515年）大理地震，大理文庙受损严重，当时的知府汪标带头捐俸，自筹资金大规模扩修文庙，并在大殿铸塑像110尊，这在全国也是很少有

大理府文庙大成门

的规模。其文庙规模的宏大，由此可见一斑。清咸丰六年（公元1856年），大理府文庙大部分毁于战乱。同治十二年（公元1873年），地方开始筹款修建，历时四年，于同治十六年（公元1875年）落成完工。自此，大理府、太和县两庙合一，共建成大成殿、东西两庑、大成门、棂星门、名宦祠、泮池、照壁等，“钜制宏观，较旧时广阔壮丽”。但因为当时的总管偷工减料，蒙散侵蚀，仅大殿的材木坚实外，其余建制多用旧料，而后粉饰外观，致使建筑不能经久。故，后来又几经修缮，才使之有所修复，有所留存。

赵州文庙棂星门

## 赵州（凤仪）文庙

赵州即现在的凤仪，明清时为大理府辖下州级建制。赵州文庙位于现凤仪街，坐西向东，坐向比较独特。

凤仪文庙建于明洪武年间（公元1374~1385年），其后明正德年间（公元1506~1519年）进行过大规模的扩修，明嘉靖二十九年（公元1550年）又再次扩修，当时建有明伦堂五楹、启圣祠、文昌祠、魁亭、库房、左右书舍、石坊、学正衙等，规制齐全。到清朝时期，又先后进行了5次重修，使之更加完备齐全。

在大理州的所有文庙中，赵州文庙是保存最好的文庙，虽然现在已经不具备原有的功能，但其建筑基本保存完好。现还存有棂星门、大成门、大成殿书院、东西两庑等建筑。

大成殿前有露台，面阔五间，进深四间，中三间抬梁结构，高13m，较为壮观。

赵州文庙大成殿

赵州文庙大成门

赵州文庙东庑

赵州文庙书院大门

赵州文庙西庑

## 挖色乡文庙

挖色文庙建于明嘉靖年间（公元1522~1566年）。因当时挖色非县治驻地，故在大理州的五座文庙中，挖色文庙规模较小，而且也不是正规的文庙，不完全具备文庙的功能，但作为乡一级的文庙，挖色文庙还是属于有一定规模、现存较完好的文庙。挖色文庙的大门和大成殿建筑完整，也很有气势和特色。

挖色乡文庙大门

## 鹤庆县

鹤庆文庙始建于元至元八年（公元1271年），明洪武年（公元1382年）二月毁于兵燹，1396年迁于现址即县城西南隅的鹤庆一中内。

文庙的布局遵循了我国古建筑“主庙朝南，左右对称，强调中轴线”的原则，在中轴线上从南至北依次建有大成门、泮池、棂星天子台、大成殿、启圣祠、东西庑等，

大成殿前有棂星门和孔子像，后侧有明伦堂。

鹤庆文庙主体突出，层次分明，布局严谨，规模宏大、风格独特。其中大成殿外则飞檐翘角，内则斗拱纵横。四角檐柱上分别缕雕四条云龙，玲珑剔透，工艺精湛；大殿雕梁画栋，彩画精美，飞阁流丹，肃穆庄严，蔚为壮观，具有较高的历史、艺术和科学研究的价值。

鹤庆文庙在民国时期保存还算基本完整，但建国后遭受过5次毁坏，后各级政府非常重视其维修工作，省、州、县政府投入专款近千万元，完成了对文庙大成殿、大成门、孔子像等的维修工程。现在虽部分建筑已经无法修复，但文庙的主体得以保存完整，做到“修旧如旧”，外观不失真貌，一如原样，成为云南省保存完好的文献古建筑群，具有较高的文献价值。

鹤庆文庙是云南省人民政府公布的第二批重点文物保护单位。

鹤庆文庙大成殿

鹤庆文庙大成门

鹤庆文庙棂星门

鹤庆文庙大成殿

# 洱源县

## 洱源文庙

洱源文庙始建于明洪武八年（公元1386年），位于县城西山之麓，坐西向东。庙内用净土和洁水塑孔子圣像和四配、十二哲神像，因材料来之不易，加之崇圣尊孔之心至诚，故孔子塑像和列位完全仿照曲阜式样，世称“西南孔乡”。

建国后，洱源文庙成为洱源中学校舍，1952年塑像全部被拆毁，几经沧桑，现仅剩下大成殿。它是重檐歇山顶形式，升斗重叠，建制雄伟。

1996年洱源县人民政府将其公布为县级文物重点保护单位。

洱源凤羽乡文庙大成殿

## 洱源县乔后镇文庙

洱源县乔后镇文庙始建于1862年，其规模宏伟，气势庄严，孔子的牌位高大，制作精美，工艺精良，成为当地百姓祭祀的重地。2005年，当地民众自发集资重建文庙。新文庙面积虽然不大，但颇具特色：飞檐斗拱、雕龙画凤，一派金碧辉煌；大成殿殿门为三层镂空的“八仙过海”等图案，殿堂高大，塑像庄严，造形美观，是很有特色的乡文庙。

洱源文庙大成殿

## 洱源县凤羽乡文庙

始建于明代的洱源县凤羽乡文庙，位于现在的凤羽小学。它布局严整，在建筑群的中轴线上，由东至西，建有大照壁、棂星门、泮池、大成门、大成殿、后花园和两庑。解放后拆除了大部分建筑，现在仅保留下大成殿。它虽然经过了多次维修，但仍然保持了故有的风貌，阔五开间，重檐开斗，十分壮观，是凤羽乡现存最大的古建筑，具有较高的历史文化价值。

凤羽乡乔后镇文庙大成殿

# 邓川县

邓川文庙始建于元代，清光绪二十四年（公元1898年）重建于县城来凤山西北坡，现为邓川中学所在地。整个文庙含大成殿、启圣祠、东西两庑、大成门、棂星门、魁星阁等建筑。

由于邓川中学的不断扩建，不惜先后拆除了文庙的鲁壁、棂星门、大成门、启圣祠、魁星阁等建筑，现在保存下来的还有大成殿；泮池、状元桥和两棵大榕树；石碑坊；书院。文庙中的主体建筑大成殿、泮池、状元桥、大榕树成为邓川地区珍贵的文物古迹。

2004年，邓川文庙被公布为县级重点文物保护单位。

乔后镇文庙孔子塑像及四配

邓川文庙大成殿

邓川文庙泮池　状元桥和大榕树

邓川文庙石牌坊

邓川文庙书院

云龙“家传首科”——题名坊

云龙诺邓村文庙大成殿

云龙诺邓村文庙棂星门

## 云龙县

### 诺邓村文庙

千年古村诺邓村，其文庙始建于清初康熙年间。诺邓虽然不是州、县驻地却建有文庙，这在古代礼制中是个特许。诺邓村地处偏僻、交通不便，但尊孔习俗相当浓郁，每年的祭孔活动规模大，气氛热烈隆重，谨遵礼制，儒家文化底蕴深厚，素有“文墨乡村”之誉。

诺邓村文庙大成殿建筑精致、古朴典雅，文庙前的棂星门是滇西地区现存最大、最古老的木牌坊，它融汉族中原文化和白族地方文化的精华为一体，是中国儒家文化在诺邓人文遗产中的生动展示。它四柱三楹，飞檐斗拱，上刻有“腾蛟”、“起凤”匾额，因此又叫“腾飞”、“起凤”牌坊。诺邓村文风蔚然，人才辈出，故还留有此题名坊。

## 祥云县

祥云文庙始建于明洪武十七年（公元1384年），位于县城品甸南门外三里处，后迁于县城内东门，坐北向南，共有大成殿、东西两庑、大成门、棂星门、石坊及文明坊、泮池等。大成殿里当时供奉有孔子及四配、十二哲的牌位，东庑供有先贤四十位、先儒三十四位，西庑供有先贤三十九位、先儒三十四位，共计一百四十七位先儒牌位，并配有完备齐全的礼器、祭器、乐舞器等。

祥云文庙历史悠久，规模宏大，规制齐全，一直保持着建制文庙的功能和作用，但可惜的是，它最终未能逃脱毁灭的劫运，现仅存有一座破败的尊经阁，其余建筑已荡然无存。

祥云文庙尊经阁

## 剑川县

剑川文庙始建于明洪武二十三年（公元1411年），位于剑川县金华镇金华山脚的景风公园内。在明、清两代，剑川文庙经历了三次地震，一直处在不停息的修复之中。虽久经磨难，但其建设和保存工作做得较好。

剑川文庙由棂星门、大成殿、启圣祠、关岳庙、景风阁、灵宝塔等构成。棂星门为一高二低十柱落地式木斗拱建筑，八角飞檐，十面出水，两边绘有剑川八景图；大成殿为单檐歇山，斗拱飞檐九脊顶建筑，周围有廊庑。2005年在大成殿重塑了孔子的铜像和四配、十二哲的仿铜塑像。

1987年12月，景风阁古建筑群被列为第三批云南省文物保护单位。

剑川文庙大成殿

剑川文庙景风阁

剑川文庙启圣祠

剑川文庙棂星门

巍山文庙

## 巍山县

巍山文庙位于巍山古城西门内，始建于明洪武年间（公元1368~1398年），万历四十七年（公元1619年）被毁，随即重建。1938年开办中学至今。

文庙规模宏大，占地约10000m²，坐北向南，前设照壁，在中轴线上依次为泮池、石桥、棂星门、大成门、大成殿、雁塔坊、崇圣阁、尊经阁；东西两侧有月台、乡贤祠、明伦堂、兴文祠等。大成殿单檐歇山顶，重翘斗拱，庄严大方；雁塔坊雕梁画栋，工艺

巍山文庙明伦堂

巍山文庙廊亭

巍宝山孔子殿

巍山文庙尊经阁

精湛；明伦堂建筑独具一格，前为卷棚，后为尖山的两个建筑勾连而成，中有6扇格子门，分别可雕刻有春、夏、秋、冬四景和山水、城堡庙塔，雕工十分精湛。

2003年大理白族自治州人民政府公布其为文物保护单位。

## 宾川县

宾川文庙位于宾川县州城镇，距县城8公里。文庙始建于明弘治七年（公元1494年），后在明、清年间曾多次扩建重修。文庙有四进，呈阶梯式，沿中轴线由西向东依次为照壁、泮池、棂星门、名宦祠、先贤祠、大成门、南北两庑、大成殿、启圣祠等建筑。其建筑布局均衡对称，严谨规整，遵从文庙建筑的定制。现在除泮池被填埋外，其余建筑保存完好，

宾川文庙棂星门

宾川文庙大成门

宾川文庙大成殿

宾川文庙启圣祠

是云南省规模较大，建造规整，极具地方特色的古建筑群，对研究明、清时期云南的建筑具有重要价值。

1998年云南省人民政府公布其为省级重点文物保护单位，2006年公布为国家级文物保护单位。

## 弥渡县

弥渡文庙始建于清光绪二十五年（公元1899年）。文庙建筑以魁星阁为中轴，建有棂星门、天子台、大成殿、后稷祠，因修建时限短，加之解放后在特殊历史时期被人为地毁坏，现在文庙仅存大成殿，而且殿顶梁柱已被雨水泡朽，虽经多次检漏修补，但依然无济于事，已经出现倒塌的危相，被县城建部门列为“危房”级别。

弥渡文庙与周边古建筑群在2004年被弥渡县人民政府公布为第四批县级重点文物保护单位。

## 文笔塔

弥渡文笔塔又称回龙塔，位于弥渡城东门外回龙山上。《弥渡县志稿》载："弥渡若舟，建塔以绾之"，说明建塔的寓意。塔为密檐式六方椎形实心，砖砌就，底座以条石镶砌，共11级，总高16m，塔刹由宝盖宝顶组成，巍峨壮观。

明代地理学家徐宏祖于崇祯十二年（公元1639年）途经弥渡眦，曾记"出弥城北门随墙东转1里，有支峰自东南绕而北，有小浮屠在其上。"据此可知此塔始建不晚于天启年间。至今尚保存完好，诚为不易。

（李俊波　提供资料　李万春　整理）

弥渡回龙塔

# 南涧县

南涧文庙位于县城南涧镇，始建于明成化八年（公元1472年）。文庙坐北向南，布局严谨，经历任县令和地方官绅的修缮，规模乃备。文庙依山建造，三大院式：一院过大门入泮池；过棂星门达二院；进武朝门到天井为三院，天井很大，有左庑右庑、乡贤和名宦的牌位。天井上数级石阶就是大成殿。大成殿是整个建筑中最高、最具气势的建筑，为单檐歇山顶建筑，殿堂中立有孔子的牌位，殿前有双狮石雕，造型独异。

现在南涧文庙原建筑基本上已毁坏，仅存有大成殿。

（大理孔子学会　提供资料　樊泳湄　整理）

南涧书院大门

## 毓秀书院

南涧毓秀书院坐落于县城南涧小学内，正门坐北朝南（北偏东20°），大门本体东西调11.8m，进深7.9m。书院建于明代成化年间，嘉靖年曾重修，整体为二层楼阁式建筑，斗拱密叠，飞檐翘角，气宇轩昂，彩绘精致，栩栩生焉。下层中间为通道，装有雨扇精工雕饰大木门（惜已毁）。上层则三间通连。

1987年3月2日，列为弥渡重点文物保护单位。

（李俊波　提供资料　李万春　整理）

丽江的繁荣已有800多年的历史，聚居在这里的钠西族与其他少数民族一道创造了光辉灿烂的民族文化，特别是具有丰富内涵的东巴文化、白沙壁画等传统文化艺术更是为人类文明史留下璀璨的华章。她既是中国的，也是世界的瑰宝。她不仅被列为国家级历史文化名城，而且还荣列《世界遗产名录》。非但如此，她在文庙文化发展方面也颇具特色。

丽江文庙光绪年间重修的文庙，现存东庑及过厅

据《丽江府志略·学校略》载："丽初无学也，自孔公兴询来判是邦，实使肇造，厥功巨焉。国家文教，诞敷穷陬绝域，车书会同，年来守土之吏，罔不敬承德意。舞有章，环桥有士，彬彬雅雅，丽之学，駸駸乎日上矣。"这记载说的是康熙三十九年（公元1700年）通判孔兴询建文庙于古城东兴学，时人"罔不敬承德意"，备受称赞。雍正三年（公元1725年）知府杨馝教授、进士万咸燕改迁北门坡，即今丽江市古城区北门街金虹路北面。雍正五年，知府元展成建明伦堂。乾隆四年，知府管学宣教授万咸燕，改建两庑等。乾隆五年，重建大成殿、崇圣祠等，"易以石砌，缭以通垣，绘以金漆，整齐宏敞，焕然一新，较前加壮丽焉。"咸丰年间毁于兵燹，光绪末年重修。昔日古柏遮天蔽日，来往者络绎不绝。现存正殿、东厢及过厅，几经风雨保存至今，诚为不易。

1988年11月，丽江县人民政府公布为第三批县级重点文物保护单位。

丽江文庙光绪年间重修的文庙大门

## 玉河书院

位于玉泉公园西南角，玉河下村内。

清康熙四十九年（公元1710年），丽江府通判樊经（江都人）创建，后任余文耀（浙江人）续建落成。丽江府第二任儒学教授张揆亮进士（澄江人）主持书院教学。“远近闻风负岌就业者，济济堂堂”，学风盛极一时，后倾废。乾隆四年（公元1739年），知府管学宣重修，为丽江最早的书院。四合院式书院，建筑小巧玲珑，院内奇花异木，虬木蟠枝，古意盎然，尤其是书院门内宽阔空地上种植的一棵古老的木本山玉兰树，至今已有600多年的树龄。

1988年11月，丽江县人民政府公布为第三批县级重点文物保护单位。

丽江白沙文昌宫建于清朝嘉庆癸酉年(公元1813年)。光绪十六年（公元1890年），由时任贵州省镇远总兵的白沙人和耀曾捐资大修，院落为坐北朝南、一进两院式结构，中轴线正对文笔山。雕字屏风《文昌帝君阴骘文》由云南名士、

玉河书院

翰林陈荣昌书写。文昌宫建成后一度作为教学场所，1996年11月27日被列为国家级文物保护单位“琉璃殿与大宝积宫”保护范围。

文昌宫正殿是白沙文昌宫主要古迹建筑，殿内祀奉文昌帝君以祈求地方文风昌盛、人才辈出。

丽江狮子山文昌宫位于世界文化遗产丽江古城范围内，是古城重点文物保护单位。清乾隆《丽江府志略》记载文昌宫在古城西门区域。雍正元年首任流官知府到任，同年文昌宫由知府杨馝迁建，后继任知府靳治岐重修。雍正七年到任第四任流官知府。据历史资料记载，清道光十年，文昌宫迁建于狮子山，咸丰年间毁于战火。光绪三年，知府许其翔重建大殿。其后，前殿及左右两厢房等由郡民筹捐公修。文昌宫祀奉文昌帝君，是传说中掌文昌付事及人间禄籍的人。历史上每年二月初三在该宫内由地方长官、乡绅及读书学子、社会名流进行盛大的祭祀活动，祈求地方文风昌盛、人才倍出。在实行科奉制度的社会中，文昌宫作为丽江府学子科考的场所。平素民间洞经会谈经班在这里进行道教科仪、音乐、斋醮等法事活动。

（李永军　李艳萍　提供资料　李万春　整理）

丽江大研镇狮子山文昌宫大门

丽江大研镇狮子山文昌宫大门前古柏——“学树”，树龄已有八百多岁。静观丽江大研古城之兴衰，陪伴历代丽江学子和文化名流，留下了许多美丽动人的传说。

# 临沧市

临沧，以濒临澜沧江而得名。在这块土地上，世代生息繁衍着佤、傣、拉祜、布朗、德昂、彝、景颇等23个少数民族，少数民族人口占全区总人口的37.9%。总面积24469平方公里，辖临沧、云县、凤庆、永德、镇康、耿马、沧源、双江八县，总人口218万，是滇西南一块神奇美丽丰富多彩的热土，有着灿烂无比的民族文化和神奇的古代文明。沧源古崖画群，历经三千余年风吹雨打而原貌依然，被中外史学家誉为“哀牢地新大陆”、“滇西南人文史诗”；耿马石佛洞、文明礼仪之邦，凤庆的“文庙”群、佤山沧源的广允缅寺、勐省农克硝洞遗址、云县忙怀新石器遗址等一大批人文景观，显示着厚重的文化积淀，流动着美丽的古老传说，无不昭示着这块土地曾拥有的不朽古代文明。凤庆文庙以其布局合理，技艺精湛，具有较高的建筑艺术水平及历史研究价值，是凤庆历史文化发展的见证。

## 凤庆县

### 凤庆文庙

始建于明万历三十四年（公元1606年），原址在城南虎山东麓，清康熙八年(公元1669年)迁建于府署之西，同治十二年(公元1873年)又迁，建于县城西文庙街，俗你黉学，占地面积约8880m$^2$，是滇西历史悠久的一座文庙，被列为云南省重点文物保护单位。

凤庆文庙坐西朝东，由鸣凤阁、崇圣殿、大成殿、大成门、棂星门、龙门、泮池各单元构成，整个古建筑群矗立于山梁之上，整体结构严谨，布局合理，技艺精湛，气势宏伟。

在整个文庙建筑中，鸣凤阁是最醒目的建筑。鸣凤阁又叫魁星阁，建于光绪十八年（公元1892年），居县城最高点，共三层，高16m，边宽11m，底层为正方形，建筑结构灵巧，蔚为壮观。曾有历史文人题联：“更上一层楼，看东屏乐嶂，南俯龙湫，西临凤岫，北倚磐陀，况复双城烟火，四面云山，百星风光归眼底；远稽往古事，想唐属姚州，宋名庆甸，元置土府，明设流官，益以勐氏孤忠，尚书大节，千秋史鉴注心头。”昔日的魁星阁，记载着进士龚彝位居永

凤庆文庙醒目的建筑——鸣凤阁

历帝户部尚书的历史，今日的鸣凤阁萦绕着响彻九霄的洞经音乐。

凤庆文庙几经搬迁和历代修葺、改造扩建，形成如今的文庙建筑群，由泮池、石坊龙门、棂星门、大成殿等五重门五院落组成，院落有两厢房，院落层层递进，地势一院比一院高，建筑精雅，浑然一体。大成门单檐歇山式，砖木结构，三开间；棂星门砖木斗拱结构，三间四柱为“一”字形排列。棂星门下为石坊和泮池，泮池边墙上有四块石碑，每碑一字书有“鸢飞鱼跃”四大字。石坊中间高两边低，四根方石柱并立，大碑三、小碑四，石浮雕二，书有“龙门”、“金声玉振”、“汉江秋月”，闪烁着儒学的文化光辉。

大成殿是供奉夫子的圣地，为文庙古建筑群中的主体工程，砖土木结构，重檐歇山顶式建筑，高约12m，面阔18m，纵深13m，五开间，四面出厦，18棵直径50多m的大柱，透雕格门，雕梁画栋。屋顶有花栏，其中置一宝塔，两端现出金龙，口朝宝塔，活现双龙戏珠之势。上下两层八个角，各有

凤庆文庙泮池

凤庆文庙石坊龙门

雄狮一尊，雄姿勃然，主殿显得分外壮观。上层四周为走廊，其间作为正堂，曾供有神龛，为孔子牌位，下层屋檐有“斯文在兹”模匾，上层屋檐下有“圣集大成”四个大字，显耀尊孔崇儒的民族文化风彩。

史载：“文庙巍然，儒风蔚起，称颂不衰焉。”如今凤庆文庙展现新时代的文明，焕发出传统文化的奇光异彩。

大成殿前屹立着孔子铜铸圣像，圣像落成揭幕仪式典礼于2003年8月25日举行。整座圣像由青铜浇铸，高3.48m（像高2.29m，基座1.19m），基座以黑色花岗石镶嵌，并由云南省书法协会主席郭伟题写的“孔子圣像”四字。凤庆文庙始建成于明万历三十四年（公元1606年），地址“在城南凤山左麓”（现凤庆中学所在地）。康熙八年（公元1669年）迁建于“枝龙之麓”（城南凤山之左）。同治十二年（公元1893年）迁建成于现址，这次迁建，是文庙经历17次修复中，规模最大的一次，耗时24年建设，为建立凤庆文庙奠定基础。这就是“凤庆文庙三迁”的历史。

文庙兴建时规模较小，建筑完整，迁建于凤山之左的“雅致塘”一带，将原分散建成在不同地点的有关建筑汇集迁建，历时30余年。1995年省文化厅拨专款作彻底翻修后，古建筑群再现新时代的辉煌。殿宇宏伟，重檐高阁，宝顶立脊，雄狮翘角。正面十二根红漆大圆柱，十八扇雕刻着龙凤、花鸟、禽兽、山水、瓜果等的格子门，神态各异，活灵活现。屋檐上悬挂着“斯文在兹”、“万世师表”、“集圣大成”三块横匾。文庙建筑群展现我国古代建筑特色，闪耀着传统文化的光辉。

2004年春节，凤庆文庙彻底施工修复，旧貌新颜，大成殿内的孔子座像、神龛焕发灵光。大成殿和大和门等建设分别于1995年和1997年进行保护维修。外部石栏杆、龙板、香炉、石板整修完美，增添古朴风彩。大成殿前檐重新悬挂“大成殿”、“万世师表”、“斯文在兹”三块字体各异的精致匾额。大成殿内新增两对巨型长联。正面一对为雍正帝为曲阜文庙大成殿撰题的：“德冠生民溯地辟天开咸奠首出；道隆群首统金声玉振共抑大全”。两侧一对为市委书记李国伟题，云南书法家冯国语先生书的“沧江三千

凤庆文庙大成门

凤庆文庙棂星门

凤庆文庙大成殿

凤庆文庙大成殿前孔子像

里星寒月暖留下几多故事；蒲门八万户梅韵竹风同写一部春秋。” 大成门新增本乡四位老人撰书的对联：“忠孝正纲常兴教昌儒九州至圣；文章重宇宙删诗制礼千古素王。”“孔圣万世师表文兴大道配天地；庙堂千秋景崇德治中华冠古今。”大门左侧新竖一块刻有“文武官员到此下马（轿）”的下马石。正如史载“文庙巍然，儒风蔚起，称颂不衰焉。”如今凤庆文庙展现新时代的文明，焕发出传统文化的奇光异彩。

（何　峨　供稿　　熊黎明　整理）

凤庆文庙大成殿侧影

大成殿
德齊幬
斯文在兹
聖協時中

# 二、文庙沧桑

孔子是我国历史上伟大的思想家、教育家。远在争战绵延，杀伐不绝的战国时代，孔子已是声望极高的名人。这可从一些名著引证孔子的言事可见一斑。

《吕氏春秋》是我国先秦时代一部重要典籍，是兼采众说的杂著，对研究先秦的历史、文化价值极大。它在当中称引了孔子、管仲、墨子、老子、惠施等，其中称引孔子的多达50次，其次为管仲，30次，老子最少，仅5次。对孔子的称引，不但次数居首而其内容又多为对孔子的颂扬。如《孝行览·慎人》引“孔子穷于陈蔡之间”与子贡的穷达之辨，表现了孔子“抱仁义之道，以遭乱世之患”，而“内省不改于道”，“临难而不失其德”，“霜雪既降”，“以知松柏之茂”，对道的坚定信念和执著追求。又如《季春纪·先己》“孔子见哀公”中，鲁哀公对孔子说，有人对他说，“为国家者，为之堂上而已矣。”“寡人以为迂言也。”孔子则对他说：这不是“迂言”，“丘闻之，‘得之于身者得之人，失之于身者失之人。’不出于门户而天下治者，其唯知反于己身者乎!”赞扬了孔子“成其身而天下成，治其身而天下治”的政治主张。《庄子》常借古人之事，宣传道家思想，其所借重的古人仍往往为孔子。虽然此书与彼书的称引有所雷同，唯字词小异。比如《吕氏春秋》作孔子穷陈为。《吕氏春秋》记“孔子慨然推琴，喟然而叹曰：‘由与赐，小人也’。而《庄子》又作“孔子推琴，喟然而叹曰：‘与赐细人也’。”虽然“厄”与“穷”，“小”与“细”均同义，而终有异。“推琴”“与慨然推琴”相差一状语。凡此，不一而足。虽如是，仍可见孔子声望高、影响大，这已是不争的事实。与此同时，孔子亦曾受到其他学派的不少批评、指责。《墨子·非儒》、《庄子·盗跖》均肆意非议孔子。汉代王充的《论衡·问孔》篇对《论语》所言多有诘难。至近代，从“五四”时期到“文革”，批儒反孔的声浪不曾停过，直至当代亦时有所闻。虽然如此，而孔子作为我国伟大的思想家、教育家的伟大形象，却永伫人们心中，人们敬仰他，感谢他，祭奠他……

祭奠孔子的文庙，即孔庙，或曰孔子庙、夫子庙，又曰黉宫。既是祭祀孔子的圣殿，又是儒家文化的殿堂，它传承文明，启迪精思，砺志勤学，劝勉来者，功不可没。千百年来，文庙的修建、保护，受到日益增多的人们的重视，兴建、重建、捐资修建、维护者比比皆是。但是，由于诸多原因，或自然灾害，或兵火战乱，或人们的认识等所致，云南的不少文庙历尽沧桑，或销声匿迹，遗址竟不知何所，或毁坏致残，或挪作他用，名存实亡等。据不完全统计，清代云南文庙总计86座，近年统计只有53座，据我会初步统计约55座，少于清代31座，在这55座中，得到较好保护的约40座，令人怅憾。

随着社会主义经济的不断发展，对外开放深入进行，文化的深入发展、繁荣，势所必然，文物的保护、开发利用已迫在眉睫，我们设“文庙沧桑”一栏，选择几座有一定代表性的，载之于册，以见一斑，殷切期望加强文庙保护的力度，让这一古代留传下来的珍贵文物，伴随着时代的前进步伐，令其焕发青春活力。

（李万春）

# 昆明文庙

位于城区中心的文庙正街（现改称人民中路），北靠五华山，南临文庙街，东至文庙东巷，西至文庙西巷，占地约30余亩，是一座典型的中国式园林建筑。昔日，园内古柏森森，高耸入云，殿亭轩昂，雄浑庄重，在昆明历史文化中占有相当地位，是昆明历史文化的重要组成部分。修复文庙，恢复它在昆明城市历史文化中应有的地位，早已刻不容缓。

入清四百年来，昆明文庙历经了两次劫难，抗日战争时期，惨遭敌机狂轰烂炸，文庙除魁星阁其他建筑皆遭损毁，文庙几近殆为一片平地。万万没有想到的是，惨遭日寇的飞机炸弹摧残的文庙，在十年浩劫“批孔”的狂风巨浪中，再次受到毁灭性打击，使昆明文庙濒临彻底告别人世的边缘。

时值云南提出建设民族文化大省之际，省、市侨联连续提出修复昆明文庙的四个提案，虽经答复“将按规划修复文庙”，但六七年过去了，昆明文庙依然故我，令人揪心。

## 七百年历史

具有七百年历史的昆明文庙，在元明清三代乃至往后相当一段历史时期，曾为云南的文化教育作出过不可磨灭的贡献，昆明文庙曾是全省各府、州、县文庙的先锋和表率，它不仅是昆明城内最大的古建筑群之一，更是源远流长的儒家思想和民族文化的见证。

昆明文庙桂香阁龙抱柱

昆明文庙又称云南府学宫，在五华山右。元世祖至元年间（公元1282~1285年）总管张立道建，兼置学舍。平章赡思丁继而拓之。元代郭松年有《创建中庆路大成碑碑记》。后废。明洪武（公元1368~1398年）初，西平候沐英因旧址建庙学。明景泰年间（公元1450~1456年）巡抚郑颙建“成德”、“达材”二坊。明天顺五年（公元1461年）都督沐瓒又一次兴建。明弘治十五年（公元1502年）巡按何琛建讲堂、聚奎楼，增置号舍。明正德年间（公元1506~1521年）重修，明嘉靖十年（公元1531年）建“启圣祠”、“敬一箴亭”及“视听言动心五箴碑”。明万历元年（公元1573年）巡抚邹应龙凿泮池，十八年（公元1590年）知府易以巽重修殿庑；四十年（公元1612年）巡抚邓渼，提学黄琮以县庙学附于府；四十三年（公元1615年）巡抚周嘉谟、提学张闻廷建“明伦堂”。明末毁于兵燹，迁建于长春观。

清康熙二十九年（公元1690年）总督范承弘以规制未协，同巡抚王继文请仍改建今地，合府、县庙学为一，始置祭器、乐器，悉依阙里规制。康熙三十四年（公元1695年）巡抚石文晟建御制至圣师及四配赞碑亭。雍正四年（公元1726年）总督鄂尔泰增备祭器。十二年（公元1734年）总督

尹继善、巡抚张允随、督学吴应权、布政使陈宏谋重修，并易琉璃瓦，添备祭器、乐器。乾隆十四年（公元1749年）绅士梁昇、杜东辂重修。嘉庆十年（公元1805年），教谕枀恒、绅士傀士无、刘腾蛟等捐“崇圣殿”，建左右两厢。十七年（公元1812年），绅士傀士元，余讦吉等复以旧制卑隘，重修大成殿内外门庑。光绪五年（公元1879年）总督刘长佑、巡抚杜瑞联修葺并添置祭器、乐器。

昆明文庙棂星门石牌坊

历经数次毁后重建的文庙，到清代后期已形成九进殿的巨大建筑规模群，里边包括大成门、大成殿、崇圣殿、仓圣殿、桂香阁、明伦堂、魁星楼、藏经楼以及乡贤祠、名宦祠、节孝祠和府县两属学宫的“衙斋”等院落，“云南府儒学”和“昆明县儒学”都设在庙内，规模十分宏大。明伦堂上刻有昆明历代的翰林、进士、举人、贡生等题名录。

清代有东西两道大门，东大门在今文庙东巷侧，额匾“黉宫”二字。入门一广场，向西有“持敬门”。西大门为平行的三道大门，左门额书“德配天地”，右门额书“道冠古今”，中门额书“文庙”二字。入门有三孔石雕牌坊一座，左孔坊额书“礼门”，右孔坊额书“义路”，中孔坊额书“棂星门”。牌坊的支柱石雕龙抱柱，雕琢技艺精湛，造形古朴生动。

1932年，文庙被改为民众教育馆，开办了图书馆和一些科普、爱国主义教育等展览。里边甚至还做过动物图。1950年昆明文庙划为市文化馆并为其办公地点，后为市群众艺术馆。市花灯团、市少儿艺术团、毛泽东思想宣传队等亦驻庙或在庙内活动。

## 两次劫难

文庙是一个祭祀孔子、推崇教育、展示地方杰出人士生平事迹的所在。历史上文庙最热闹的年代当属抗战时期，那时里边经常有老师教唱抗战歌曲，激励着大后方广大人民的救亡热情，同时还举办过日寇在华暴行图片展、战役战利图片展、台儿庄会战牺牲的排长以上的滇军照片展以及大型国货展等等。

1938年中秋前夕。首次侵入昆明的一架日本轰炸机被击落，飞贼赤岛被活捉。1941年1月，该机运到文庙的魁星阁前陈列，日军闻讯后，于29日派机群来袭，据目睹者称，文庙东西巷，文庙直街、横街，以及文庙大门对面的老“云南日报社”都成一片废墟。罗养儒《日机轰炸昆明之惨剧》记载：“轰炸时将大成殿毁去，将崇圣殿破坏，将尊经阁、明伦堂掀平……得免于害者，惟一一座魁星阁耳。轰炸后仍然在望……至大成殿下之丹墀螭陛，亦被炸裂，大成殿毁去屋瓦，炸倒墙壁，东西两庑则摧折殆尽……”1946年，当时的云南省政府“拨帑三千万元”予以修复。中华人民共和国建国后，又进行过多次维修。

云南最早最大的昆明文庙大成殿

万万没有想到的是，八年浴血奋战，日寇的飞机炸弹没

有摧垮文庙，却在“文革”“批孔”狂风巨浪中再遭劫难，使昆明文庙濒临彻底告别人世的边缘，文庙遭到彻底破坏，文物所剩无几，历代遗留下的文物、碑刻、匾额被毁被盗；云南最大最精的一块空雕玉龙碑被击碎；文庙的主体建筑七楹，7m高，东西长30m，南北径深30m的大成殿被拆除。

大成殿整座大殿坐落于石栏环绕的高台之上，气宇轩昂，堪称云南最早最大的孔庙主体建筑。殿上供孔子及四配、十哲牌位。梁上悬匾额9块，其中“万世师表”匾为康熙帝献。崇圣殿为文庙后殿，殿壁上有石刻孔子像及圣迹图30余幅。崇圣殿东畔为仓圣殿、桂香阁。桂香阁前为明伦堂，有大木刻二块，上书“礼义、廉耻”四字，明伦堂南为尊经阁，内供石刻孔子像，碑高8尺5寸5分，宽3尺3寸7分，仿唐吴道子手笔，额篆书“宣圣遗像”四字。

昆明文庙大成殿内供奉的孔子牌位

“文化大革命”的批孔，使年轻一代“灵魂深处爆发革命”，说孔子是“复辟倒退”的“孔老二”，“打倒在地还要踏上一支脚，叫他永世不得翻身！”于是文庙彻底捣毁，大成殿变成蒙古包，开了三个舞厅，人们戏言“文庙变成武（舞）庙”，一时间商铺林立，单位宿舍、办公大楼乘虚而入。群艺馆职工称之为“殖民地”，逛庙客人凭直觉说是“大杂院”，有些“老外”乘兴而入，败兴而出。

## 四个提案

云南省昆明市侨联经云南省政协九届三次、四次会议及昆明市政协九届五次、十届一次会议提出关于《建设民族文化大省与修复昆明文庙》的两个提案后，得到中共昆明市委、市政府的高度重视，市规划局已将文庙纳入“文明街历史保护区规划”，据市规划局关于对昆明市政协十届一次会议第101322号提案的答复：“根据该规划，已把文庙纳入了保护改造范围，将来我们将按规划修复文庙。”

2002年市侨联又提出《关于及早实施修复昆明文庙规划的建议》提案，一年后曾到市文化局询问，得知修复文庙已立项，但资金筹措困难等情况。为此2003年第四次又写了《关于尽快修复昆明文庙的具体建议》提案。建议仿照建水先例，修复文庙应由市旅游部门来运作，较为便捷。

2000年初《春城晚报》开展了一次“说说文庙”的大讨论。在2001年1月19日《春城晚报》“大观栏”《昆明文庙应该修复》一文前的“编者按”

昆明文庙泮池

昆明文庙桂香阁今貌

说："昆明作为历史文化名城，近年来受到严重破坏，已难名实相符"、"被列入保护范围的昆明文庙，由于种种原因，早已面目全非，作为历史文化名城的象征之一的文庙，恢复、重修已成当务之急。我们特开辟"说说文庙"专栏，欢迎各界人士读者提出你的建议和想法，共同为保护昆明历史文化名城献出自己的一份力量。"讨论中很多文章十分怀念这个老地方，一批呼吁文庙应该修复的文章此起彼伏，络绎不绝。

2000年初市侨联召开提案专委会全体会议，准备"两会"提案、议案。提出修复昆明文庙的议题，得到与会者的一致赞同，当即成立了文庙调研组，展开了对昆明文庙原历史和现状的调查。调研组三进文庙，但见满目疮痍，面目全非，肆虐惨烈，空前绝后；另一边则歌舞声声，营销两旺。此情此景，令人啼笑皆非。

时间又过去了七八年，临街的"礼门""义路"紧闭，昔日的卡啦OK厅、餐饮店、蒙古包、制衣厂……一部分改头换面变成了停车场，另一部分仍是巍然不动。据说，修复文庙的图纸也已出来，可能资金不到位，红头文件还没下来。

注：本文部分照片引自云南美术出版社《百年回眸》，深表谢忱。

（杨发恩　张　青）

# 附录：昆明的文庙

编者按：昆明文庙编讫，看到《云南老年报》所载豆培康先生的《昆明的文庙》一文，其中有难得一见之材料，特录于此，以丰富昆明文庙有关之史料。于此，特对《云南老年报》及豆培康先生深致谢意！

昆明的文庙，始建于元朝至元年间，是时任云南行中书省平章政事的赛典赤和僚属们捐出俸禄修建的。一些研究者认为，这也是云南历史上的第一座文庙。七百多年前，昆明的这座文化殿堂，每日里弦歌不绝，书声琅琅。

有学者考证，元代文庙建在今天的鱼课司街(也有说在五华山附近)。从元人郭松年的笔下，还能依稀看到当年文庙的面貌。元代文庙共有五十二间房屋，建有供奉孔子和曾参、孟子等儒家先哲的大殿，殿外有两条廊庑，张挂着孔子门下七十位优秀学生和历代名儒的画像，另建有供教师学生学习的讲堂，“内外有门，左右有堂，双亭对峙”。

元至正二十三(公元1363)年，红巾军攻入昆明，文庙虽幸而保存，但里边的人跑光了，收藏的书籍和祭祀用的器皿也大量丢失。战乱过后，时任云南平章政事的脱欢普花见文庙破败陈旧，便倡议修理，并带头捐出自己的俸金，不少官员也慷慨解囊，将文庙修葺一新，又重新购置了书籍和祭祀礼器。脱欢普花是一位热心文化教育的官员，每月的初一、初八、十五、二十三日，他都会来到文庙，请教师、学生或民间知识分子上台讲解经典，阐述心得，场面十分热烈，常常引来大量群众驻足围听。

1382年，明朝军队攻入云南，元朝驻守云南的梁王逃到晋宁自杀。在这场改朝换代的战争中，文庙也在狼烟烽火中化作了一片废墟。明朝初年，驻守云南的西平侯沐英，是一位战功卓著的军人，但他十分重视文化建设，在元文庙的旧址上，又重新建起一座文庙。后来的不少明朝官员，对文庙都流泻出了很高热情，发现破损时会积极维修，平时还不断增建，明代的文庙里，又增加了启圣祠、聚魁楼、泮池、号舍、牌坊等建筑，还立起一些刻有著名学者文章的石碑。

明朝万历年间，一位叫黄琮的官员到云南任提学(主管教育的官员)。上任伊始，昆明一些士绅就对他诉说，文庙所处位置地势低矮，房屋也不够高大，而同城的长春观却地势高敞，观宇巍峨，文庙的现状与其所代表的社会主流文化地位不相称，希望能把文庙迁往长春观。黄琮实地查看后也有同感。他认为，因元朝时王宫在城里占地面积太大，文庙不得已才修建在这个低矮的地方。于是，他屡次提出将两个地方互换，直到万历四十年(1612)年，各方对这一提议终于取得共识，决定两地互迁。之后，一些官员和百姓纷纷捐出银子，将两个地方重新改造修理，第二年就“奉孔圣于长春观，迎玄君像于旧学”。文庙自此搬离了创建时的地方。明代的长春观在什么地方呢?《新纂云南通志》有一段记载：“今孔子庙址，在元为梁王府，至明初改岷王府，后又为长春观，万历四十年始改为孔子庙。”据此可知，今天的文庙，就是明代长春观的所在地。

清朝顺治初年，孙可望率大西军余部进入云南，到昆明后，他派人将文庙拆毁，用这些砖石木料建起一座祭祀张献忠的世庙，文庙因而被毁。直到康熙二十九(1690)年，云贵总督范承勋、云南巡抚王继文才在今天的文庙街再次建起文庙。有清一代，文庙又像过去一样，敞开胸怀吸纳了不少官员和百姓对文化的热情，不仅大成殿、泮池、棂星门、碑亭这些饱含文化韵味的建筑物被重新建起，又增加了乡贤祠、名宦祠、忠义孝悌祠，房屋也换成了琉璃瓦。清朝时期的昆明文庙，气势已非往昔可比，是一处“规模宏大，庙貌崇峻”的建筑群。

到了近代，文庙被改做民众教育馆；抗日战争时期，曾惨遭日寇飞机轰炸，破坏严重，过去的辉煌永远成为了历史。

（豆培康）

# 永北府孔庙的兴废

习应玄

丽江市永胜县城内东北，在今永胜县人民医院一带，原来有一座规模宏大，建筑雄伟的文庙建筑群，可惜被拆毁无存了。现据《乾隆永北府志》，《光绪永北直隶厅志》及少年时居住于其中的亲身见闻，追记昔日实貌，以供后人凭吊。

## 历史上的永北府

明清时期的永北府，治所在现在的丽江市永胜县城。那时的永北府，东北依凉山，西南绕金沙江，中间有程海，东北隔泸沽湖与四川相望。它北通四川，西接康藏，南连大理，东通滇中，山险江流急，土肥气候暖，历来是兵家必争之地。

南诏时这里叫北方赕，异弁寻三次攻成都皆取道于此，回师时带来大批百工艺人和文化典籍，留在这块地方。这里是中原文化与南诏文化的融汇地。大理国时，这里叫成纪镇。高升泰曾为国主，把他的第四子高泰惠分封于此，世袭统治了这里八百余年。南宋理宗二十六年（即元宪宗三年公元1250年），忽必烈亲率大军自北来，首捷此土，然后革囊渡江攻大理，故命名北胜、永宁。后升为北胜府。明洪武十五年（公元1382年），傅友德军由大理北上攻取了北胜，因其地险要，特设澜沧卫军民指挥使司于此，留下重兵，屯兵实边，寓兵于农，改土设流。数万中原将士及家属定居于此，又一次带来中原文化，特别是儒家学说和儒学典籍，推行了科举制度，早在洪武十七年（公元1384年）就设立学宫，创建了永北府文庙，到成化二年（公元1466年）就有澜沧卫人谭昇中进士，更多的人中举。

## 永北府孔庙的建置

永北府文庙始建于明洪武十七年（公元1384年），原建在北胜州城西北角。明正德六年（公元1511年）五月初六大地震，旧州城全震毁，北胜州治迁入澜沧卫城，即今永胜县城。万历七年庚辰（公元1580年）迁建孔庙于城西二里山下。到万历中期又迁建于府城东南，明末兵毁。清初吴三桂踞滇，于此设北胜关，文庙废弃，谨奉先师神主于开化寺。康熙二十二年（公元1683年）改西门内原镇抚司旧署为孔庙。到康熙四十一年壬午（公元1702年）又迁建于城内东北澜沧卫旧署，从此永北府孔庙就长期稳定在这里了。康、乾之际，永北府经济发展很快，白牛厂银矿，m厘厂铜矿，蒗蕖铁矿大旺，农业生产连年丰收，民殷物阜，政府财力充足，有条件扩建孔庙，再加入学、中举的人越来越多，又连续中了三名进士，所以大家对兴建孔庙很热心。经过康熙四十八年（公元1709年），康熙六十一年（公元1722年），雍正五年（公元1727年）到雍正七年（公元1729年），乾隆十八年（公元1753年）这四次大增建、扩建，规模已很宏大。此后还不断增建扩充，孔庙越来越壮观了。

咸、同之际永北府遭兵灾十九年，文庙殿庑倾圮，经藉礼器损毁迨尽。到光绪时，永北经济逐渐振兴，政府财力充足，才筹款重修。这时对孔子的祀典已升格为大祀，永北虽降为直隶厅，但孔庙规制学额仍照府制不变，现据史志所载及上世纪三十年代笔者所亲见，将光绪时留下的永北府孔庙规模概述于后：

## 清代的永北府孔庙

清代永北府孔庙，在永北直隶厅城（今永胜县城）东北角，南北长300余m，东西宽200余m，占地约60000多平方米。地

势平坦，但正中及以北隆起2~3m高台，上建大成殿及后宫。

孔庙主建筑， 沿照壁、畔池、棂星门、大成门、大成殿、崇圣殿这条中轴伐，坐北向南正子午线对称构建。这个建筑群，可分为文明坊、畔池花苑、前院、中宫、后宫、明伦堂等六部份。

## 文明坊

在府城东大街转入孔庙路口，是一石基座木结构牌楼，高约二丈五尺，宽约三丈，重檐斗拱，朱漆采绘，绿琉璃瓦，雄伟壮丽。直匾青底金字楷书“圣域贤关”四字，横匾朱底金字楷书“文明坊”三字。进入文明坊，一条道直通孔庙东门。孔庙宫墙一律红墙绿瓦，采绘墙檐。苍松翠柏中露出宫殿檐牙屋顶，衬着蓝天白云，非常壮丽。路右为忠孝祠，路左立一直碑，上书“文官到此下马，武官到此下轿”，此碑现存。碑后墙檐下有一幅画，是八个人抬着一个“理”字。往前走，进入“金声玉振”坊（孔庙东门），就进入泮池前的大花苑了。

## 泮池及花苑

这个大院的正南是一座巨大的照壁 宽约十丈，高三丈余，条石浮雕须弥基座，红墙青瓦，檐下浮雕砖砌。这座照壁上开了三个直径二m多的园窗，中窗内镶嵌着双龙戏珠，边窗内镶嵌着双凤朝阳的透缕花饰——据老辈人说，因永北出了翰林院编修刘慥，才能在孔庙照壁上开三个窗的。永北人引以为荣，外地人看了羡慕。

照壁的北边，便是泮池。这是个椭园形的水池，南北宽五丈，东西长十丈，四周围石栏，正中砌三孔石拱桥通南北，桥上有雕花石栏。泮池引入灵源箐水，游鱼清晰可见。泮池四周苍松翠柏，古木合抱，浓荫蔽天，泮池东南建有茅亭，极为清幽。

泮池花苑东西各有一坊，是进入孔庙的东西大门。朱门斗拱，红墙绿瓦，非常庄严。东门外面匾额上书“金声玉振”，里面匾额上书“德配天地”；西门外面匾额上书“江汉秋阳”，里面匾额上书“道冠古今”。

泮池北广植花木，正中是南北走向的白石大道，经棂星门、大成门直达大成殿丹墀下。东、西又各有一条南北走向的甬道，各经“礼门”、“义路”，直达大成门左、右角门，进入大成殿前大庭院的东南角和西南角。礼门坊外东面有三间面西房廊，叫“持敬所”；义路坊外西边有三间面东房廊，叫“致斋所”。持敬所和致斋所是祭孔时文、武官员聚集等后的地方。

棂星门是一座汉白玉石坊，高两丈余，宽三丈多，分三门，但中门通常以盆景封闭，侧门平时都不让通行，只在祭祀时让文武官员通过。平时大家都走礼门、义路进入大成门前庭院。

## 大成门

大成门是座巍峨的五楹宫门，雄踞在1m多高的石台上，寻五级石阶才能登上。前后都是宽大走廊，白石栏杆围护。中间三间是高大的宫门，朱漆兽环铜钉，中门上悬朱漆蟠龙直匾，御笔楷字金书“大成门”，两侧门上各悬蟠龙朱漆金字横匾，也是皇帝御笔。东西侧各一间为碑廊，立着一些御颁石碑。三道大成门平时都不开，行人一概从大成门左右角门进入正中大院。祭孔或有庆典时才三门洞开，但仅供文官由东门出入，武官由西门出入，无品人员不得跨越；至于中门，据说只有新中了状元才能走一次。

大成门前庭院内古松劲柏，东西对列各成一行。庭院东边五间为名宦祠，供奉着永北历代好官的牌位；庭院西边五间为

乡贤祠，供奉着永北历代乡贤的牌位。

## 中宫

进入大成门便到了孔庙的中心庙庭，这个大院呈正方形，长宽各约60m。北面是巍峨的大成殿和殿前的丹陛，东西两边是带长廊的两庑。东南角开一门，叫“持敬门”通往明伦堂。大院四周都有整齐的参天古柏，树干环抱，直立不倚，且下部无枝叶。庭院丹陛下铺着品字形的三大块汉白玉石板，那是主祭官和两位分献官的拜位。再后又用三尺见方的青石扳铺着三行陪祭官的拜位，其他地方都用大方砖铺成，那是生员们的拜位。

丹陛高出地面五尺，正中前端有丹墀丹阶，丹墀是整块青石雕成九龙祥云，丹阶是青石磨光。但平时是不允许从这里上去的，只是祭祀时主祭官和分献官才能分别由东西上阶。其他人另由东西两侧的石阶上丹陛。这个丹陛东西宽五丈余，南北深三丈多，三面有雕花石栏围护。东边端立一劲松，高大挺拔；西边蟠一青椒，枝叶繁茂——这是椒庠的象征。

大成殿七楹 ，广九丈，深九丈，高三丈三尺，重檐斗拱，榱角指天，高踞石台之上，比丹陛更高三级。八根朱漆廊柱，支撑着雕龙描凤的栋梁斗拱和采绘藻井。前檐正中青底金字蟠龙直匾御书“大成殿”。殿前长廊宽大，石栏围护。长廊正中端放着大明正德时铸造的大铜鼎（重400公斤，《正德云南志·北胜州》有记载，新中国成立后由文庙移到县文化馆）两端设巨大的钟鼓，用以指挥祭孔大典。大成殿前廊，中间三间设十八扇雕花木门，再次的东西两间设雕花透缕木窗。最外两间为沟通前后廊及通往后宫的甬道。前廊上方悬五块历代皇帝御书蟠龙铨玺朱红金字大匾。

进入大成殿，八根大柱支撑着雕花采绘的栋梁藻井，三面白墙，正中面南神龛上层，高供着五尺多高的“大成至圣先师孔子神位”，雕龙贴金，金底青字。牌位下供桌上端放着瓶炉祭器。大成殿正中左右两间供奉着四配神案和神主，最外左右两间供奉着十二哲神案和神主。这些神主都是雕花贴金，朱底金字，东西相对，瓶炉祭器有差。殿内外地下都用磨光青石铺满，各拜位铺墨色石坂。整个大殿气氛庄严肃穆。

大成殿下东西两庑各有配殿七间，外配长廊，内奉先贤、先儒神主，供案祭器比先哲又降一等，祭孔时由分献官上祭。

由大成殿东西两端甬道可进入后宫，但这两条道平时关闭，只在祭祀时开启供官员出入。另有一条道由明伦堂进入后宫。

## 后宫

后宫就是崇圣祠，是供奉孔子的三代先人，并由四配三代先人陪奉的庙庭。

由大成殿后廊石阶走下去就到了后庭。北面是崇圣殿，五楹楼房，前廊高出地面三尺，有拜台丹墀，全有石栏围护 规制比大成殿小。殿内一层供神主，楼上存放祭器经籍。

后宫庭院东厢五间是讲堂，这是学官或地方上学位较高的人讲经的场所。西厢五间是祭祠时备供馔的地方。院里古柏参天，花木扶疏，白石道路通连着明伦堂。

## 明伦堂

明伦堂是孔庙不可缺的附属大院，也是学官的衙署，设在孔庙主体建筑东边 ，有前后两院。前院向南有正门，开在金声玉振坊东，直通庙外，名“道义门”。正北大厅五间就是明伦堂，正中仍供奉先师孔子神位。平日这是学官训导士子的地方。祭祀前一日，这是官员演习礼仪的地方。明伦堂东侧有五间讲堂，那是学官讲学的课堂。

明伦堂西边的“持敬门”通往孔庙正宫和后宫，是祭祀时奉送祭器祭品的路线。明伦堂后院还有许多房舍，那是学官的宿含、花厅、花园、畜舍、菜园等等。

## 民国以来的永胜孔庙

辛亥革命后，永北与华坪、宁蒗分别建为县，后来永北改称永胜，永北孔庙依然存在，每年秋季农历八月二十七日仍然由知县主持祭孔，各机关职员、中学师生、小学教师参加，但是仪节简化多了，且改为行鞠躬礼，唱《孔子纪念歌》（歌词为《大同·礼运》篇）。

民国时永胜多兵灾，孔庙几次被占为兵营，两庑及崇圣祠、明伦堂的神主被焚毁，神案被撤除，仅存正殿先师及四配十二哲神主神案。殿宇也多损毁。

民国二十六年（公元1937年），以永北府文庙创建永胜县民众教育馆，整修全部建筑。大成殿仍奉先师、四配、十二哲神主；后宫作娱乐室，演练洞经音乐，教唱歌曲，排练戏剧；两庑作陈列馆，展出永胜重要文物及矿产品、工农业产品；大成门作图书馆；名宦、乡贤二祠作办公室；持敬所、致斋所作教室，早晚开设成人识字班；棂星门前后及泮池四周植花卉，建亭榭，畔池中养游鱼。只是破旧的明沦堂无钱修理，长年关锁。到次年（公元1938年）国民党永胜县党部成立，强行将后宫部份改为县党部机关，民教馆娱乐室只好搬迁到大成门东两间中，以西两间作图书室。（这时首任馆长刁鸿儒是我祖父，我七至十二岁随祖父居住民教馆，故所知较详。）

永胜解放前夕，匪乱猖獗，县城多次被围攻争战，永胜文庙又被匪类据作兵营，且曾在此发生枪战。到永胜解放时，文庙已屋宇毁败，古木花卉砍伐无存，有一部份已变为废墟了。

1950年起是兵营，1954年起，改大成殿，崇圣殿为县粮食仓库，其余房舍作县人民医院。经五十多年拆毁改建医院，昔日壮丽辉煌的永北府文庙已荡然无存，连遗址也找不到了。

## 附录：永北府文庙布局图及说明：

永北府孔庙布局图

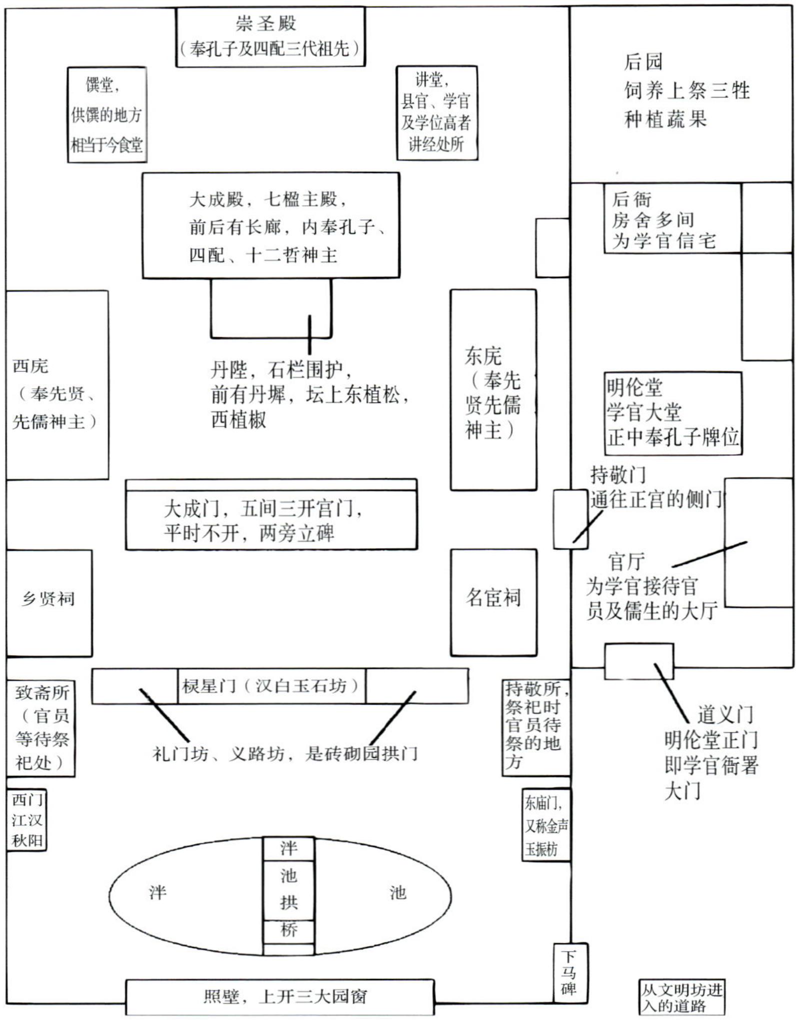

崇圣殿
（奉孔子及四配三代祖先）
馔堂，
供馔的地方
相当于今食堂
讲堂，
县官、学官
及学位高者
讲经处所
后园
饲养上祭三牲
种植蔬果
大成殿，七楹主殿，
前后有长廊，内奉孔子、
四配、十二哲神主
后衙
房舍多间
为学官信宅
西庑
（奉先贤、
先儒神主）
丹陛，石栏围护，
前有丹墀，坛上东植松，
西植椒
东庑
（奉先
贤先儒
神主）
明伦堂
学官大堂
正中奉孔子牌位
持敬门
通往正宫的侧门
大成门，五间三开宫门，
平时不开，两旁立碑
官厅
为学官接待官
员及儒生的大厅
乡贤祠
名宦祠
棂星门（汉白玉石坊）
致斋所
（官员
等待祭
祀处）
礼门坊、义路坊，是砖砌园拱门
持敬所，
祭祀时
官员待
祭的地
方
道义门
明伦堂正门
即学官衙署
大门
西门
江汉
秋阳
东庙门，
又称金声
玉振枋
泮
泮池拱桥
池
下马碑
照壁，上开三大园窗
从文明坊进
入的道路

# 曲靖文庙

曲靖文庙位于曲靖老城东门街的水闸口，一部分为现在的彩印厂，另外一部分成为麒麟南路的路基，始建于明洪武十七年（公元1384年）。永乐元年（公元1402年）重建，景泰五年（公元1455年），巡抚郑顒对其进行维修。成化三年（公元1467年）巡按朱皑、知府张纯，弘治七年（公元1494年）御史何琛、知府张忱等人续修。嘉靖二十九年（公元1550年），巡按赵炳然，副使熊楫迁启圣祠于庙东北，建乡贤名宦祠。万历七年（公元1579年），巡按刘维建进贤楼，十三年（公元1585年），巡按李廷彦对其进行维修，二十九年（公元1601年），知县李藻修。崇祯十三年（公元1640年），副使王敬锡维修。丙戌沙定洲据城焚毁，朱世昌建桂香殿时将文庙迁于白马庙址（该遗址现为何处待考）。顺治三年（公元1646年），丁亥流寇复毁，十七年（公元1660年），教官杨克猷改建于旧卫基址。康熙四十年（公元1701年），知县胡鳞澂将文庙移建水闸口原址。康熙四十六年（公元1707年），知府张道源树左右坊，建魁星阁。康熙五十年（公元1711年），总兵马天龙、知府李雯建文明坊、泮池。雍正五年（公元1727年），总督鄂尔泰重修。乾隆五十一年（公元1786年），知府常得置祭器、器乐、舞生冠服。五十五年（公元1790年），绅士们以贤宦二祠与大成门平列，体制不合，改建于东西两厢。道光五年（公元1825年），东西坊圮规模亦隘，绅士喻元升等人，乃公捐重修，建明伦堂在庙的东面。

文庙历经明、清两代的重修、扩建，已经初具规模。整个建筑群，以中轴线为主，由北向南延伸，依次是：门楼、照壁、泮池、棂星门、大成门、大成殿、崇圣祠。规制严谨，庄严肃穆，气势博大，充分体现古代建筑艺术的传统风格。

20世纪50年代初期，曾用作曲靖师范学校，文庙的建筑格局尚存，1956年文庙大成殿被改造成曲靖人民电影院，随后曲靖滇剧团、彩印厂相继进入文庙。在那场文化浩劫中，文庙也未能逃过劫数。据有关资料记载：1966年8月，开始破“四旧”立“四新”，运动。12月份的统计：曲靖县烧毁各种古籍图书295900册；拆毁古寺庙121座；销毁牌位4489件；清查没收了一批银元、半开、黄金、玉器等。同年，开展活学活用毛主席著作群众运动，印刷厂得到空前的发展。文庙最终成为印刷厂的生产车间。

20世纪70年代初期，文庙仅存的建筑尚有：泮池、棂星门、大成殿、崇圣祠，1982年文物普查时只有大成殿和残破不堪的崇圣祠。

大成殿坐北朝南，占地面积约500m$^2$。重檐歇山顶，抬梁式木结构建筑。全殿由28根大柱子支撑，飞檐翘角，面阔五间，进深三间18m，四周回廊，前檐高8m，置装饰斗拱，直接承托挑檐，屋面覆盖琉璃瓦，金碧辉煌，四条重脊昂首翘起。前檐下悬挂康熙皇帝御笔“万世师表”和光绪皇帝所书“斯文在兹”巨匾，整幢建筑造型古朴凝重，大方得体。

1985年5月，原县级曲靖市人民政府将文庙大成殿公布为曲靖市第一批文物保护单位。1992年，曲靖旧城改造，拓宽麒麟南路。文庙大成殿处在撤迁工程范围内，市政府决定撤消其文物保护单位，将其撤除。文物管理所，进行详细的记录，资料收集，测量绘图等工作。至此，经历了六百多年的文庙，从此消失在川流不息的人群中，也许再过若干年以后，我们的子孙不会想到在麒麟南路的路基下曾经有过一座文庙存在过，它就在我们的脚下。

（刘成武）

# 易门文庙

易门文庙，位于县治南门内（今县委、政府机关大院），始建于明万历二十二年（公元1594年），系圣庙与学堂合而为一的“庙学”殿宫。清乾隆十九年（公元1754年1月27日）地震，乾隆三十三年（公元1754年）重修，经后多次完善，殿庑规制，一一恢廓，较原制增十之六七，已成大观，享誉滇中。

庙在龟山之南，前为照壁，左右为“德配天地”、“道冠古今”坊，左前为文明坊，中为泮池，进门为棂星门，再进为大成门，五楹门。左右为“乡贤”、“名宦”、“忠孝”三祠，碑亭三楹，左门东为进脯所，西为致斋所。再进为大成殿五楹，左右为东西庑十八楹。后卫崇祠三楹，左为东壁，右为西园殿，东为仓圣祠，祠左为节孝祠，前为魁星阁。

**正殿**：至圣先师孔子神位。

**东配**：复圣颜子，述圣子思牌位。

**西配**：宗圣曾子，亚圣孟子牌位。

御制《孔子赞》并《颜、曾、思、孟四子赞》碑。

**东哲**：先贤闵子损，冉子雍，端木子赐，仲子由，卜子商，有子若（牌位）。

**西哲**：先贤冉子耕，宰子予，言子偃，颛孙子思，朱子熹（牌位）。

**东庑**：先贤子蘧瑗、澹台灭明、原子宪、南宫子适、商子瞿、漆雕子开、司马子耕、梁子鳣、冉子孺、伯子虔、冉子季、漆雕子徒父、漆雕子哆、公西子赤、任子不齐、公良子孺、公肩子定、邬子单、罕父子黑、荣子旂、左人子郢、郑子国、原子亢、廉子洁、仲叔子会、公西子興如、邽子巽、陈子亢、琴子张、步叔子乘、秦子非、颜子哙、颜子何、县子亶、乐正子克、万子章、周子敦颐、程子颢、邵子雍。

先儒公羊子高、伏子胜、董子仲舒、后子仓、杜子子春、诸葛子亮、王子通、范子仲淹、欧阳子修、杨子时、罗子从彦、李子侗、吕子祖谦、蔡子沈、陈子淳、魏子翁、王子柏、赵子复、许子谦、吴子澄、胡子居仁、王子守仁、黄子道周、汤子斌。

**西庑**：先贤林子放、宓子不齐、公治子长、公哲子裹、高子柴、樊子须、商子泽、巫马子施、颜子辛、曹子恤、公孙子龙、秦子商、颜子高、壤马四子赤、石作子蜀、公夏子首、后子处、奚容蒧点、颜子祖、句并子疆、秦子祖、县子成、公祖子句兹、燕子伋、乐子欬、狄子黑、孔子忠、公西子点、颜子之仆、施子之常、申子怅、左子丘明、秦子冉、牧子及、公都子、公孙子丑、程子颐。

先儒谷梁子赤、高堂子生、孔子安国、毛子苌、郑子元、范子宁、韩子愈、胡子瑗、司马子光、尹子、胡子安国、张子栻、陆子九渊、黄子干、真子德秀、何子基、文子天祥、陈子浩、金子履祥、许子衡、薛子瑄、陈子献章、蔡子清、吕子坤、刘子宗周、孙子奇逢、陆子陇其。

两庑从杞九十人及弟子，称先贤某子，左丘明一下称先儒某子，清朝特增先贤六人、先儒二十四人。

**崇圣祠**：雍正元年，奉上谕追封圣父五代以上为王，改启圣祠为崇圣祠；笔圣王木金父为公。位居中，男向；裕圣王祈父公，位坐；治圣王叔公，位右；昌圣王伯复公，次左；启圣王叔梁公，次右，皆向南。配享：先贤颜氏无繇，先贤曾氏点，先贤孔氏鲤，先贤孟孙氏激。从杞：先儒周氏辅臣，先儒张氏迪，先儒程氏，先儒朱氏松，先儒蔡氏元定。

民国时期，文庙改设易门县立初级中学。

中华人民共和国成立后，1952年将县立初级中学从文庙迁往小龙口。1953年将文庙改建为人民政府大会场。此后，曾将文庙改建为职工俱乐部大会场等。1980年后，部分拆除，建设易门县委、政府办公大楼等。2001年将未拆除部分全部拆除，建设机关花园。

（刘永福　提供资料　李万春　整理）

## 附：清易门县文庙图

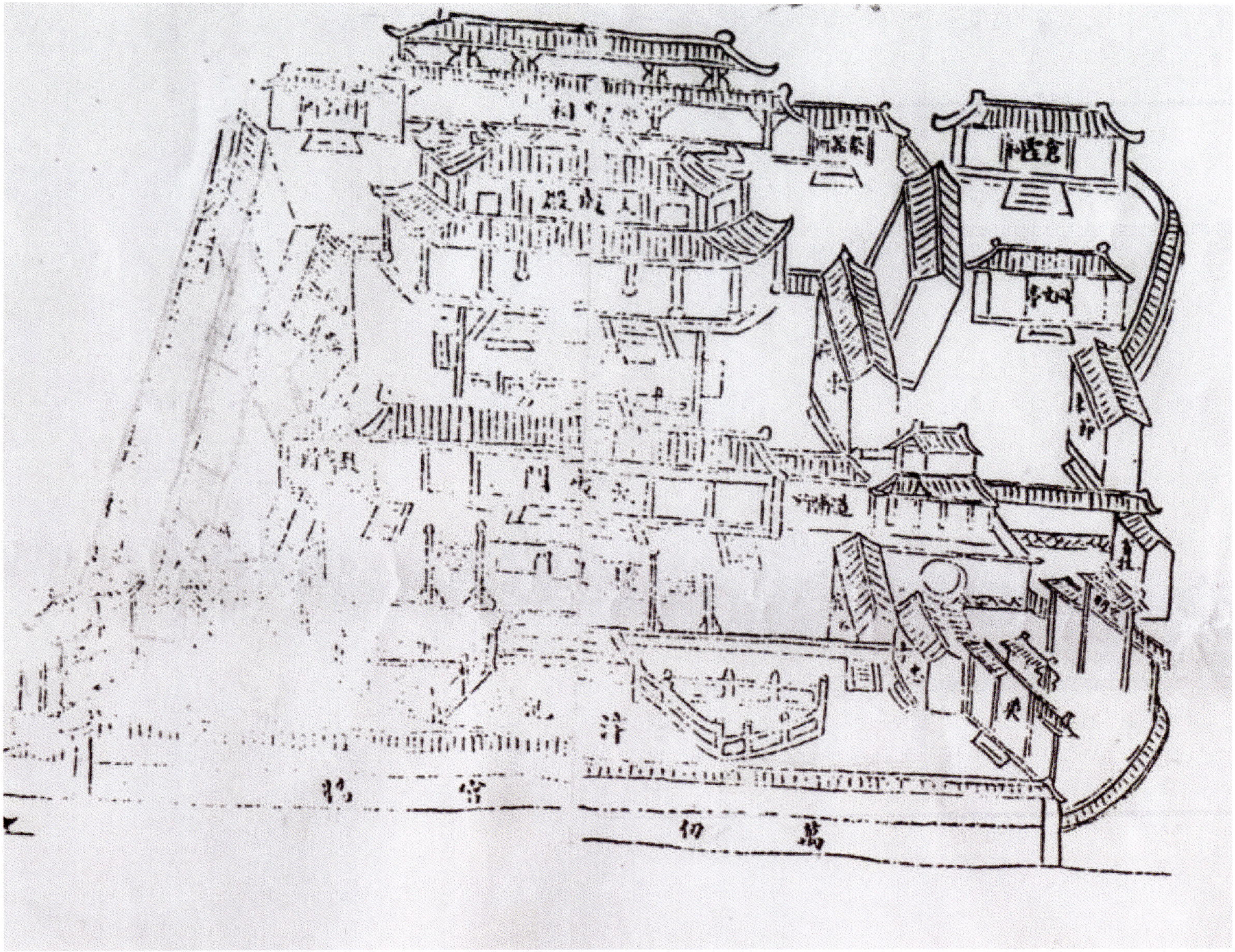

# 临翔区文庙

临翔区为临沧市政府所在地，临翔归称缅宁县。《缅宁县志》记载文庙："清嘉庆五年通判江青，督绅邱文炳等创建于南城外斑凤山。光绪八年通判何进贤率绅民移建于西城内莲花寺上"。临翔区文庙始建于1800年，当时虽附省考试，而学宫未建。通判江青采取"庙学合一"的办学兴建文庙。因战乱文庙被毁，于1882年通判何进紧率绅民移建城内。1930年设立缅宁中学，临沧市一中沿用文庙原址至今。

临沧文庙原称大黉宫，立于需南山梁之上，上接砖石砌成的城墙，下有玉龙井和莲花池，占地方圆五点三亩。《缅宁县志》记载建筑："建崇圣祠、明伦堂、戟门、棂星门、东西原、泮池、大门。光绪十五年（公元1889年）添建民官祠、更衣所、照壁、大门等宏伟宽敞"。文庙坐西向东，建盖着一千多平方米的古建筑，成为缅宁县的坛庙寺观建筑之冠。可惜在20世纪50年代被拆除，重达百余斤的钟鼎也都被毁。临翔文庙留给后世的，不是原有的建筑物，而是残缺的史料和世代相传的口碑，在民间流传美好的记忆。

**大门：**中间高两头低的互顶平房，一幢三间，正中双开板门，两边隔有圆形的梅花窗。前檐下有走廊休息台，门坎两边有两个木墩。

**照壁：**进大门的左边，高8m，宽14m，人称"大照壁"。壁顶飞檐翘角，壁中有三个1.6m直径的圆形砖镶漏窗，许多鸟类在此筑巢安家。

**泮池：**照壁前面为直径10m的月牙形泮池，池边镶细凿条石，池壁坚固，能蓄水养鱼。一棵古树枝叶垂入水中，乡绅名士到此游学海吟诗作对，大兴边地文风。

**棂星门：**距大门30余m处，高出地面约1m左右。此门为牌楼式建筑，屋顶一高两低，三樘木雕门板，中间为圆形，左右两门为方门，飞梁叠斗，悬空挑着大屋顶。基础用石雕鳌鱼型墩子四个，包夹固定木架。整个建筑中四根木柱支撑全部几十吨的荷载。牌面精雕彩凤巨龙，光彩夺止，是边疆古建筑中罕见的宝贵遗产。

**大成殿：**檐高8m，宽10m，长22m，全殿分5大间，靠边两间有精雕木镂窗二孔，其中三间有精巧的格子门三堂，刻有各种画图和图案。殿内正中神 供奉"大成至圣先师孔子之神位"，左右为亚圣孟子、述圣曾子、复圣颜子牌位。殿堂地基高出地面2m左右，稍低于大殿。殿前有高1.6m、长16m的"天子台"，台前正中嵌有一块石碑，台上前方及左右两方装有白玉栏杆，地面镶大理石；大殿中门外走廊上有一钨铜大鼎，置于高约80公分的石座上，还有清道光年间遗留的一口铁铸大钟。

**建筑格局：**以棂星门中门为中心，向左右扩展到大照壁两侧的门（称戟门），泮池引水沟从左边流入，把这片土地划分为一个任意三角形及四边形的地块，石板路纵贯其间。这个区域有泮池和花草林木，是文庙园林景观。过棂星门百余步便是前院，南北厢房长10m，宽5m。院落为长方形，路旁植女真树，两块草坪如茵。进入大城殿前的大院需经五过道间房，其结构也是一高两低，跨8m，长18m，中间一间作过道、左右两间作为办公室。过道五间左右两边是两个小院落，分别建有对称的平房两幢各二间，名为"更衣室"。过道内是方整宽敞的大院，左右厢房是对称的两幢平房（各五间），长20m，宽6m。它是正殿的陪景，是供孔子门下72大贤和历代先贤先儒牌位的享堂。后院的主建筑名为后宫，分3间，长12m，宽8m，高6m，走廊很宽，室内供有四楠十哲牌位。成立缅宁师范时，将牌位迁入大成殿，与孔子牌位同为一 。

临翔文庙从1800年至1958年，存在158年的历史，走过了"庙学合一"的文化发展道路。1849年创建的文昌书院，至

1901年设立的凤翔书院，共有五个书院设在文庙内。首尾两书院的主讲都是署通判张燮宽和黄膺，并培养了本乡书院主讲杨学礼、李岩。史书记载："当时凡在县考及格的儒生，皆入书院拜其为师。约百余士子，齐集文亩，逐日开堂讲授诸经义理，济济彬彬，文风极一时之盛。"缅宁县凤翔小学、县立中学创办者何士林、民众教育倡导者邱廷和馆长都是书院学子，对临翔教育起到承前启后的作用。临翔文庙营造人文环境，弘扬儒学，传承中原文化，普及教育，开化边疆，谱写人文历史的新篇章。

（何 峨）

# 下关文庙

下关，又名龙尾关，两名均相对于上关（即龙首关）而得名，据《蛮书》载："晟罗皮取大理城，仍筑龙口城为保障"，从这段看似乎在晟罗皮之前，此地就筑有关隘，才有"仍了了入筑"之说，《蛮书》还载"龙口城，阁罗凤所筑"。同一部书，两段话似乎难对马口，但下关又叫龙口城，至迟筑于南诏时代，可成定论，明代蓝玉、傅友德征大理、破关得胜而入，故又称德胜关。元代至元以后归太和县辖治，历史上一直是大理的南部屏障，也是滇西交通要冲。

因几种版本的《大和县志》均已散佚，故此很多详细史料难于查找，下关文庙的情况也很难确切描述，但据挖色孔庙存光绪十三年碑文称，下关文庙为明翰林赵雪屏所建，如此说确实，则下关文庙应建于明代嘉靖年间，公元 1522年以后，至公元1566年之前。

下关文庙大门前两棵百年古榕树

文庙亦称孔庙、先师庙、夫子庙，在封建时代，文庙建筑是政策性极强的政府行为，是传承儒家思想的

下关文庙形似华盖的古树奇观——柏包榕

下关文庙柏包榕主干

重要阵地，文庙规模的大小，虽然各有差异，但它的建筑格局已成定式。当时由于下关并非县治驻地，但却又是一个重要的关防所在，因此下关文庙虽然规模较小，但却规制齐全，完全具备文庙全部功能的建制。而且在所有文庙兼硃重，？下关文庙极具特色，整体建筑布局及装饰均围绕孔子生辰八字中五行的喜忌，并注入了中国传统命相学的观点，大胆突破了文庙惯有的定式，不建照壁（鲁壁）、棂星门和泮池，而大门外几百上千年，如华盖的两株对称的榕树，大成殿地基石上饰有非常精美的火烧石笔筒浮雕、柏包榕，这在中国文庙建筑中恐怕是绝无仅有的。

文庙坐西北，面向东南，建有八字形引风门墙，所有这些，绝非蛇足之举，其中深意和匠心，非细细品味，诚难尽道其详。

下关文庙中建有存省室和慎怡室，也是其他文庙所没有的，“存省”者来此地者要存“吾日三省吾身”之念；“慎怡者”，来此地者应戒玩乐淫逸之心，尽忠职守。下关文庙的独特之处，还有其他所无的斜阳阁、凌虚阁。斜阳阁，因附近的斜阳峰而得名，且含“斜日千山外，阳春万户中”的寓意；凌虚阁者，“凌虚”取自三国曹子建“建三台于前处，飘飞升以凌虚”之意，升于空际，言其高。魏晋之际，“竹林七贤”之一的阮籍“寄颜元宵间，挥袖凌虚翔”，亦极言其高也。

大成殿中供奉有孔子及四配塑像，下关文庙系明代殿阁式建筑，除上述建筑外，尚有石碑及文昌宫，其中有不少当时的名家书法精品，如王联元书写的“程子四箴”及“凌虚阁”大匾，翰林马恩涛书写的“斜阳阁”横匾及李尧臣书写的“斜日千山外，阳春万户中”对联等，石坊上有“德侔天地，道冠古今”横匾。可惜在岁月沧桑中，均已荡然无存。现在仅存遗址和东倒西歪的门楼和破败的大成殿，伫立于此，人们尚依稀可见当年下关文庙恢宏的气势，想象到祀孔的盛况。

下关文庙得地利之优，踞高台虎座，背靠苍山，面向洱海，迎朝阳，接紫气，俯视古道雄关，饱览历史风云，阅尽人间春色，地势高敞，风物清嘉，环境优美，是当年下关古城著名的标志性建筑群，龙关士民每忆及此，无不扼腕唏嘘，感慨万端。

下关文庙大门，还有一棵柏包榕，这是非常难得一见的古树奇观，笔者见此，心有所动，草就对联一副:“忠孝诚信，包

下关文庙大成殿基石上罕见的火烧石雕刻

容百家模范经典；仁义礼智，成就千年文献名邦”,谨作下关文庙之祭。

（大理孔子学会　提供材料　李万春　整理并图）

## 编者按：

十分令人欣慰的是大理孔子学会2008年7月19日传来喜讯：

“大理州孔子学会给州人大写的专题报告，由州人大副主任张如旺同志牵头在洲人大有关会议上根据我会报告正式递交了提案。现政府已正式答复立项，总投资1025万元，16.2亩土地（原文庙土地），再征用土地5亩，可望于今年10月动工重建。”

闻此，喜不自胜。我们满怀喜悦，深情期盼下关文庙重装问世，再现活力。

萬古倫常

# 三、文庙巡礼

孔子是中国的，也是世界的。

几千年来，孔子一直被尊为万世师表、大成至圣先师，他的思想光耀千秋，深刻地影响着社会的方方面面，无论是哲学、政治、经济、文化、教育，还是社会生活、世风民情，在中国历史上有极其重要的地位，对人类社会的文明进步作出了不可磨灭的贡献，不但中国人民敬仰他，世界人民亦敬仰他、崇敬他，美国《人民年鉴手册》尊他为世界十大思想家之首。

孔子的学说博大精深，内涵丰富。孔子说“尊五美，屏四恶，斯可以从政矣。”“五美”指的是“劳而不怨，惠而不费，威而不猛，泰而不骄，欲而不贪”，它们是孔子“为政以德”思想的五个基本方面。“四恶”指的是“不教而杀谓之虐；不戒视成谓之暴；慢令致期谓之贼；犹之与人也，出纳之吝，谓之有司。”强调为政应屏除四种恶劣行径。孔子“尊五美，屏四恶”的政治主张对今天加强政治文明建设具有重要借鉴意义；他“修身齐家，治国平天下”的思想激励着中华民族的一代又一代精英为把握民族的命运奋斗不息；“和为贵”、“和而不同”等思想，培育了中华儿女诚信的可贵品格，铸就了中华56个民族团结、和睦相处的手足情；他“仁、义、礼、智、信”等思想，对家庭的和睦、社会的和谐、国家的安定起到了极大的维系、调节作用。

总之，千百年来，孔子思想的许多精粹，至今还潜移默化、根深蒂固地影响着人们的社会生活、为人处世、做人准则。因此，人们怀念他、祭奠他。最初，是其弟子自觉地举行，逐步扩大，由平民而至帝王，至汉高祖刘邦以“三牲”祭祀孔子，极大地提高了祭孔的祀典地位，日渐上升为国祭。时至清代光绪三十二年（公元1906年），孔子的祭典《礼部议奏升孔子为大祀典礼摺片》经钦定，由“中祀”升为了“大祀”，成了与祭天地祖宗相同的国家大典。自此始，各地祭孔大典均依钦定《礼部议奏升孔子为大祀典礼摺片》举行。由于历史的原因，人们对此有些陌生，今天，祭孔现象日益增多，祭孔大典结合时代特点，采古融今，兼收并蓄，各有千秋，办得隆重热烈，丰富多彩。也有的仍依古礼。当然，形式并不十分重要，主要还在内容。

不过，从传统文化的承传上说，了解古代祭孔的文化知识，有益于继承发展、创新，还是必要的。此外，文庙既是祭孔的圣地，也是艺术的殿堂，建盖文庙也有一定的规制和要求。为此，我们选了一些古今祭孔礼仪、文庙建置源流和建制布局以及石雕蕴意浅析等内容，以期有所裨益。若是，幸甚！

（李万春）

# 云南孔庙源流

习应玄

## 孔庙起源

孔庙，又称文庙，别名黉宫，是祭祀儒家先师孔子，兼祀先贤、先哲、先儒的祠庙。最早的是山东曲阜阙里的孔庙，建于孔子死后的第二年——鲁哀公时（公元前478年）。孔子死后，他的弟子们将其生前故所居堂立为庙，岁时奉祀。当时只有庙屋三间，内藏孔子生前所用的衣、冠、琴、车、书。他的弟子们继续在他讲学的杏堂讲学研讨。两汉以来，历代帝王不断给孔子加封追谥，汉高祖及其以后的一些帝王都亲来拜谒，曲阜孔庙的规模也越来越大。最大的一次扩修是在雍正八年，皇帝亲自主持修缮，完全仿照皇宫之制。现在的曲阜孔庙，占地3.27公顷，房屋460多间。主要建筑物有金元时代的碑亭，明代的奎星阁和清代重修的大成殿。殿前的石柱上刻有生动的蟠龙，是精美的石雕艺术珍品。大成殿外的杏坛，相传就是当年孔子讲学的地方。

由于历代帝王、朝臣、士庶崇敬孔子和儒学，经过皇帝和各级政府提倡和明令兴修扩建，在京城和全国各省、府、州、县大都参照曲阜的格局，修建了规模大小有差的孔庙。这些孔庙既是祭祀孔子和先哲、先贤、先儒的庙庭，又是官立的学校（教官讲学的地方），同时还作学官的衙署，因此被统称为学宫。

可是，学宫早在孔子出生前的的夏、商、周时代就有了，那是官立的学校。三代的学宫分两类：在京城叫国学，在地方的叫乡学。据《小载礼·王制》及《文王世子》记载，国学分大、小；小学在宫之左，大学在郊。天子的学叫辟雍，诸侯的学叫泮宫；而乡学在州的叫序，在党的叫庠，在闾的叫塾。这些辟雍、泮宫、序、庠和塾都是学宫，都“祀先贤于西学”（《祭义》）。三代祀奉的先圣是明君，先贤是名臣，把各自所受业者称作先师，没有专指。到了汉高帝十二年十一月，汉高帝路经曲阜，以太牢祀孔子，各地学宫里祀奉的就固定以周公和孔子为先圣，以所受业者为先师。唐贞观时，太宗下诏，以孔子为先圣，众儒为先师。从此学宫不祀周公，完全成了孔子庙，孔子庙就成为学宫；凡是建庙学（官办的学校）也就是建孔庙了。

## 云南最早的学校

据《后汉书·西南夷传》记载说：“肃宗（后汉章帝）元和中（公元前84~87年）王阜为益州太守，政化尤异，始兴起学校，渐迁其俗”。这是史志上记载的云南最早的学校。

西汉时的益州，首邑在滇池县，即今晋宁晋城，地域包括今曲靖地区中部和西部，滇中地区，玉溪地区，红河州中部以西，往南至越南莱州西北，楚雄州（除大姚、永仁以外），大理州往西至保山县东北一带，是西汉武帝开发西南时，在原来滇国的地域范围之内设立的；是当时西南四郡之首。

汉代的云南是多民族聚居的地方，各民族有自己灿烂的文化，现有许多出土的汉代文物为证；中原文化，儒家学说和典藉也已逐步传入。汉武帝元鼎六年（公元前111年）开发西南，在今川南、黔西南、广西西部和云南一带设立了犍为、越嶲、牂牁、益州四郡。既设郡县，必立学校。《后汉书》说章帝时“益州始兴起学校”，应是有根据的。

阮元声《南诏野史》说“开元十四年（公元726年）南诏晟罗皮立文庙”。《大理府志》说：“至蒙氏，晟罗皮立文庙于国中”又据《大理府志》说“大理设学始于元和三年”。这与当时南诏儒家文化的发达水平相吻合，应该是可信的。

自诸葛亮平定南中后，以蒋琬、谯周为劝学从事，在南中设学，提倡文化教育，中原儒学文化经蜀源源传入南中。到了魏、晋、南北朝时，滇文化已发展到了相当高的水平，现有建于东晋安帝义熙元年（公元405年）的《爨宝子碑》和建于南朝刘宋孝武帝大明二年（公元458年）的《爨龙颜碑》等文物可证。到了唐代，中原文化大盛。在京城设有国学、太学、四门学、广文馆、书学、算学、律学，号称七学，由国子监统领，尚书省的礼部主管；此外还有属东宫的崇文馆；属门下省的弘文馆；属中书省的太医署。地方上有府学、州学、县学，府州医学，府州玄学，学校大盛。这时高丽、百济、新罗、高昌、吐蕃等属国都相继遣子弟入学（据《新唐书·选举志》）。南诏原是建立过郡县的地方，当然不甘落后，先后派遣了几千人到京城和成都“习孔孟之书”。南诏统治者为了要向唐朝庭学习统治经验，或亲身，或派子弟到长安、成都求学，受到了很好的儒家文化薰陶。史称异牟寻“颇知书，有才智”。这是有渊源的：他的清平官郑回就是位文化素养很高的儒士。他精通儒学，又善长诗文。《旧唐书》说：“郑回，本相州人，天宝中举明经，授巂州西泸令。巂州陷，为所掳。阁罗凤以回有儒学，更名曰蛮利，甚爱重之。命教凤伽异。及异牟寻立，又命教子寻梦凑。回久为蛮师，凡授学，虽牟寻、梦凑，回得捶挞，故牟寻以下皆严惮之”这时期，南诏一些人的诗文还被收入《全唐文》和《全唐诗》，称为佳作。有位杜光庭“有诗名”，“以文章教蒙氏”，著名的《南诏德化碑》就是他手书的。其他的文士如段宗义、董成、杨奇鲲都有佳作传世。韦皋镇蜀之五十年，南诏都遣子弟到成都就学。到了唐代大中初年，唐王朝缩减了南诏子弟在成都学习的名额，南诏深为不满，以朝献（文书）质问，足见南诏对儒学的重视。

《宋史·外国传·大理》有一条记载：“政和五年，南诏·大理国进奉使紫琮等过鼎（鼎州，今湖南常德市），闻学校文物之盛，请于押伴，求诣学瞻拜宣圣像，郡守张察许之，遂往，遍谒见诸生，又乞观御书阁，举笏扣首”。

这条史料不能直接证明宋代大理国孔庙的状况，但间接证明了大理国是尊重儒学，崇拜孔子的。出使上国的“进奉使”，途中遇到规模大，文风盛的孔庙就去朝拜孔子像，就要谒见当地“诸生（儒士）”，还去参观了著名的“御书房（图书馆）”，竟至“举笏扣首”。我们可以想见在大理国内儒学居于多么崇高的地位。

## 元初在云南行省诸路建孔庙

元朝是蒙古族建立的封建大帝国，他们征服南宋时，遭到讲忠义，重气节的儒生们的顽强抵抗，乃至壮烈牺牲，因此，元朝统治者仇视儒生。可是当他们入主中国之后才认识到：只有推行儒学，提倡忠、孝、仁、义才能统治好中华。于是，元朝从皇帝到大臣对儒学的推行，对孔子的崇敬，竟然超过了前代。那篇元宪宗的《加封孔子制》就是最好的明证。

宋理宗宝佑二年（公元1254年），忽必烈率大军攻克了大理，但南宋王朝还存在，云南一直处于动乱之中。直到元朝至元十三年（公元1276年）云南局势才相对稳定，才有条件新建或改建孔庙。

至元十年（公元1273年），忽必烈任命赛典赤（《元史》作赛音谔德齐）为云南行省平章政事（派驻云南省的副首相），赴云南主持军政，于次年到达拓东城（今昆明）。他尽力缓和各种矛盾，使云南局势逐步稳定下来，然后把行政、军事、经济中心由大理转移到拓东城，摆脱南诏和大理国的影响，着手组建云南行省。省下设路、府、州、县。再用宣抚司、宣慰司来监督。他大力发展生产，提倡文化，兴办教育。这时，汉章帝时益州郡的孔庙早已不复存在了，南诏和大理国时的孔庙远在大理，且早已毁于兵火战乱。据《元史·赛音谔德齐传》说“至元十三年（公元1276年）赛音谔德齐……创建孔子庙、明伦堂，购经史，授学田。由是文风稍盛”。由于他的提倡，云南各地孔庙就接踵兴建。

《元史·张立道传》记载说“至元十五年（公元1278年）张立道除中庆路总管。先是云南虽知孔子，而祀逸少为先师。立道广建孔子庙，置学舍，劝士人子弟以学，择蜀士之贤者迎以为弟子师，岁时率诸生行释菜礼，人习礼让，风俗稍变矣。”这位张立道，任职的中庆路，是云南政治、经济、军事、文化的中心，首邑就是昆明，管辖范围有昆明、富民、宜良三县；嵩明、晋宁、昆阳、安宁四州。赛典赤“创建孔子庙”，他是属下，就“广建孔子庙”。到了“至元十九年（公元1282年）夏四月，命云南诸路皆建学以祀孔子。（《元史·选举志》）”，再到“至元二十九年（公元1292年）四月辛卯，设云南诸路学校；其教官以蜀士充（《元史·世祖本纪》）。”这些史料都证明，元初的十六年间（公元1276~1292年）云南各路都奉命建立孔庙。但各路、府的情况差距很大，有的建了，有的建了却没有坚持下来，有的干脆没有建。据《光绪云南府志》，孔庙创建于元代，经过历代扩修、改建、重建，到清末还存在的有十处，即：（1）云南府孔庙，至元间建；（2）安宁州孔庙，大德六年建；（3）嵩明州孔庙，至正八年建；（4）大理府孔庙，至元二十三年建；（5）临安府孔庙，至元二十二年建；（6）石屏州孔庙，至正间建；（7）河西县孔庙，泰定间建；（8）澂江府孔庙，大德间建；（9）鹤庆州孔庙，元时建，洪武时改建；（10）永昌府孔庙，元时建于都元帅府西。

建孔庙艰难，继续扩充维护也不易。《元史·忽辛传》里就有个很好的例子：“大德九年（公元1305年），赛音谔德齐（赛典赤）子忽辛（即纳速纳丁）为云南行省右丞。先是赛音谔德齐为云南平章时建孔子庙，为学校拨田五顷以供祭祀教养，赛音谔德齐卒，田为大德寺所有。忽辛按庙学旧籍夺归之。乃复下诸郡邑，遍立庙学，选文学之士为之教官，文风大兴”。

这条史料可证实三点：第一，孔庙建立后仍有被其他势力（主要是元朝分封到云南的贵族和特权僧侣）夺占的情况，须要有人维护，有政府支持；第二，由于忽辛等人也像赛典赤那样有远见，关心庙学，所以“诸郡邑”便也“遍立庙学”了——当然，能否坚持下来，那是后话；第三，初立庙学时是“择蜀士之贤者迎以为弟子师”和“其教官以蜀士充”，时过二十九年，云南可以“选文学之士为之教官”了。元代建庙学时间不长，还是有成效的，庙学为云南培育了人才。

## 明代在云南省广建孔庙

洪武元年，（公元1368年）明王朝建立时，云南仍处在元朝梁王的控制之下，大理段氏及各地奴隶主、农奴主还各保其地。直到洪武十四年（公元1381年）朱元璋才亲自部署，调集二十万大军，以傅友德为统帅，蓝玉、沐英为副进军云南。到第二年云南基本平定。但各地地方势力的叛乱仍此起彼伏。明王朝留下沐英及其所属部队镇压反叛，并采取了“屯兵实边”，“寓兵于农”的政策，逐步推行“改土设流”，扩大中央派遣的流官权力，缩小并控制土官（各地方民族头人）的势力，逐步由中央直接控制了云南的大部分地区。随着政权的稳固，农业和手工业经济发展很快，为云南广建孔庙创造了有利条件。

元代在云南虽一再明令“遍立孔庙”，但各地奴隶主、农奴主不太听从政令，建立得不多，且难于稳固，所以只在几个云南行省政府能直接控制的大府保存下来，又经过兵燹战乱，到明初已残破不堪了。

明朝的二百七十年间，是中国历史上学制空前完备的朝代。学科扩充，学规严密，中央有国子监，地方有府、州、县学，书院、义学、私塾、家学遍布城乡。从中央到地方都设置了学官，于是全国上下都在大建孔庙，儒学受到空前的尊重和发展。

洪武时几十万大军及其眷属进入云南，把尊孔建学的风气也带进来了。朱元璋做过和尚，但深知儒学关系教化，“四维八德”才能维护其统治。傅友德，特别是沐英、沐春父子，禀承皇上的旨意，政局一旦稳定就大力设学建庙，开科取士。明代在云南建孔庙59处，其中20处就是在洪武时建立的。此后的明王朝也放手在云南设学，修复、扩建、改建乃至重

建孔庙。

《明·大政纪》："永乐十年三月丙申，云南左参政吕明善言：'武定、广西等府，居民繁庶，请设学校。'从之。上曰：'学校，风化所系。人性之善，蛮夷与中国无异，特在上之人作兴之耳！'"

这个永乐大帝，杀戮他的仇敌对手时是极其狠毒的，但他还承认孟夫子的"性善"说。他认为边疆民族人民的人性，也和中原人一样是善良的；是地方头人和官吏在捣鬼。他认为办学校是教化百姓，关系重大的事，应该提倡。凡云南申请开办学校他都批准。据《明史·土司传》载，永乐十五年（公元1417年）顺州知州王义请求建学，他批准了；永乐十六年（公元1418年）丽江府巡捡庞文郁请求在丽江府和宝山、巨津、通安、兰州四个州建学，他也批准了。此后大明历代帝王都这样放手在云南建庙学。到嘉靖、万历时，云南设学建庙就更多了。全省主要府、州、县都建了孔庙。到崇祯时，云南共有孔庙69处，其中有59处是在明代建立的。明代云南不仅有了举人、进士，还有人点了翰林，入了中书。

## 清代云南省孔庙大兴盛

明代云南已广建孔庙，可是到了明末清初，云南迭遭兵乱，特别是吴三桂统治云南时，忙于军事割据，儒学不被重视，各地孔庙已衰微残破下来了。到了康熙、雍正、乾隆时，清朝的统治逐步巩固，对云南推行了"改土归流"，绝大多数地区都置于中央王朝直接统治之下，经济有了发展，出现了"康、乾之治"，云南的孔庙又出现了空前的繁盛。

清朝统治者早在入关之前就已受到儒家文化的薰陶，比如多尔衮的那篇《致明阁部史可法书》就写得多么文彩飞扬！入关之后，他们一手抓军事政治统治，一手抓文化统治；一方面大兴文字之狱，镇压反清复明的知识份子；一方面尊孔设学，开科取士，笼络人心。他们懂得打天下靠武力，治天下要靠儒术。

顺治元年（公元1644年）清军入关，冬十月乙卯，六岁的福临于北京即皇帝位。立即办了三件大事：一是告祭天地；二是颁布新历法，改元；三是"以孔子六十五世孙允埴袭封衍圣公"。表示对孔子和儒学的肯定。次月（农历十一月）下旨"设满州司业、助教。官员子孙有欲习国书、汉书者，并入国子监"（以上均据《清史稿》）。那时福临才六岁，这些政令当然是孝庄太后和多尔衮的旨意。顺治十八年福临亲政后，下旨全国府州县建孔庙。朝庭既然尊孔，下边自当效法。不过那时云南还在吴三桂割据之下，所以云南孔庙的复兴，始于康熙，盛于雍正，成于乾隆。

清初的帝王和勋贵大臣都很崇敬儒学，且有较高的文化素养。既为政治需要，也出于景仰孔子，相继为孔庙题匾、写碑、作颂、定律。康熙题写"万世师表"匾额，撰书《孔子赞》，《颜、曾、思、孟赞》、《饰士子文》勒石摹榻，颁发直省；雍正加封孔子五代王爵，并下诏在各府、州、县建崇圣祠供奉孔子和先贤们的五代祖先，他还下诏：天下姓名有与孔子姓名相同的都要避讳，又书写了"生民未有"匾额颁行天下学宫。乾隆是最爱到处题诗题字的皇帝，为孔庙题了"与天地参"匾额。后来的皇帝跟着来：嘉庆题了"圣集大成"道光题了"圣协时中"咸丰题了"德齐帱载"，同治题了"圣神天纵"，光绪也题了"斯文在兹"。此外历代帝王还先后下旨增祀了历朝一些名儒。由于清政府的重视和提倡，到道光时全省孔庙已有80多处，除极边僻地区外，绝大多数府、厅、州、县都已设学建庙，这是云南孔庙的极盛时期。

咸丰、同治时，云南广泛发生了大动乱，许多孔庙被不同程度的焚毁、破坏、抢掠、盗窃。到了光绪时才逐渐修复、扩建、改建、重建和充实。光绪三十二年，清政府下旨，把对孔子的祀典升为"大祀"（即与天地等同的最高祀典）。所以孔庙的规制也随着升格。这时，云南省的孔庙已增至86处，其中17处是清代兴建的。可是由于帝国主义的入侵，清政府的腐败，地方经济的困穷，大都无力扩大规摸，有些被毁的孔庙还未修复，还有九处被批准了的孔庙未建立，清王朝就被推翻了。

辛亥革命后，历届政府虽屡有尊孔的命令或祭孔的举措，但学校取代了学宫，孔庙除祭祀外已无实用，再加云南也长期处于兵灾动乱之中，于是大批孔庙被改作学校、机关、兵营、工厂、市场。到新中国成立时，所存已寥寥无几了。

附录：

## 清末云南孔庙一览表

（据《光绪云南志》）

| 孔庙名称 | 建庙年代 | 清末所在地 | 现今地名 |
|---|---|---|---|
| ◎云南府孔庙 | 元　至元间建 | 五华山右 | 昆明市文庙街 |
| 昆明县孔庙 | 明　宏治十六年建 | 后并入府学 | 昆明市文庙街 |
| 富民县孔庙 | 明　万历十八年建 | 卧云山麓　已毁未建 | 富民县县城 |
| 宜良县孔庙 | 明　正德四年建 | 县治正南 | 宜良县县城 |
| 罗次县孔庙 | 明　万历二十一年建 | 县东北隅 | 禄丰县碧城镇 |
| 晋宁县孔庙 | 明　洪武十六年建 | 州治南 | 晋宁县晋城 |
| 呈贡县孔庙 | 明　洪武十六年建 | 县治东北 | 呈贡县城 |
| 安宁州孔庙 | 元　大德六年 | 州治北 | 安宁市内 |
| 禄丰县孔庙 | 明　隆庆元年建 | 郭外西山麓 | 禄丰县城 |
| 昆阳州孔庙 | 明　永乐元年建 | 州治南 | 晋宁县城昆阳 |
| 易门县孔庙 | 明　万历二十五年建 | 州治东 | 易门县城 |
| 嵩明州孔庙 | 元　至正八年 | 州治北黄龙山 | 嵩明县城 |
| ◎大理府孔庙 | 元　至元二十二年建 | 州治南 | 大理古城 |
| 太和县孔庙 | 明　洪武二十七年建 | 后并入府学 | 大理古城 |
| 赵州孔庙 | 明　洪武十八年建 | 州西凤山之麓 | 大理市凤仪 |
| 云南县孔庙 | 明　洪武十八年 | 县治内洱海卫左 | 祥云县城 |
| 邓川州孔庙 | 明　洪武十七年迁建 | 南门内 | 洱源县邓川 |
| 浪穹县孔庙 | 明　洪武十八年建 | 县治西山之麓 | 洱源县城 |
| 宾川州孔庙 | 明　宏治七年建 | 州治西 | 宾川县州城 |
| 云龙州孔庙 | 明　万历四十二年建 | 州治西德龙山左 | 云龙县南泚江 |
| ◎临安府孔庙 | 元　至元二十二年建 | 府治西 | 建水县城 |
| 建水县孔庙 |  | 附入临安府学 | 建水县城 |
| 石屏州孔庙 | 元　至正正间建 | 州治东 | 石屏县城 |
| 阿迷州孔庙 | 明　洪武间建 | 州治东北 | 开远县城 |
| 宁州孔庙 | 明　洪武十十六年建 | 州治东 | 华宁县城 |
| 通海县孔庙 | 明　洪武二十五年建 | 县城南秀山之麓 | 通海县城 |
| 河西县孔庙 | 元　泰定间建 | 县治南 | 通海县西城区 |
| 嶍峨县孔庙 | 明洪武十五年建 | 县城北 | 峨山县城 |

| | | | |
|---|---|---|---|
| ◎蒙自县孔庙 | 明 洪武二十七年 | 县治东 | 蒙自县城 |
| 楚雄府孔庙 | 明 洪武十九年建 | 府治东 | 楚雄市区 |
| 楚雄县孔庙 | 明 宏治时建 | 后附入府学 | 楚雄市区 |
| 镇南州孔庙 | 明 永乐五年建 | 州治南 | 南华县城 |
| 南安州孔庙 | 明 洪武二十七年建 | 州治东 | 云龙县城 |
| 姚州孔庙 | 明 永乐七年建 | 府治南 | 姚安县城 |
| 大姚县孔庙 | 明嘉靖二十五年建 | 城内东北 | 大姚县城 |
| 广通县孔庙 | 明嘉靖二十五年建 | 在县治东 | 广通县城 |
| 定远县孔庙 | 明嘉靖二十六年建 | 县治东 | 牟定县城 |
| ◎澂江府孔庙 | 元大德间建 | 府治东玉笥书院旧址 | 澄江县城 |
| 河阳县孔庙 | 明隆庆四年建 | 府治西北 | 澄江县城 |
| 江川县孔庙 | 明嘉靖四十五年建 | 城南旧县 | 江川县江城 |
| 新兴州孔庙 | 明万历元年建 | 州治东南 | 玉溪市区 |
| 路南州孔庙 | 明嘉靖三十五年建 | 州治东关外 | 路南县城 |
| ◎广南府孔庙 | 清康熙四十八年建 | 州治南关内 | 广南县城 |
| 土富州 | | 富宁县 | |
| 宝宁县 | 清光绪八年题准未设学 | 广南县 | |
| 顺宁府孔庙 | 明万历三十四年建 | 凤山麓改建于府署 | 凤庆县 |
| 顺宁县 | 清光绪八年题准未建庙 | 凤庆县 | |
| 云州孔庙 | 明万历三十四年建 | 州治南玉池 | 云县城 |
| 缅宁厅 | 清嘉庆十九年建庙 | 光绪八年题准未设学 | 临沧县城 |
| ◎曲靖府孔庙 | 明洪武十七年建 | 府治东水闸口 | 曲靖市区 |
| 沾益州孔庙 | 明嘉靖二十八年建 | 旧州治（宣威）南 | 沾益县城 |
| 陆涼州孔庙 | 明嘉靖二十一年建 | 州治西旧卫址 | 陆良县城 |
| 马龙州孔庙 | 明嘉靖二十一年建 | 州治南 | 马龙县城 |
| 罗平州孔庙 | 明 历十五年建 | 州治东南隅 | 罗平县城 |
| 寻甸州孔庙 | 明正德九年建 | 州治西北 | 寻甸县城 |
| 平彝县孔庙 | 明正德九年建 | 州治左旧卫学 | 富源县城 |
| 宣威州孔庙 | 明嘉靖二十八年建 | 州治南仓坡 | 宣威县城 |
| ◎丽江府孔庙 | 清康熙三十九年创 | 四十五年设学在府治北 | 丽江古城 |
| 鹤庆州孔庙 | 元代建<br>明洪十七年改建 | 府治西南旧元代寺 | 鹤庆县城 |
| 剑川州孔庙 | 明洪武二十五年建 | 府治南 | 剑川县诚 |

| 中甸厅孔庙 | 清乾隆二十四年建 | 城东门外 | 香格里垃县城 |
|---|---|---|---|
| 维西厅 | 清光绪八年奏准 | 未设学 | 维西县 |
| ◎普洱府孔庙 | 清雍正七年建 | 府治南 | 普洱市区 |
| 宁洱厅 | 清光绪八年奏准 | 未设学 | 普洱 |
| 思茅厅孔庙 | 清嘉庆十九年建 | 在玉屏山书院内 | 思茅市 |
| 他郎厅孔庙 | 清道光七年建 | 东门外文昌宫旧址 | 墨江县城 |
| 威远厅孔庙 | 清道光七年建 | 抱母井东山 | 景谷县城 |
| ◎永昌府孔庙 | 元代建 | 城内西北隅 | 保山县城 |
| 保山县孔庙 | 明嘉靖十一年建 | 府学南 | 保山县城 |
| 腾越厅孔庙 | 明成化十六年建 | 州治南 | 腾冲县城 |
| 永平县孔庙 | 明洪武二十六年建 | 城内旧守御署西 | 永平县城 |
| 龙陵厅孔庙 | 清道光九年建 | 厅治东 | 龙陵县诚 |
| ◎开化府孔庙 | 清康熙六年建 | 府治东城外 | 文山县城 |
| 文山县 | 清光绪八年奏准 | 未建庙 | 文山县 |
| 安平厅 | 清光绪八年奏准 | 未建庙 | 镇沅县 |
| ◎东川府孔庙 | 清康熙四十二年建 | 府治南门外 | 东川市 |
| 会泽厅 | 清 光绪八年奏准 | 未建庙 | 会泽县 |
| 巧家孔庙 | 清道光二十八年建 | 址不详 | 巧家县 |
| ◎昭通府孔庙 | 清雍正九年建 | 府城南门内 | 昭通市区 |
| 恩安县 | 清光绪八年奏准 | 未建庙 | 昭通 |
| 镇雄州孔庙 | 明嘉靖时建 | 州南门内 | 镇雄县城 |
| 永善县孔庙 | 清雍正六年建 | 在县城内 | 永善县城 |
| 鲁甸厅 | 清光绪八年奏准 | 未建 | 鲁甸县城 |
| 大关厅孔庙 | 清道光十九年改建 | 在城南 | 大关县城 |
| ◎景东直隶厅孔庙 | 明正统七年建 | 府城南锦屏山下 | 景东县城 |
| ◎蒙化直隶厅孔庙 | 明洪武建 | 府治东南 | 巍山县城 |
| ◎永北直隶厅孔庙 | 明洪武十七年建 | 府城内东北旧卫署 | 永胜县城 |
| ◎镇沅直隶厅孔庙 | 清雍正十年建 | 府城内 | 镇沅县城 |
| 恩乐县孔庙 | 清雍正十年建 | 县治西关外碧松山麓 | 镇沅县 |
| ◎广西直隶州孔庙 | 明成化十七年建 | 府治西北锺秀山麓 | 泸西县城 |
| 师宗县孔庙 | 明万历间建 | 州治南门外 | 师宗县城 |
| 弥勒县孔庙 | 明嘉靖时建 | 州治南门外 | 弥勒县城 |
| 邱北县孔庙 | 清雍正时建 | 县治北城内焚毁未建 | 邱北县城 |

| ◎武定直隶州孔庙 | 明隆庆二年建 | 府治西门外狮山之麓 | 武定县城 |
|---|---|---|---|
| 元谋县孔庙 | 明天启三年建 | 县治东 | 元谋县城 |
| 禄劝县孔庙 | 明万历二十一年建 | 城北隅 | 禄劝县城 |
| ◎元江直隶州孔庙 | 明洪武二十六年建 | 府治东北 | 元江县城 |
| 新平县孔庙 | 明万历二十一年建 | 城东北隅 | 新平县城 |
| ◎黑盐井直隶提举司孔庙 | 明万历四十年建 | 司治东北 | 广通县黑井 |
| ◎琅盐开直隶提举司孔庙 | 明天启时建 | 司治左 | 牟定县琅井 |
| ◎白盐井直隶提举司孔庙 | 明万历二十七年建 | 司治北 | 大姚县石羊 |

清代云南孔庙总计：86

其中：元代建 10　　明代建 59　　清代建 17

清代题准未建：9

# 云南文庙的建制与布局

陈逢湘

云南文庙历史悠久，数量众多，规模宏大，分布广泛，是云南古代建筑遗存中保留得比较完整的一个类型。云南文庙建筑精美，风格鲜明，既有传统文化的形态，又兼具地方民族建筑特色，表现了古代云南各族人民的智慧和技术水平。云南虽地处边疆，有诸多的落后因素，但云南的文庙无论从哪个方面均不逊于内地，在全国文庙中占有重要的一席之地，有着一定的影响。文庙作为礼制性庙宇，又具有“官学合一”的教育职能，从来都是云南古代文化教育的重要载体。鉴于云南文庙的地位与作用及保存程度，已有许多文庙被列为国家级、省级、地州级的文物保护单位，足见其在历史、文化、教育、艺术、经济、科学等领域的重要价值。了解研究云南文庙，对于研究儒学在云南的传承和发展，研究云南历史的各个层面，继承传统文化，具有重要的意义。

## （一）

孔庙是中国古代祭祀供奉伟大的思想家、政治家、教育家和儒学创始人孔子的庙宇。自唐朝开元二十七年追封孔子为“文宣王”以来，地方孔庙又统称为文庙，文庙是地方官学教授儒学的最高学府，又称“学宫”。文庙是“庙学合一”的礼制性建筑，故有“庙学”之称。

我国的文庙可分为四类：一是曲阜本庙，具有祖庙作用；二是分散在各地的孔子后裔所建的家庙；三是京师孔庙；四是地方孔庙。前两类都属于家庙，后两类是“因学设庙”，被称之为官庙。京师孔庙和地方孔庙是官府修建的庙堂与学馆合一的设施，是祭祀先圣孔子和培养地方人才的场所。官方在地方修建孔庙，据文献记载，始于北魏孝文帝太和初，下诏郡县各立学祀孔子，太和十三年（公元489年）在平城“立先圣庙”。在地方孔庙的发展史上，唐代是一个非常重要的时期。在唐代以前乃至唐初，学校往往是周公、孔子并祀，贞观二年（公元628年）唐太宗李世民罢祀周公，升孔子为先圣，以颜回为先师配享。贞观四年（公元630年）唐太宗又“诏州、县皆作孔子庙”，庙堂和学馆合一的格局才因帝王的诏令而制度化。

文庙在中国建筑史与教育史上占有重要地位。据阙里孔府档案的统计，到清朝末年，全国已有文庙 1560多座，遍布华夏大地，这些文庙在各地兴教育才中发挥了重要作用，在地方志中均有庙学的记载，并附有“学宫”图，地方文庙中文庙与学宫的平面布局主要有四种：“左庙右学”、“右庙左学”、“前庙后学”、“中庙旁学”。其布局都是古人修建时据儒学、五行、易学、道学、地理、风水、天文等原理“规范”而置。如“左庙右学”的布局是源于“周礼”中尚左之制，据“左祖”原则将至圣先师孔子庙建在学宫之左。“前庙后学”的布局是宋、元时期的一种布局沿袭下来的。

清代是中国孔庙得到空前发展的时期，规范了文庙的建制，将文庙分为府文庙和县文庙，府文庙是清代对县以上行政区划（除去曲阜孔庙、北京孔庙、孔氏家庙）城市文庙的一般称呼。如大理府文庙、太和县文庙、安顺府学宫、鹤庆府文庙、昆明府文庙。府县孔庙的称呼也比较统一，一般称为府学宫、府文庙，县学宫或县文庙。

各地方政府按照清王朝的统一要求，文庙礼制及相应规格上基本统一，文庙的类型变化已经明了，出现了曲阜孔庙、北京孔庙、孔氏家庙等祖庙，皇家孔庙、家庙和府文庙、县文庙等与行政区划相对应的各级文庙体制。地方庙学分三级，即“府学”、“州学”、“县学”，其相应的文庙规模和标准也依次有别，总的来说府学文庙比州、县学文庙规模大，建筑标

准高。

曲阜孔庙作为孔子家庙享有孔庙礼制的最高规格：九进院落、大成殿面阔九间、重檐歇山式、黄色琉璃瓦、龙柱、角楼、汉白玉栏杆等均为皇家宫殿建筑群式样。北京孔庙作为皇家——国家祭孔庙宇，在一定程度上也享有此规格。而府州文庙大成殿一般按照七间的规格，县文庙一般按照三间或五间的规格，少数仍为七间。为了体现府、县文庙规模差异，府文庙施黄色琉璃瓦，县文庙盖瓦为琉璃瓦或青筒瓦。府、州、县文庙大成殿的开间一般不会超过七间，东西庑都是五间。整个结构上，府文庙显得华丽，而县文庙则较朴实。府、县文庙虽然在规格上有所区别，二者仍有共同的建筑。建筑式样主要为重檐歇山式、单檐歇山式，也有为数不多的硬山式建筑，一般没有严格的限制。

庙学合一或庙学并存的思想是文庙建筑组群的核心，是中国孔庙建筑的基本形式。在京师，国学国子监与北京是左庙右学的关系。于是府州县也自然效仿。因庙设学，或是因学设庙所致。这些“学”在具体建筑形式上或是“明伦堂”或是“书院”，统称“学宫”。学校教育不断发展是庙学得以存在的基础，兼顾了祭祀孔子和传播文化的功能。这就极大地促进了地方政府保护和建设文庙的积极性，各地官员唯恐落后，纷纷建设文庙，府有府文庙，县有县文庙。因此出现了一座城市有府、县文庙的独特格局。

县文庙一般规格：中为大成殿五间（宋时尊孔子为“大成至圣”，因此“大成”为孔庙殿名），东西两庑各七间廊房（即厢房），殿之前为戟门三间（戟门亦作棘门，古代宫门立戟以示显贵）。戟门两旁建名宦祠、乡贤祠各三间，以南建棂星门，门外竖木房二座，其各分别为“兴贤”“育才”。

在各地孔子庙建筑的组群上，始终遵循着严格的礼制。自唐代以来，各地孔庙均以曲阜孔庙组群为基本模式，所有建筑格局都不能超过其建筑式样，其礼制必须低于曲阜孔庙。到了清代，由于清代统治者对儒学的推崇，在其礼制上作了统一规范，在建筑形式、建筑命名、建筑色调、内容陈设、祭祀活动规格及其程序都向全国颁布了统一的标准尺度，使得孔庙建筑体系成为中国古建筑中最为规范的建筑式样。

文庙是礼制庙宇，必须符合礼制中尊卑有序、等级分明的原则，为了鼓励读书人发奋成才，文庙惯例是不出状元不开正门，平时官员祭拜才开正门。

## （二）

文庙在1300多年的发展史中，随着庙学的不断发展，经历了从单体到群体，从民宅到官式，规模不断扩大，等级不断提高，逐步发展成为有定型规制的古建筑群，建筑风格自成一体，形成具有最高标准的庙学建筑群。

现存的孔庙建筑基本上都是清代的遗存。其建筑格局和基本式样虽然承袭明制，但普遍达到了规模、规格的提升，成为了各地建筑式样中享受皇家礼制的建筑群和各地城市独特的建筑景观。

孔庙的建筑特色中国孔庙和中国其他古代建筑的庭院组群一样，由于受等级观念的支配，强调其庄严和权威感，普遍采用均衡对称的方式，沿着纵轴线与横轴线进行设计，其中多数以纵轴线为主，横轴线为辅。按纵轴线上的庭院划分，国内孔庙目前可以归纳为九进院落、七进院落、三进院落几种主要形式。

九进院落完全享受了皇家的规格，目前仅曲阜孔庙有此规格。

三进院落，是地方孔庙比较普遍的礼制。一般由万仞宫墙至大成门为第一进，大成门至大成殿为第二进，大成殿至崇圣祠为第三进。要说明的是，这种划分，并非完全按照封闭的庭院来确定，而是依据纵轴线和横轴线上的建筑组群的主要框架来考虑，因而它和民居中的院落仍有一定差异。有的建筑物格局和位置并非像纵轴线上的万仞宫墙、棂星门、大成门、大成殿、东西庑那样固定的礼置，而具有一定的变化。

文庙是礼制性庙宇，是由国家的力量予以倡导和推行的，其建筑模式、体量、色调以及祭祀的内容、等级等，都必须按严格的礼制约束，遵循国家认可的规范和准则。各地文庙，无论级别高低，精神如一，虽有地域性差异和时代性差异，但建筑构成及祭祀活动都依循一套共同的原则。几乎所有的文庙都是坐北朝南，在中轴线上，南北中轴线上依次有：万仞宫墙——棂星门——泮池、泮桥——大成门——大成殿——明伦堂——崇圣祠等建筑。中轴线东西向依次有：德配天地——道冠古今—— 东庑、西庑——尊经阁等主要建筑。这些建筑已经成为识别孔庙保持是否完整的主要标志。

孔庙配套建筑中还有奎文阁、魁星阁、文昌阁、光霁堂、敬一亭等建筑。

其主要建筑的布局形制如下：

庙前设照壁、棂星门和东西牌坊形成的庙前广场，棂星门内两侧为乡贤祠、名宦祠，棂星门前或门内设半圆形水池。依古制，天子之学四周必环以圆形流水，称辟雍；诸侯之学必有半圆形流水，称泮池或半璧池。泮池之后是孔庙的第二道大门，称大成门或戟门，因宋以后孔庙门列棨戟，故有此称。大成门内为大成殿和两庑。“大成”二字取自《孟子》中的“孔子之谓集大成”。大成殿外设宽阔的平台，称为祭台或拜台，供祭祀时乐舞及行礼使用。大成殿是文庙的核心建筑，殿内正中供孔子坐像，像两旁是“四配”和“十二哲”的立像，地方孔庙一般则立牌位。东西两庑供孔子弟子或历代贤儒的神主，由于孔子弟子较多，所以两庑设置较长，形成了不同于四合院的廊庑布置形式。大成殿后建崇圣祠，用于祭祀孔子的父亲及孔氏五世先祖。

学宫包括明伦堂、尊经阁、敬一亭等单体建筑。明伦堂设于大成殿后两侧或中央，为师生的教学用房。

明伦堂后的尊经阁用于藏书，是贮太经、御制诸书及百家子史的藏书楼。有尊经书院的则为讲课之所，相当于现在的教室，是存放儒家典籍和教谕讲课的讲堂。尊经阁后建有敬一亭，天下文庙皆有敬一亭始于明嘉靖时，亭内立皇帝御题的“敬一箴”，作为生员士子的座右铭。所谓“敬一”就是对孔学的敬业之意。敬一亭中放置明世宗朱厚熜的《敬一箴》、范浚的《心箴》和程颐的《视听言动四箴》。

孔庙建筑中比较少有楼台亭角，这和孔庙配享皇宫礼制有关。目前国内文庙常见的亭角主要有御碑亭、敬一亭、思乐亭、角楼等。为文庙祭祀活动修建的亭角为数极少。

奎文阁即奎星楼、魁星阁。汉代《孝经授神契》记有“奎主文章”。奎星，本北虎之首，这里又成了主宰文章之神。因此，奎星楼表明了地方孔庙所具有的学校性质。在有的地方，其意义又同经楼一样，等同为“尊经阁”，有尊孔读经之意。在一些地方孔庙中，还设有祭祀地方名宦、贤人的乡贤祠、名宦祠。

## （三）

云南文庙主体建筑合乎规范，附属建筑则多寡不一。各地文庙的建筑规模及体量大小，与当地的经济条件、地理环境尤其是建制等级息息相关，在建筑结构和工艺上各显神通。

县文庙是清代及云南普遍存在的文庙

广南文庙大成殿

建筑群。大成殿的规格决定着该文庙的礼制和规格。面阔五间是清代县文庙的规格，此外三间、七间的大成殿也有一定的数量。云南的县文庙大成殿基本上面阔五间，如建于康熙四十七年（公元1708年）的富民文庙、康熙四十八年（公元1709年）的广南文庙、道光元年（公元1821年）的墨江文庙、元朝大德年间(公元1297年~1307年)的澄江文庙、明洪武十八年（公元1385年）的凤仪文庙、明朝正统七年（公元1442年）的景东文庙等。面阔三间为规模最小的文庙，其基础应是源于孔子故宅的“庙屋三间”。直至如今，云南全省尚有数十处保存有建筑物的孔庙，具有代表性的有：

**建水文庙：**建水文庙是我国地方文庙中规制最严谨，建筑最恢宏，保存最完整，最俱代表性的文庙。该庙坐北朝南，占地面积7.6万$m^2$，全庙共有七进院落，纵深达625m。主要建筑有一殿、二庑、

墨江文庙大成殿

景东文庙大成殿

二堂、三阁、四门、五亭、六祠、八坊。第一进院落为“太和元气”坊，坊高9m，木石结构，其上有狮、象、麒麟、龙的石雕。坊后是椭圆形泮池，面积30000m²，又称“学海”。池中筑岛，建有“思乐亭”，岛堤之间由一座三洞石拱桥相连，是极为独特的建造模式。泮池后为半月形唇台，是第二院落，建有“洙泗渊源”坊三楹，木石结构，高9m，巨大石雕龙、麟、狮、象分立于四角。“礼门”、“义路”石坊分列两旁。第三院落从“洙泗渊源”坊到棂星门。棂星门为三开间，四根高2m的中金柱穿脊直出，上罩陶瓷盘龙罩。门前横向陈列“德配天地”、“道冠古今”、“圣域由兹”、“贤关近仰”四座砖石结构牌坊，各高9m，院内两侧为碑林。第四院落有文昌阁、魁星阁（已毁），名宦祠、乡贤祠、金声门、玉振门。中心建筑为第五院落是大成殿，由东西两庑围成廊庑式大庭院。主体建筑先师殿宏阔肃穆，单檐歇山顶，面阔22.55m，进深13.9m，高16m，屋面铺黄色琉璃瓦。全殿由二十八根大柱支撑，其中有22根为青石巨柱，各高5m，用整块石料打造凿磨而成。支撑左右檐角的两根石柱，精雕为“龙抱柱”。大殿正面有格扇门22道，雕刻龙、凤、犀牛、麒麟、象、鹤等。殿后有崇圣祠，两边有明伦堂，祠东有景贤祠、苍圣祠，为第六院落。祠后原有尊经阁，惜已毁，也可以算为七进院落。

建水文庙“德配天地”坊

建水文庙洙泗渊源坊

建水文庙名宦祠

建水文庙金声玉振门

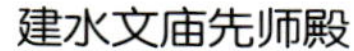

建水文庙先师殿

建水文庙尊经阁

先师殿是主体建筑，宏阔肃穆，单檐歇山顶，面阔22.55m，进深13.9m，高16m，屋面铺黄色琉璃瓦。全殿由28根大柱支撑，其中有22根为青石巨柱，各高5m，用整块石料打造凿磨而成。支撑左右檐角的两根石柱，精雕为"龙抱柱"。大殿正面有格扇门22道，雕刻龙、凤、犀牛、麒麟、象、鹤等。殿后有崇圣祠，两边有明伦堂。

建水文庙大殿后的崇圣祠

**鹤庆文庙：**建筑雄伟严谨，当年徐霞客曾有“文庙宏整”的赞语。坐北朝南，中轴线上依次为太和元气坊、万仞宫墙、泮池、棂星门、大成门、先师殿;后有启圣宫、明伦堂、尊经阁;东西两侧有东庑、西庑、名宦祠、乡贤祠、兴贤坊、正谊斋、明道斋、教授室、训导室、讲堂、馔堂等。照壁长15m，泮池为半圆形，直径25m，中有石桥横架，大成门面阔21m，进深8m，单檐歇山顶。大成殿为五开间重檐歇山顶，面阔20.3m，进深22.8m，高16m，四周有廊。明伦堂为单檐歇山顶，面阔20m，进深11m。尊经阁为硬山顶，与后厢房组成一四合院，其后为学山，尊经阁东有1500m$^2$的水池，称“学海”。池水有200m$^2$平台，建一六角亭。

**宾川州城文庙：**坐东向西，占地面积5000多m$^2$，四进中轴式建筑。依次为棂星门、大成门、大城殿、崇圣祠。两侧建有名宦祠乡贤祠和南北两庑。大成殿为单檐歇山顶，五开间，面阔18.5m，进深15m。殿前天子台长10m，宽14m，高1.2m。崇圣祠为歇山顶楼阁式建筑，通面阔10.8m，进深5m。南北两庑为单檐硬山顶建筑，通面阔31m，为七开间，进深6m。

**安宁文庙：**坐北朝南，建筑群总建筑面积1566平m，包括庆云楼、棂星门、大成门、大成殿等主要建筑。大成殿单檐歇山顶，抬梁式结构，带前廊后厦。面阔五间，宽16.6m，进深三间。南北厢房和东西两庑14间。

**广南文庙：**占地面积9000余m$^2$，为五进院落。大成殿为单檐歇山顶。通面阔19.73m，进深15.5m，高9m，抬梁式木构架，明间为雕花格扇门窗。棂星门系青石坊结构，四柱四墩三开间。须弥座上前后各有石狮。泮池为半圆形，周围以条石砌筑，池周有石雕护栏，中为双孔圆形拱桥。

鹤庆文庙

宾川州城文庙

广南文庙棂星门　泮池

**思茅文庙：** 占地面积750m²，大成殿面阔五间宽26m，进深三间20m，台基高1.75m，石踏跺高1.6m。

思茅文庙大成殿

**景东文庙：** 总面积为5292m²，由泮池，魁阁、钟鼓楼、棂星门、大成门、大成殿等组成。棂星门为重檐歇山顶木结构，斗拱为八攒七层，铺琉璃瓦，正脊上有宝顶、吻兽。大成殿面阔五间宽20.7m，进深五间14.95m，为单檐歇山顶抬梁式构架，檐下有斗拱28攒。铺琉璃瓦，正脊置宝顶、吻兽等。钟鼓楼高8m。

景东文庙鼓楼

景东文庙星宿门

**墨江文庙：** 总面积为7600$m^2$，建筑群依山而建，包括大门、泮池、新楼、五经楼、崇文阁、魁星阁、棂星门、星宿门、乡贤祠、名宦祠、两庑、天子台、大成殿、后殿等组成。大成殿面阔五开间宽20.5m，进深14.4m，为重檐歇山顶，抬梁式木构架，檐下斗拱三层，建筑面积295.2$m^2$。凌霄阁为抬梁式重檐歇山顶建筑，魁阁为重檐攒尖顶建筑。

**富源文庙：** 占地面积3700多$m^2$，由大成门、大成殿、魁星阁、文昌阁、棂星门、泮池、太和元气坊等组成。大成殿单檐歇山顶，面阔五间，宽20.26m，进深12.7m，高7.86m。东西两庑面阔各五间，宽19m，进深11.8m，高7.25m。大成门重檐结构，面阔五间，宽26.6m，进深11.8m，高10.36m。魁星阁位于大成门左侧，为三重檐八角亭，屋顶为八角攒尖式顶，通高17.6m，直径10.06m。文昌阁位于大成门右侧，与魁星阁对应，通高17m，直径10m。棂星门为三开间青砖牌坊，面阔7.6m，进深2.2m，高9.1m。泮池为月牙形，长9.4m，最宽处4m，深2m；池上建有一座石砌拱桥，泮桥长6.3m，宽1.9m，两侧有护栏。太和元气坊，五级斗拱托飞檐，面阔14.6m，深4.8m，高10.1m。为三开间门洞式牌坊。

**昆明文庙：** 历史上是云南最大的学宫，鼎盛时期占地1.8$km^2$，总建筑面积5500$m^2$，由棂星门大成殿、崇圣殿、桂香阁、明伦堂、尊经阁、魁星阁、仓圣殿等组成。大成殿东西长30m，南北进深30m，堪称云南之最。现存唯一完整的建筑为棂星门，系四柱三开间石坊。

**江川文庙：** 占地面积约20000m²，由照壁、棂星门、大成门，东庑西庑、乡贤祠、名宦祠、节孝祠、孝义祠、泮圆墨池、大成殿、崇圣宫和外配的钟秀书院组成。照壁长12m，厚0.5m，高8m。大成殿重檐歇山顶，面阔五间，天子台宽14m，深8m，高1.4m，两侧有石雕龙抱柱，高2.5m。

**泸西文庙：** 占地面积2500m²，建筑面积1492m²。四进院落，一进有照壁、泮池，腾蛟凤起门坊、华表；二进有棂星坊、礼门、义路、大成门；三进为先师殿、两庑；四进为崇圣祠。大成门为五间木结构建筑，两侧为“金声”、“玉振”二门。先师殿为歇山顶，通面阔五间，宽25m，进深16.5m。崇圣词单檐硬山顶。

**澄江文庙：** 占地面积20000多m²，坐北朝南，按中轴线依次迭建照壁、牌楼、泮池、拱桥、棂星门、大成门、大成殿、崇圣祠等。牌楼重檐歇山顶，木结构，高8m。泮池半径9.2m，孤长15.9m，围砌石栏。泮桥长12.4m，宽3.55m，为三孔石拱桥，中间一孔跨度3m，左右两孔跨度各为2.5m。棂星门为木石结构，三开间重檐歇山顶，宽15m，高10m，铺琉璃瓦。大成门单檐硬山顶，三开间。大成殿重檐歇山顶，七开间通面阔28m，进深20m。大殿用26棵大柱支撑，通面有20道格扇门。天子台长14m，高1m，五面石包边，中间嵌一块2m长，1m宽的石雕五龙壁。

**呈贡文庙：** 占地面积5511m²，有大成殿三间、崇圣祠三间，两庑十四间，及天子台、泮池、虹桥、棂星门等建筑。

**石屏文庙：** 占地面积4257m²，通面阔33.75m，总进深96.33m。有棂星门、泮池、大成殿等建筑。

**牟定文庙：** 占地面积3000多m²，有大成殿，天子台，东西庑，大成门，泮池等建筑，大成殿重檐歇山顶，内供3m高的孔子铜像。

**玉溪文庙：** 大成殿前有两层石砌天子台，第一层高出地面1.15m，宽18.35m，进深6.20m，第二层高出第一层50cm，宽18.35m，进深6.15m。大成殿为单檐歇山顶，正脊、垂脊铺黄色琉璃瓦，上有吻兽。大殿明间一门四窗，左右两次间各一门二窗。通面阔21.70m，进深9.10m。

**凤庆文庙：** 占地面积12000m²，由泮池、龙门石坊、棂星门、大成门、大成殿、崇圣殿、鸣凤阁组成。大成门距大成殿18.7m，单檐歇山顶，面阔13.8m，进深7.5m，高5m。大成殿为重檐歇山顶，面阔18.3m，进深13m，高12m，透雕格子门。鸣凤阁为三重檐，底层为四方形，其上两层为六角形，尖顶。边宽11m，高16m。

**黑井文庙：** 占地6000多m²，大成殿单檐歇山顶，通面阔15.4m，通进深17.2m，高12m，太平坊位于泮池前，高5.7m，宽9m，四柱三门，须弥座上四狮护基，四鼓拱卫。

**会泽文庙：** 占地20000余m²，建筑面积3436.5m²，建筑群包括大成殿、崇圣祠、文昌阁、魁星阁、乡贤祠、名宦祠、明伦堂及仪门，牌坊等附属建筑。大成殿为单檐歇山顶，台梁构架，斗拱重叠五层，琉璃金顶，镂刻门窗，天子台长宽11m。

**富民文庙：**占地面积2600$m^2$，由棂星门、大成殿、东西两庑、崇圣祠等组成。大殿面阔25m，进深12m，重檐歇山顶。殿前有石砌天子台，望柱用墨石刻制十二生肖像。

**文山文庙：**占地面积约9000$m^2$，分为五进院落，由泮池、棂星门、大成殿等组成。

**通海文庙：**占地面积约9000多$m^2$，总体布局为四进三大院，由照壁、泮池、忠烈祠、节孝祠、华表、两庑、文明坊、大成门、碑亭、大成殿、尊经阁，崇圣祠等组成。

**楚雄文庙：**占地面积约7000多$m^2$，主要建筑为泮池、三元桥、棂星门、大成门、两庑、大成殿、仓颉殿、崇圣祠。大成殿系重檐歇山顶建筑，五开间，正面三间装十八扇格子门。

**腾冲文庙：**原占地面积40000$m^2$，在260m纵深的中轴线上，依次排列照壁、泮池、状元桥、棂星门、大成门、大成殿、启圣宫等建筑。大成门两厢分别为名宦祠和乡贤祠、大成殿左右有两庑，第二进院落有明伦堂和训导室。

**河西文庙：**原占地面积约9000多$m^2$，主要建筑有文明坊、大成门、东西两庑、大成殿、明伦堂等，占地530$m^2$。大成殿五间宽19.2m，进深11.3m，为单檐歇山顶，抬梁式木构架，琉璃瓦屋面。文明坊为三间牌楼式，高8m，宽13.5m。

**晋城文庙：**坐东向西，占地面积约6000$m^2$。大成殿：重檐歇山顶，抬梁构架，五开间，四进间，通面阔19m，通进深12.8m，台基高1.5m。崇圣祠距大成殿后30m，重檐歇山顶，同为五开间，四进间，通面阔19m，通进深12m，大成殿前左右两庑为单檐硬山顶，各12间。憾乎已毁，今仅存昆阳镇文明坊（详图）。

**宣威文庙：** 大成殿单檐歇山顶，面阔七间，通阔20m，进深15m。抬梁构架，五柱九檩，起前轩，加回廊。四檐用装饰性异型斗拱，龙头杈柱支撑，飞角出挑4m。

**罗雄文庙：** 现存大成门为单檐歇山顶，通进深6m，通面阔18m，高7m，明间重檐，两楼一底，通高9m，石台基高1.77m，正间前铺砌10级石坎。大成门两侧耳房各3间，通高5m，通进深6m，两侧通面阔各8.9m。

**弥渡文庙：** 坐北朝南，中轴线均衡对称布局。大成殿单檐青筒板瓦歇山顶，进深四开间12.7m，顺深五开间19.2m。后稷祠，青瓦单檐歇山顶，进深四开间10.3m，顺深五开间17.8m，檐高5m。

**凤仪文庙：** 面积3520m$^2$。大成门：三开间，明间为门道，单檐悬山顶。大成殿：单檐歇山顶，五开间。面阔23m，进深四间，深18.5m，高13m，明间由两面开门。藏经阁：三开间，阁楼式建筑。

**邓川文庙：** 大成殿，重檐歇山顶，长20.4m，宽13m。

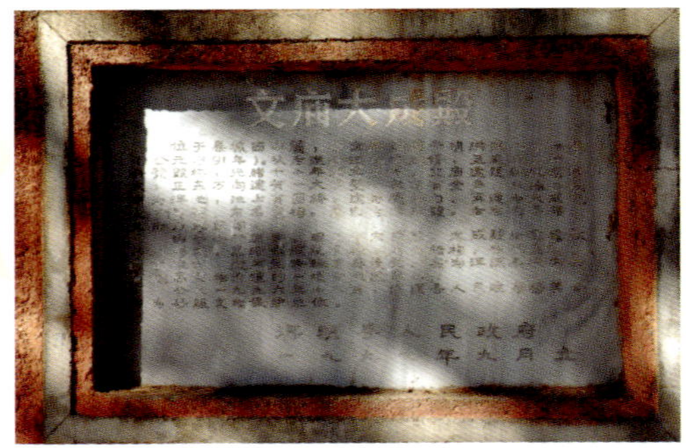

**洱源文庙：** 大成殿重檐歇山顶，长15.7m，宽19.1m。

**巍山文庙：** 占地面积10000多m$^2$，坐北向南，中轴线上依次为泮池，状元桥，棂星门，大成门、大成殿、雁塔坊、崇圣祠、尊经阁，东西两侧有名宦祠、乡贤祠、明伦堂、兴文祠、节孝祠、射圃等共13个院落，大成殿为单檐歇山顶，前有月台，砌大理石围栏。面阔七间，进深15.6m，高11m。

云南孔庙的建筑组群、式样及装饰，总体上遵循固定的礼制。由于南北建筑体系上的差异和的独特的地理环境，再加之地方政府和工匠对对文庙建设认同上的差异和礼制理解的不同，文庙表现出不同的民族性与地域性的文化特征，呈现多元文化的特点。

云南是一个山地省份，地理和气候相当复杂，各地文庙的建造差异性较大，客观上很难按照一般规制建造。最简单地说，光是坐北向南，以中轴线结构展开的格局在许多地方就无法做到，这与中原地区完全不同。当然，在条件允许的情况下，多数文庙仍是尽可能师法中原建造规范的，如鹤庆文庙，巍山文庙，思茅文庙、邓川文庙等。上述文庙处于地势平展宽阔的平坝中，规规整整地从容布局，顺势展开，结构完整，规范庄严，令人肃然。一些文庙则根据地域条件，不拘于坐向规定，灵活依据地形地貌、城区布局、风水方向、用地范围等各种因素来决定。如大理文庙虽地势宽阔，但不采用传统的南北方向摆布，而是采取坐西向东，背靠苍山，面向洱海，门对纵贯南城门、北城门的中心大道，充分利用苍山洱海之间的天然大环境，巧借山势海面添威，气势恢宏，雄伟壮丽。这种别具慧眼的布局非常合理，以独具一格的构思筑建了文庙的庄严大气，体现了大理特有的国都风范，可谓天下独此一家。被列为国家级文物保护单位的宾川州城文庙，则又是依据东高西低的坡面地形，坐东向西，依次展开，而与之紧紧相邻的武庙却又坐北向南，二者并不进行同向构建，而呈“丁”字形布局，这种在方位上的不等同处理，使人觉得这二庙有些区别，似乎是更突出了文庙。采取坐南向北布局的有开远阿迷州文庙、通海文庙。此外，还有墨江文庙是坐东北而朝西南。在云南，可以说什么坐向布局的文庙都有，充分展示了地域差异而风格也随之相异的文庙建筑文化。

在建筑组群上，以建水文庙为代表，建筑格局突破了传统的建筑模式。一是出现了中国文庙少有的七进院落、纵深达到625m的文庙建筑群。二是建筑齐全，保存完备，有一殿二庑二堂二阁四门五祠八坊，现除杏坛、射圃、尊经阁、文星阁、敬一亭和宿斋亭等建筑被毁外，其余37座建筑保持了清代式样和基本格局。三是建制规模宏大，作为临安府文庙建制，占地114亩，建筑面积7.6万$m^2$，其规模已经大大超过昆明府文庙约5500$m^2$的建筑，也超过了北京孔庙的建筑规模。民国时期编修的《机关报纂云南通志》记载：建水文庙，是规模仅次于山东曲阜的文庙。建水曾经有过县、府的历史，文庙是在原本只有大成殿的一般州县文庙的基础上发展起来的。其独特性证实了在遵循建筑基本礼制的前提下，文庙建筑并非是一成不变。

巧用自然之水，彰显自然之美。建水文庙的泮池是椭圆形，40余亩的天然“学海”（泮池），“海”中有一岛，岛上建有“思乐亭”。这种建制在全国确属少见。始建于明成化十六年（公元1480年）的腾冲文庙泮池和建水文庙泮池有相似之处，泮池以大车湖为天然水面，经过人工加工，呈半圆形，四周以石砌筑，池面约5000$m^2$，池上三孔石拱桥，桥面长5.5m，泮池两旁设有外围墙，也是具有地方特色的文庙建筑之一。

依借山势之雄峻，尽显文庙之壮观。景东文庙位于景东古城西玉屏山麓，文庙坐西向东，前迎哀牢山，后枕无量山，文庙棂星门、大成殿房顶宝瓶与文庙前川河东面的凤凰山、文庙后的玉屏山顶峰，贯穿在一条东西向的轴线上，雄伟壮观，庄严肃穆，是典型的将传统文化与古建筑艺术融为一体的建筑。前后有 5 进院落，进入文庙大门，是泮池及横跨泮池的状元桥。从泮池拾级而上，建筑形体逐渐扩大，逐渐向高处延伸，直至主体建筑大成殿，一层层的过渡和引导，让人产生一种敬畏和景仰。通海文庙总体布局为四进三大院落，位于杞麓湖南岸、秀山之麓，主体建筑布局依地势高低顺序排列在纵向中轴线上，东西廊庑以对称格局配于正殿两侧，使文庙更显儒学之神圣。腾冲文庙在一条长约260m的中线上，由前后排列着大照壁、泮池、棂星门、大成门、大成殿、启圣宫等主体建筑，这些建筑分三个层次逐步升高，使位于高出建有重檐歇山顶的大殿显示出无比的庄严肃穆，宏伟崇高。凤庆文庙建于城南虎山东麓（现凤庆一中址），是一组沿中轴对称，台阶递进的具有东方建筑特色、规模宏大的古代建筑群。富源文庙建筑群的布局艺术特点是根据山形地势的高低起伏，依山就势布局得当，且严谨对称，从太和元气坊中门进入后逐渐往高处走，拾级而上至高处的大成殿，可谓是步步高，寓示着人生与事业步往高处，就会有大的成就。墨江文庙位于县城东北的山包上，依山而建。由大门、泮池、新楼、五经楼、崇文阁、魁星阁、棂星

门、星宿门、乡贤祠、名宦祠、东西厢房、天子台、大成殿、后殿等建筑群组成，采用了我国古代的垂檐和歇山等两大建筑样式，整个建筑布局精巧，气势雄伟。

云南建材展示地方特色。如始建于公元1337年的安宁文庙大成殿为元代木结构建筑,虽经多次重修,但主体构筑依然是原装的木材，一进到殿内,就会被那气魄宏大的梁架和斗拱所震惊,在云南的寺院古刹中,纯木结构建筑已不多见,故安宁文庙大成殿尤其具有珍贵的文物价值。景东文庙从整体到各部分构件，充分利用了木构架的组合和各构件材料本身的质感进行艺术加工，实现了建筑的结构、功能与艺术性的统一。比如月梁、雀替、垂脊、戗脊、棱柱、斗拱等，从形状到组合，都堪称艺术品。诺邓文庙的“棂星门”，是滇西地区现存最大也是最古老的木牌坊，始建于清初，四柱三楹、飞檐斗拱，又叫“腾蛟、起凤”坊。石羊凭借丰厚的财力，借助云南冶铜的优势，铸造了高达2.3m，重达2000多公斤的世界上最大的孔子铜像。邓川文庙则使用大量的珍贵红木，坚实牢固，这在全县是独一无二，体现了文庙至高无上的地位。黑井文庙取材于本地红砂岩，精工雕塑了太平坊。江川文庙的石雕为龙抱柱，高2.5m，是难得的艺术珍品。楚雄文庙图案别致，雕工精湛，极富彝族艺术特色。巍山文庙明伦堂、雁塔坊的木雕，精湛超群，其园林布局都优于一般文庙。路南文庙、富源文庙的雕花格扇门都有很高的艺术价值。除此之外，园林布局也别具匠心，如会泽文庙崇圣祠院中桂树成林，称“桂花园”，崇圣祠后则种植杉树72棵，作为孔子有学生72贤之象征。

文武并奉，独显风雅。诺邓文庙塑的是“布衣孔子”像，师长风范、和蔼可亲，不同于外地大成殿塑的都是着帝王衣冠的孔子像，供奉“文圣”的孔庙旁还有供奉“武圣人”关公的武庙，可谓是“文武并列”。会泽县娜姑镇文庙，却又聚孔子、关圣、文昌于一殿堂，故又称“三圣宫”。

此外还有一些独特之处，如云龙诺邓文庙虽不是州、县驻地却建有孔庙，这在古代礼制中是个特许。富源文庙的一个特点是将魁星阁和文昌宫与文庙建在一起，形成一个建筑艺术群体。

在云南这样一个偏远的地区，保留着如此众多、宏大精美的文庙，不能不说是一大奇观。可以想象，在当时的历史条件下，交通险阻，生产力低下，民族杂居，制度落后，财力维艰，先民建造并保留了这些历史文化遗存，当属十分不易。这充分反映了儒家文化的巨大影响力和云南各族人民对儒家文化的认同，证实了在历史的长河中，边疆文化与中原文化的一脉相承，交融汇合。认识云南的文庙，将对我们研习儒学，弘扬传统文化，提供丰富可靠的实证材料。

参考文献：本文参考大量地方志书

# 学宫与书院

杨发恩

古者，国家造士之所皆曰学，又曰学宫。后世以其庙祀孔子，故曰庙学，亦曰儒学。

中国古代有中央官学和地方官学，学宫即我国地方官学。学宫既有孔庙建筑又有儒学建筑，兼有祭祀先圣孔子和为国家培养人才的双重功能，所以很多地方也将学宫（黉学）称为孔庙或文庙。历代学宫担负弘扬孔儒之学，承传中华民族这份珍贵文化遗产的重任。

书院是中国封建社会后期出现的新型教育组织，始于南唐而盛于宋，延续至元明清。书院教学的目的在于自由研习学问，讲求身心修养，多为理学家讲学之所。在书院学习，学生得到的只是一种社会承认，而不是身份。书院的建立和恢复，太多是靠民间的力量，虽然元、明、清时代书院官学化的倾向很突出，但书院一直没有列入国家的学校系列，学宫则是纯粹的官学。

春秋前期，鲁僖公为了兴学养士，在鲁国都城泮水之滨，筑起了规模宏大的泮宫，这是周代诸侯国中最早的学宫。以后各诸侯国争相仿效，也在国内修筑泮宫，开凿泮池。《礼祀·王制》：“天子命之教，然后为学。小学在公宫南之左，大学在郊，天子曰辟雍，诸侯曰泮宫。”

学宫一词最早见于战国时期的稷下学宫，它由田齐所创设，是战国时期唯一的高等学府，也是当时的教育与学术中心，一时名师荟萃，百家争鸣，对繁荣当时的学术起了极大的作用。

## 一、学宫与科举

科举是古代中国除四大发明之外的第五大发明，而且比前四大发明更为重要，科举制度创造的以考试选拔官员的制度，至今国内外还在普遍使用。唐朝以后，中国文化的主体就是科举文化，历代封建王朝的政治、经济、文化、乃至社会风俗的兴衰变化，都与科举制度密切相关。科举制度创造的许多名词今天还沿用，如“状元”、“秀才”、“榜上有名”等。毕竟自随唐至清末一千三百多年的科举制度，使这些名词已深入人心。“洞房花烛夜，金榜题名时。”变成许多知识青年的人生追求。

### （一）科举在云南

元朝至元年间，云南行中书省平章政事赛典赤在昆明首建学宫，其后大理，建水，安宁等地由官方修建的学宫（文庙）达11处。云南的读书人开始参加科举考试，但参加会试的名额有限，整个元朝期间，云南只有王辑等六人考中进士。朱元璋在洪武二年（公元1369年）提出：“治国以教化为先，教化以学校为本”，云南在明朝新建的官学达63所，清朝查遗补缺，又新建了17所。科举在云南逐渐成为选拔官员的一种主要方式，并形成较为完备的制度。

明清科举制度的初级考试是岁考和科考，两种考试每三年举行一次，考中者称为“生员”，俗称“秀才”，生员即能成为官方所办学校的一员，这类学校又叫儒学，因大都与文庙建在一起，也叫庙学。生员按资历分为三类：廪生，按品学官府

给予廪膳（助学金）；增生，在额定生员数外增加录取的；附生，在额定廪生，增生数外增加录取。廪增生有限额。科举时代，秀才是个起头，算作“入学”，所谓“入学中举”，入学是为了中举，又要争取三年一次的乡试，去考举人。秀才可免除徭役，但本身是不能授官的，也没有“分配工作”之说。若中举无望，还得转化身份，争取“出贡”“入监”。即争取贡生和监生（国立大学生）的学位，竞争这两个学位且不说名额非常有限，即使到手也不一定就能得到一官半职，因为分配工作之前还要经过严格的考试。

清雍正元年（公元1723年），云南各州县获准每六年各选贡生一人入国子监，乾隆七年（公元1742年）改为十二年拔贡一次。据《昭通地区志》称：自雍正元年（公元1723年）起，朝廷规定有昭通各属入监的资格和名额，至宣统元年（公元1909年），昭通“五贡”（岁贡、恩贡、拔贡、优贡、副贡）生员共有101人。

## （二）建水的东西明伦堂

明伦堂是古代学官的讲堂。《孟子 · 滕文公上》：“夏曰校，殷曰序，周曰庠 ；学则三代共之，皆所以明人伦也”。“校”、“序”、“庠”是夏商周三个朝代在地方办的学校名称，共同的目的都是阐明并教导人们懂得人与人之间的伦理道德标准，明伦堂之称即源于此。

建水兴建文庙，被称为“滇南兴办教育之始。”以后在文庙的东西明伦堂里，先后开办建水州学和临安府学。为儒家思想在边地的广泛传播，为临安古城的兴学重教，奠定了坚实基础。再加上历代文人的努力特别明代王奎、韩宜可、著名学者杨升庵等在此讲学传道，王、韩讲学十六年，使建水文教之风大兴。明天启《滇志》载：临安“士秀而文，崇尚气节，民专稼穑，衣冠礼度与中州埒，号诗书郡。”《临安府志》亦称：“俗喜尚学，士子讲习惟勤，人才蔚起，科第盛于诸郡。”有资料称自明永乐九年（公元1411年）出第一个举人，”正统七年（公元1442年）第一个进士起，历次开科取士临安都榜上有名。明清两朝，建水一共出了文武进士110名，文武举人1273名，翰林13人，文武解元27人，文武亚元27人，留下了“父子进士”、“叔侄进士”、“一门三进士”、“兄弟两翰林”的佳话。曾有数次，临安举子“秋榜几分云（南）省之半”故有“临半榜”之称。由于建水文教兴盛，人才众多，故有“滇南邹鲁”、“文献名邦”的美誉。

万历已丑科进士包见捷，自幼就读于临安府学，博学多闻，文才超群，官至吏部侍郎。一次，万历皇帝举某朝典宪询廷臣皆莫能对，后询见捷，本本源源，敷陈靡遗。神宗喜谓曰“中原文献尽在卿矣”。并下诏建“文献名邦”坊。此坊原立于建水永善街迎恩寺旁。

## （三）云南贡院

云南贡院，明清时云南向封建朝廷贡送人才的机构和举行乡试的考场，始建于明永乐九年（公元1411年）云南举行乡试之后。院址在当时云南府城东面布政司之东，具体地点今已难于确指。新的云南贡院于明弘治十二年（公元1499年）建成。万历《云南通志 · 建设志》对新建云南贡院规模有较详记载：“中为至公堂，堂后为监临、提调、监试、考试四房，列以弥封、誊录、对读、供给四所。前为明远楼，楼之东西为文场，四隅为嘹高楼。前有仪门，门外为旗台、为二坊，左曰“腾蛟”，右曰“起凤”。屏坦颇为严固，气势极其宏壮。”明末战乱中几被毁，仅剩百年古树一林，清康熙年间重建，位置未变，建筑名称相沿未改，只范围稍有扩大，整个贡院周围二里许，略呈方形。从贡院坡脚直抵坡顶的石级称龙门道，龙门有三道，在今云南大学会泽院前。龙门道往后为明远楼（今会泽院）、至公堂、又新增有衡鉴堂（今云南大学图书馆）皆在一条中轴线上。至公堂庄严宏畅，被保存至今，现为省级重点保护文物。至公堂左右是外帘，设受卷、弥封、誊录、对读

诸署，受理考务。往后是以衡鉴堂为中心的一组建筑，称内帘，是评阅考卷的重地，外帘官员不能入内。东为监临、提调诸署，（旧址在今昆明三十中内）西为抡才堂，为两名主考官的生活区。今映秋院一带是房考官、官仆、厨夫、巡捕住房。考场分列东西边，形如长巷，均用《千字文》编号，巷口设号栅便于关琐。文场规模庞大，东西文场的小屋，康熙初年有2800多间，康熙四十七年（公元1708年）增至4865间，鳞次栉比，成行成片，贡院作为考试举人的场所，三年一次开科取士，选拔了相当数量的生员。清代科举更盛，据《昆明历史资料汇辑》统计，清代云南全省文科举人6144人，取为进士者672人，武科举人4211人，取为进士者140人，贡院举行最后一次乡试是光绪二十二年（公元1903年），之后贡院内逐渐兴办一些专门学校，至宣统元年（公元1903年），中等农业学堂迁到原贡院处，而今，在这片土地上成长起来的云南大学已是耋耄高龄了。

## 二、书院的产生及其发展

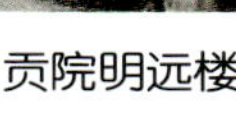

贡院明远楼

云南贡院

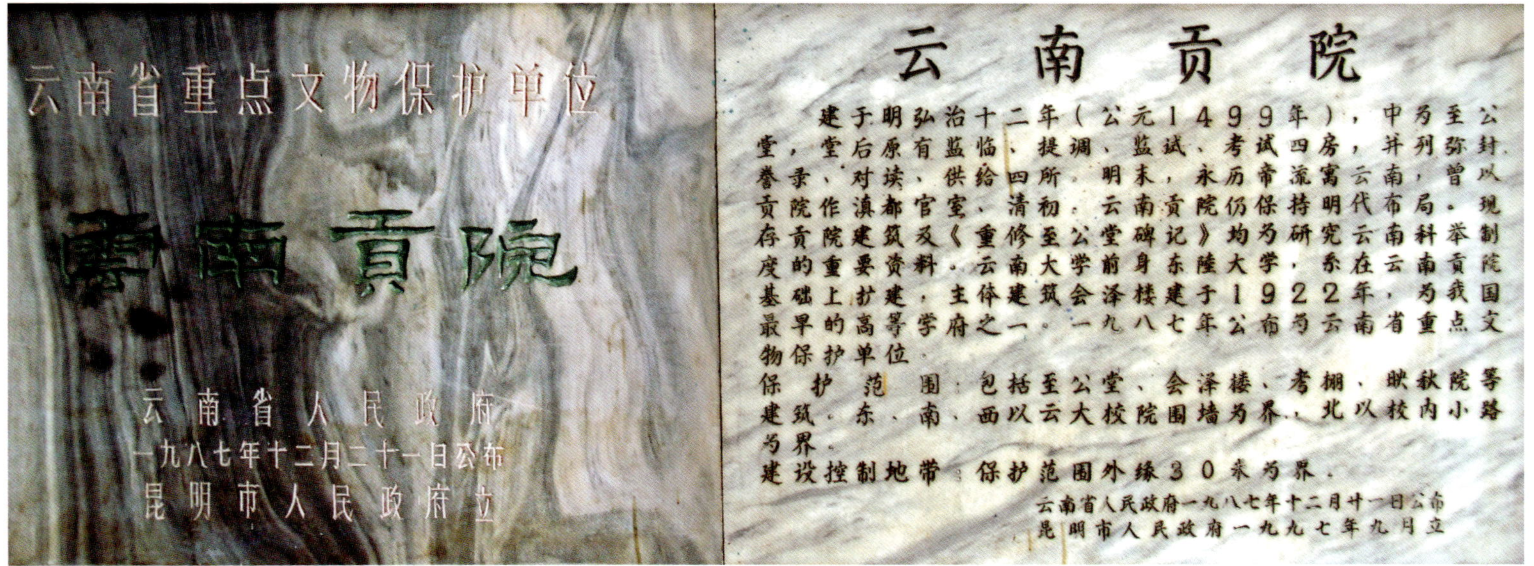

书院产生的原因是多方面的，首先是私学传统。秦汉以来，私学都是作为官学的补充而发挥着作用。尤其是社会动乱之时，官学无法维系，私人讲学之风更盛。这种私人讲学的传统对书院的产生有直接影响。唐末五代，战乱不止，官学不振，“士病无所于学，相与择胜地立精舍与群居讲习之所。”（王应麟《文献通考》）所以书院之始，便具有私人讲学性质。

宋元明清四代，书院时兴时废，它的社会意义前后不是完全一致的，发展的路向亦不相同。

宋代是书院兴盛之时，南宋又胜于北宋。北宋有著名的六大书院，而以江西庐山白鹿洞书院，湖南衡阳石鼓书院，河南商丘府天府书院，湖南长沙岳麓书院为最。南宋偏安，战事不断，政治腐朽，国力衰微，于是私人书院又应运而起，日益发达，几乎取代官学。南宋最为著名的书院有岳麓、白鹿、丽泽、象山四处。朱熹任南康军太守，重修白鹿洞书院，为书院订立学规，亲自讲经典，教授生徒，对于南宋书院的发展起了极大的推动作用。南宋书院和理学家讲学有密切关系。白鹿洞书院为朱熹讲学之所，岳麓书院为张栻、朱熹讲学之所，丽泽书院是吕祖谦讲学之所，象山书院是陆九渊讲学之所。南宋书院重视和提倡讲学的风气，影响了当时整个社会。元、明、清书院官学化程度日愈严重，与科举联系更加密切，多数书院重心已转向考课。光绪二十八年（公元1901年），清廷采纳张之洞等人的建议，所有书院改为大、中、小学堂。

书院在长期发展中，形成了许多显著特点。

## （一）书院的讲会制度

书院盛行讲会制度，允许不同学派的学者莅临讲学，听讲者不受地域限制。书院教学注重研习学问，重视学术交流开展争辩，特别是南宋以后盛行“讲会”制度，在一定程度上体现了“百家争鸣”的精神。如朱熹和陆九渊学术上是两个不同的学派，曾有“鹅湖之会”的公开论战。这是中国哲学史上堪称典范的学术讨论会，首开书院讲会之先河。

## （二）书院以自学为主

书院以学生个人读书钻研为主，教学多采用问难辩论式，注意启发学生思维，着重培养学生学习兴趣，提高学生自学能力。书院大师为了指导学生读书，往往根据自己的治学经验提出读书的程序和方法。如元代程端礼制定了《读书分年日程》，详细拟订了分年读书的程序和方法。明代王守仁讲学，“每晨班坐次第请疑，问至即答。”朱熹指导学生读书有丰富独到的见解，其弟子后来专门辑录成“朱子读书法”。清代书院特别强调学生每日作读书笔记，按期交给老师。这样，学生的自学与教师的指导相结合，对启发学生的积极思考，发展学生的聪明才智，都起到了重要的促进作用。

## （三）书院的学规

书院一般都订有“学规”。书院的教学方向、方法和程序，多见于书院所订立的“学规”或“教约”中。学规是书院教学的总方针。宋代最著名的学规，是朱熹制定的“白鹿洞书院揭示”，这是后来书院学规的范本，其主要内容摘录如下：

(1)五教之目：父子有亲，君臣有义，夫妇有别，长幼有序，朋友有信。

(2)为学之要：博学之，审问之，慎思之，明辨之，笃行之。

(3)修身之要：言忠信，行笃敬，惩忿窒欲，迁善改过。

(4)处事之要：正其谊，不谋其利；明其道，不计其功。

(5)接物之要：己所不欲，勿施于人；行有不得，反求诸己。

……

云南的书院，始于明代弘治元年（公元1488年），云南永昌府腾越厅秀峰书院创建；之后，陆续有书院设立，有明一代全省共建书院70所。

明代所建书院，按地区分布，主要集中在大理府17所，云南府13所，临安府9所，楚雄府7所，其他还有：曲靖府5所，澄江府5所，丽江府3所，永昌府5所，各直隶厅、州共5所，省会一所。

清初，书院发展缓慢，整个顺治年间（公元1644~1661年），云南仅建2所。康熙时（公元1662~1722年），鼓励兴建书院，并直接拨款支持，还亲自为云南育材书院书写匾额以示关怀，又“御赐图书”供学子研读。康熙年间，云南共兴建书院39所；雍正年间（公元1723~1735年）建29所；乾隆年间（公元1736~1395年）建37所；嘉庆、道光、咸丰、同治四朝共建35所；光绪年间（公元1875~1909年）建27所，只记清代所建不记年号的57所。清代，云南共新建书院226所，达到鼎盛。

## 三、书院的教学和经费

云南的书院，大多为官办；据《云南省志·教育志》统计：明代56所书院中属官办的有46所，占76.7%，清代212所书院有126所为官办，占59.4%。私人讲学传道的比例不大，多属官办教育机构。此外，在明清两代268所书院中，绝大多数属普通教育层次，仅省会的五华、经正等少数书院的内容与高等教育层次较接近。

书院经费多是官捐民助，经官府统筹并由官府或公推专人管理。学制多为农历二月初开学，腊月二十二日放假。书院教师称山长，一院一师，既是教师又是行政负责人，须经地方官府或公众举荐，并得到官府认可后聘用。书院山长大多具有举人功名，有的还是进士出身。

### （一）五华书院

旧址在云南府治西北，明嘉靖三年（公元1524年），巡抚王启创建，后废。清雍正九年（公元1731年），总督鄂尔泰以“聚三迤十四府秀良之士而藏修游其中”，设书院于五华山之麓而得此名，购置经、史、子、集万余卷度诸楼曰“藏书”。书院聘山长（院、校长）一人，设监院（教务长）一人，学长二人，招收士子入学。咸丰六年（公元1856年），滇中兵燹，书院停课，五华藏书灰烬。同治十一年（公元1872年），巡抚岑毓英投资修复。历年以来，当政诸公加意培植，先后购书万卷藏于书楼，以

晚清云南三才子均为进士（左起李坤　施汝钦　袁嘉谷）

复原貌，其中如沪西同庆丰票号王炽捐赠铜活字本《古今图书集成》至今犹存。

五华书院山长亦由官府选聘饱学名儒担任，前有孙潜村（乌程人），后则张惕庵（闽县人），都是翰林院或任京、外官者。清中叶有名的山长如刘大绅、黄琮，皆进士出身，此外如孙人龙、苏霖渤、尹壮图等一大批博学多才，工诗及古文辞，掌教五华书院时以经史诗文教授学生，提倡士子治学求真，使教育能具实效。获取功名者，有昆明的戴炯孙，呈贡的戴淳、太和李於阳、楚雄池春生，云洲杨丹山，号称“五华五子”，并编《五华五子诗选》。钱沣、唐文灼、王肇增、方学周、何钟泰、何傅岩、吴桐、方玉润、杨国翰等名人学者，均曾在院就读。

五华书院的教学内容，主要是攻读经、史、子、集，应国家科举，每次秋榜，“中式率 30 人，少亦 20 人。”书院藏书主要有：《古今图书集成》（共六汇编、32 典，计 6109 部，共 10000 卷）、《十三经注疏》、《经解》、《周易》、《尚书》、《礼记》、《春秋》、《二十一史》、《资治通鉴》、《云南旧通志》、《朱子全书》、《汉魏丛书》、《文献通考》、《册府元龟》、《全唐诗》、《钦定全唐文》等。五华书院条规：“日有课，月有试，训诲有程，勤惰有别。”对学子管理较严。

## （二）经正书院

清光绪十七年（公元1891年）总督王文韶，巡抚谭钧培创设。旧址在贡院南报恩寺，即今翠湖公园北面省文联一带。以“通经致用，崇尚实学“为主旨。藏书除经史古籍外，增添中西新学科技图籍。有课堂讲授、月授经史、策论、诗文等教学活动。生员由地方选送、课试为高材生者可入院为内课、外课生，供给食宿及膏火银。内课24份，月供膏火银6两；外课80份，月供膏火银2两或1两不等。首任山长许印芳，后由陈荣昌继任。滇中名士李坤、袁嘉谷、秦光玉、钱用中、李夑熙等均曾在院就读。院内悬有光绪帝赐书“滇池植秀”匾额。

经正书院有别于其他书院，其《条规》说：“经正书院盖以储经经纬史之才，与他书院异者有二：他书院兼课制艺，仅按月课试，经正书院则以古学为主，逐日立课，以督其所学，一也；他书院除月课外，诸生不能进见山长，经正书院，则堂课加详，使一堂晤对，既收讨论之功，复有熏陶之益，二也。”《条规》还有严格的纪律和考核制度。如：每山长登堂论讲，则诸环侍，监院亦侧席以待，必另

经正书院遗影（今翠湖北岸）

有见解或疑义，始准离席问难。奖惩有：内课高材生之月课、堂课、官课三课考核不及格者，罚半月膏火银三两，三次考核不及格则全份扣除。非高材生三次考列内课前24名者，可升补高材生，三次考列内课前五名者，考卷抄贴讲堂，优秀试卷三年评选一次。关于考核：住院高材生，每季各给课程日记本，逐日登记所点考究之书，每十日由山长考核一次，分别奖罚惩戒；置号簿一门旁，记载诸生出入日期、事由；除每月准出院省亲、访友三次外，概不准擅自出外。

经正书院是一所"奏朝廷"批准设置的专攻经史的书院，目的是培养"通经致用之才，"光绪二十九年（公元1903年），经正、五华书院同时改为云南高等学堂，先后由陈荣昌、李坤为总理，初设理财、兵学、交涉三科，由旧举贡生员及各地方官绅送考入学。光绪二十二年另由各府选送学生180余人，称优级师范部，三十三年改云南两级师范学堂。

## （三）书院经费

书院的办学经费，一般有如下渠道：一是官府拨款，二是官绅捐资，三是税收专门提取，四是租息收入。

有关五华书院的经费有下列一些记载：雍正十一年，记有：遵旨赐帑金1000两岁收租息瞻给师生膏火；嘉庆十八年议定：凡乡试之年，自二月至八月加膏火30份，由督抚学正及司道知府各衙门捐发；嘉庆十二年，学政颜莼与司道捐银1000两，交昆明县生息作字课卷价奖赏之资；元年，学政杨殿邦捐廉[1]（养廉银）增置书舍；二年，议定膏火每月份增5钱，于各官养廉内摊捐；同治十一年（公元1872年），巡抚岑毓英奏准由黑、元永、乔后等井每销盐百斤发经费5分，白井、云龙、喇鸡鸣、景东、镇源、按板、石膏、磨黑、猛野等井每销盐百斤发经费3分，作五华、育材两书院束修膏火之费；光绪元年（公元1875年），巡抚岑毓英于抚署围墙捐建铺面61间，年收租银存积每科通省文武举人会试优拔贡朝考卷金；八年，总督岑毓英又即署前甬道两廊捐建铺面70间。

书院的开支，除建校经费外，平时主要用于教职工的薪金和学生的助学、奖学金。五华书院山长年薪纹银400两，每月蔬薪银15两，米2京石，每节节仪银[2]6两；教务主任每月蔬薪银6两，米1京石[3]；学长二人除膏火外，用增银2两，m3京斗；伙夫工食银1钱5分。生员正课每月给银2两，副课每月给银1两。生员的"官课"（经官府审定的试题），按答卷优劣奖给课金。

# 四、书院举要

明清书院的创建，除滇池地区外，主要集中在大理、临安、曲靖等地。与内地省相比，起始较晚，结束亦晚，清光绪二十九年（公元1903年），下令全国书院一律改办为学堂，而云南有些书院直至宣统元年（公元1909年）仍在活动，因地远偏僻，带来诸多滞后。现略举昆明、大理、红河、腾冲、曲靖、思茅等地书院为例，以见一般。

## （一）育材书院

康熙年建于昆明城南慧光寺（西寺塔侧），初名昆明书院，后以康熙题赠"育材"匾改名，为总督蔡毓荣、巡抚王继文建。置买民田300亩岁入租米135石以给教习官及在院肆业生童，外置铺面三间年收租息作山长薪蔬之费。道光三年，知府佟景文添置生员膏火10份，每年山长束修银136两、地租钱52千零、米60京石；监院每年薪蔬银40两；生、童膏火各30份，每份月给银1两5钱，米3京斗。咸丰七年（公元1857年）毁于兵，同治十二年（公元1873年）邑绅张梦林等准就南城内太傅坊祠改建，旁建铺面七间，年收租银除供武候、天后、潘公祠香火外，归入书院。

## （二）滇西最大书院——西云书院

清同治十二年（公元1873年），大理肃清署提督杨玉科捐建。迤西各属书院，自咸同变乱，大多毁废；杨玉科倡建西云于太和，拨原产业充经费，各属县举送生员入学，供给膏火。

西云书院是滇西最大一所书院，学生来源于大理、丽江、保山、临沧、楚雄、景洪等五府三厅，山长亦选聘各地鸿儒，腾冲来凤书院山长名儒赵端礼（会楼），曾挈徒移主西云书院。戊戌变法后，书院改为迤西高等学堂，1911年后相继改为云南省立第二中学、第二师范及省立大理中学。原址今大理第一中学。

值得一提的还有桂香书院，为明嘉靖进士翰林院庶吉士李元阳捐建于城内文昌宫，又名中溪书院（李元阳号中溪）。杨慎、李元阳均在院讲学，一时称盛。清代屡次增修，添置学田。乾隆间以迤西道书院田亩并入，束修膏火，较为优厚。历任山长李荣升等均一时硕儒，育才甚众。咸丰七年（公元1857年）毁于兵乱。

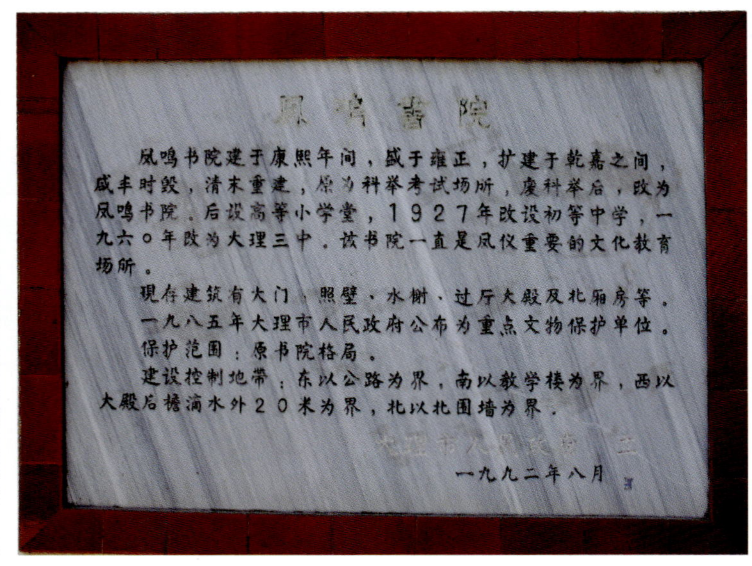


大理凤仪凤鸣书院

文华书院：在蒙化（今巍山县）城外文华山，原名文昌，明崇祯间建，历年增修，乾隆时，府学教授卢錞等拨庄田公租增建书舍，置学田供膏火，咸丰七年毁于兵乱。同治十一年，巡抚岑毓英改建于文华山，易名文华。光绪初年，莅任同知先后增建藏书楼、讲堂、书舍等，以公租拨入膏火，原文昌书院旧址改称学古书院，专课经史诗古文辞，两院并立，一时称盛。

## （三）云南最早书院——秀峰书院

腾冲首建“春秋书院”，旧址在城内。明弘治元年（公元1488年）兵备道赵炯建于州学前，改名“秀峰书院”。康熙二十二年（公元1683年），知州杨端宪增建，又改为“凤山书院”，在学宫右。今名“来凤书院”，因山立名也。咸同间，乱毁。光绪八年（公元1882年），同知陈宗海睹旧址狭隘，难以增广，以南门内荒产一段，修建“来凤书院”，捐廉千五百七十余金，议定院规，并藏书籍。

院中书籍：同知陈宗海任内捐廉购置，共四十部，计一千五百一十一本。后又新刊书籍十部。同知黄炳堃任内拨保山营款五千两，购书数万卷。详报至省，不准核销，乃由黄炳堃捐廉弥补。

院中组织：设山长一员，除每日主讲外，每月放堂课二次；额设学长一名，兼管书籍文件；额设管事二名，管理院中产业及收支事项；额设看伺一名，专司差役及看守事项；住院生童以三十名为额，如逾限亦可增加膏火。（时书院有住院生、走读生、旁听生。）

经费开支：仓圣、至圣、魁神三次诞期，祭祀银共十两零四钱；山长束修银七十二金，关聘及三节各四金[4]，各米二石；学长一名，年给膏火银十两；管事二名，年给薪水银各五两；看伺一名，年给谷十九箩[5]；生员膏火十分，每分每月银四钱；童生膏火二十分，每分每月银三钱。

玉屏书院

租金收入：递年田租折银四百一十两三钱七分，谷一百三十二箩，又二十二石四斗三升九合八勺（此处计量的石、斗、升……疑为米的收入）。光绪十四年，同知陈宗海又增置田三十三箩[6]。

## （四）临安三书院

崇正书院，在建水西城外，明嘉靖二年（公元1523年），副使王忠建。清乾隆二十二年（公元1757年）知府方桂增建书舍，改名为“崇文书院”。道光十七年（公元1837年）重建于城内东北隅，规模宏敞，移崇文书院田租作膏火。同治间，复由个旧锡课外锡一张抽银1两6钱添作府书院及八属书院膏火之费，入学者众，藏书丰富。现旧址尚存。

玉屏书院，在石屏县城，咸丰二年（公元1852年）郡人朱臆建，规模宏丽，入学者众。

钟秀书院，在广西直隶州（今泸西镇）钟秀山。道光十四年（公元1834年），知州刘珩等就久圮的凝秀书院废址改建，并置膏火，设内舍生20人，外舍生无定数，延师开讲，十日一次，月设课试，发给奖金。光绪七年（公元1881年）邑人吴永安捐银5000两置学产，永为乡、会试及岁、科两试卷金。旧址后为泸西县第一中学。

## （五）其他书院

道成书院，在蒙自县南门外，为临安（建水）、开化（文山）、广西（师宗）三府而设，又称三府书院。清光绪十八年（公元1892年），临、开、广道陈灿提个旧锡课附加项下及三府地方筹款，仿昆明经正书院规制创建，考收三府生员入院，供给膏火，偏重学习经古文辞，并及西方传入新学。光绪三十年，教育改制，改为三府师范学堂。

思诚书院，在思茅城西玉屏山，因名玉屏书院。清乾隆五十二年（公元1787年），同知肖霖建。道光三年（公元1823年）同知史斌增置铺房为膏火银，并移设城内，改名思诚，同治二年（公元1863年）。杜文秀之变被焚毁。光绪元年（公元1875年）同知胡毓璠就原产改建于城内万寿亭并延山长主讲，为滇南名书院。

胜峰书院，在曲靖城内，清乾隆三十年（公元1765年）建，名为曲阳。五十一年，知府常德设生员、生童常年膏火各20分，光绪二年（公元1876年）知府吴其祯改名胜峰。历年重建增建，筹拨经费，为滇东较大书院，育才甚众。

# 五、官学与私学

学宫里的庙学，又称儒学，纯粹为官办；书院初为民办，元朝以后逐渐加入了官办的水份，后来几成官办。云南的教育发展史，先有官学还是先有私学，据《云南省志·教育志》载，先有私学。“私学，始于西汉元狩—……官学，始于东汉元和……”官学私学谁优谁劣？未能一概而论，也不宜一刀截，理应相辅相成，共同发展。历朝历代，不管哪一级的官学，总是名额有限，这就为私学发展奠定了基础；另外古代官学教育制度中，没有基础教育这一级，而这一级相当于今天初小阶段的蒙养教育，多由民间承办。

## （一）私学的历史

春秋战国时期，王室日衰，诸侯争霸，“学在官府”的局面被打破，代之而起的是私学的创立，这是中国古代教育史上划时代的革命，冲破了“天子命之教，然后为学”的藩篱，挣脱了“政教合一”的枷锁，推动了文化下移的运动，促进了古代文化的传播和发展，导致百家争鸣局面的形成。孔子开创私人讲学，有“弟子三千，贤人七十”。他的弟子、再传弟子及其后裔，有不少还办有相当规模的私学。这种私人办学的形式，至今已流传了两千多年。

由于私学办学不拘条件，教学制度较为灵活，因此在我国封建社会后期，直至1950年前，私学之设比比皆是。这些私学的办学形式多种多样，前有学堂、书屋、专修馆、书院，后来有幼儿园、小学、中学、学院等等。

古代县学以下的学校，主要有社学、私塾两大类及书院、书屋等名称的读书场所。元代颁令凡各县所属村庄五十家为社，每社建立学校一所；明代县学中被降等的生员也在社学读书，称“发社”（降级）；清代社学改名义学。社学（义学）置有舍田，用做办学经费。

## （二）义学

云南义学，多为地方官吏推动，官绅捐银设立，与官学、书院相比，有其规模小，数量多的特点。学宫是一县（州、府）一座，书院也是一县一至二所。全省共计学宫近百座，书院296所，而义学却有683馆，如丽江一县就有义学23馆，陆凉（陆良）州有20馆，腾越（腾冲）厅59馆，蒙化（巍山）直隶厅29馆，大关厅19馆，黑盐井（禄丰黑井镇）直隶提举司10馆等等。

义学属启蒙阶段教育，对教师的要求远比书院山长或学宫教授、学正、教谕要低，经济待遇也大不相同。以云南府义学为例，教师每年的束修（即报酬）京斗米24石，一般州、县的义学，高者每年束修京斗谷40余石，低者年仅市斗谷10多石。而五华书院山长一年的束修就有白银400两，另每月还有薪蔬银15两，米2京石，春节、端午、中秋每节日有节仪银6两，全年收入约合银600余两，米24石，远非义学教师可企及！而经正书院山长，束修规格更高，每年束修银500两，米折为银26两，关聘银12两，每节节仪银8两。至于府、州、县学的学官，除年俸外，他们每年还有一笔500~2000两的“养廉银”。这又是书院山长所不能攀比的。义学是乡学、村学与学宫、书院不同，有的义学距离城二三百里，如景东直隶厅一馆，“在城西350里戛里圈那元村。”义学对入学年龄、学习年限都无明确规定，每馆收读人数也无定额。

学宫是纯度极高的官学，书院后期也几乎成为官学，义学与官方有千丝万缕的关系，私塾则是纯度极高的私学。

## （三）私塾

私塾设馆有三种类型：一是秀才、举人自设“门馆”，二是家族或乡村学童家长联合聘请先生的“团馆”，三是豪门富

户延师教授子弟的“东馆”。私塾多以私人住宅为塾址，也有设于公房、祖祠、寺庙的，桌凳自理，收费形式不一。

私塾教授内容，启蒙幼童时期读《三字经》、《百家姓》、《千字文》、《朱子格言》、《孝经》、《幼学琼林》等；启蒙之后童生时期，改读《四书》、《五经》、《古文释义》等。有女生的加读《女儿经》、《烈女传》。教法以读、背、写为主，辅以讲解。私塾课程一是写毛笔字，二是读书背书，三是写作。分别有联句、作文、作对、作诗等等。间有数学、英语、音乐等课。一年为一学期，春季始业。

私塾不一定都是蒙学，也有程度较高的书馆，如腾冲光绪癸巳科举人王开国（承谟），设馆四十九年，“先后门人数千，有祖孙三世蒙教泽者。”“初学讲四书，间日讲朱子……”“成年则昼习经，夜习史”，设英语，供选修。硕学鸿儒，军政要员，巨商大贾，桃李满天下，卒后门人谥“贞介”，建“王公祠”，章太炎为书墓碑。

明清时期保山、腾冲私塾已遍及集镇、乡、村。民间较有建树的塾师杨务本，其弟子张志淳举进士后官至侍郎。道光年间塾师林峻的弟子杜文秀是回民起义的领袖。清末民初是私塾较为盛行的时期，仅保山城内就有塾师44人，学生800余名。施甸、由旺、姚关等处，先后设有私塾40余处，学生1100余名。这一时期的腾冲和顺，每个村巷、八姓祠堂都办过私塾，较为著名的如尹子章的芸香馆、尹子鉴的天水学堂，张砺的清河学堂，杨春增的弘农国学专修馆等，尤以杨氏宗祠的弘农国学专修馆延聘塾师最多，办学时间最长，教学成果最著，一批博士、教授，文史专家、地方史志、期刊主笔皆出其门。

注：本文部分照片引自云南美术出版社《百年回眸》，深表谢忱。

民初私塾先生和他的弟子们

## 注释：

［1］廉:指养廉银,清代官吏于正俸(基本工次)之外,按职务等级另给银钱,称“养廉银”,其数额大大多于正俸。

［2］节仪银：节日发的银子，过去讲求三节三礼，即春节、端午、中秋这三个节日，要给教师送礼或银钱。

［3］石、斗：旧时谷米计量单位，1石＝10斗；1斗＝10升；1升＝10合；1合＝10勺；1勺＝10抄；1抄＝10撮。

［4］金：旧时对货币的称谓，这里指银子，一两银子叫一金。

［5］箩：谷物容量单位，1箩＝10斛；1斛＝2升。

［6］箩：此处指旧时田亩的计量单位，1箩种的田约在1.5~2亩之间。

## 附录

# 云南明清书院一览

| 地区 | 书院名称 | 院　址 | 书院创办人 | 始建年代 | 备　注 |
|---|---|---|---|---|---|
| 省会 | 五华书院 | 府城西北 | 巡抚王启建 | 明嘉靖 | 雍正时改建于五华山 |
| | 经正书院 | 贡院右侧 | 总督王文韶<br>巡抚谭钧培建 | 清光绪十七年 | 今省文联附近 |
| 云南府 | | | | | |
| 昆明县 | 文昌书院 | 府西门外、文昌祠左 | 巡抚刘翾建 | 明隆庆间 | 久废 |
| | 育材书院 | 城南门外，慧光寺左 | 总督蔡毓荣 | 清康熙二十四年 | 以康熙题“育才”而名 |
| | | | 巡抚王继文建 | | |
| 富民县 | 九峰书院 | 城东 | 知县李登云 | 清乾隆三十八年 | 原名万庆书院 |
| | 雉山书院 | 城西北 | 知县龙灿 | 清康熙三十二年 | |
| | 雪堂书院 | 县城内学宫左 | 知县李淳 | 清乾隆五十一年 | |
| | 鹅堂书院 | 县城 | 创始人不详 | 清道光十三年 | 地震后士民重建 |
| 罗次县<br>(禄丰碧城镇) | 碧城书院 | 城北 | 知县夏玘等 | 清康熙二十九年 | |
| | 罗阳书院 | 城北门外 | 知县任温，张应钧同设 | 清雍正十二年 | |
| 晋宁州 | 梅谷书院 | 州南五龙山 | 郡人王守约 | 明代隆庆年间 | |
| | 象山书院 | 城东象山左 | 知州李瑞元、谭纶建 | 清嘉庆十九年 | 道光时又增建 |
| 呈贡县 | 三台书院 | 原名砺锋在城南门内 | 知县赵怀锷捐建 | 嘉庆二十一年 | 三台书院在城内三台山之阳 |
| 宁安州 | 云峰书院 | 城北门外 | 知州王琼建 | 明嘉靖间 | 久废 |
| | 泊阳书院 | 在旧三泊县城内 | 合学公建 | 明隆庆间 | 今废 |
| | 升庵书院 | 州北门内 | 知州朱承命建 | | 咸丰毁 |
| | 太极书院 | 城内太极山麓 | | 乾隆五十四年 | 咸丰毁 |
| 禄丰县 | 文明书院 | 在县治北 | 合学公建 | 明隆庆 | 久废 |
| | 桂香书院 | 常平仓 | 署县蔡维寅 | 康熙三十年 | 旧名云龙书院在学署左 |
| 昆阳州 | 海春书院 | 州治月山左麓 | | 明隆庆年间 | 今废 |
| | 信天书院 | 州署左 | 知州童复旺 | 清顺治十七年 | 今废 |
| | 桂香书院 | 在南门内 | 郡人迟祚永主讲 | 乾隆间 | 旧在南门外 |
| 易门县 | 文昌书院 | 城内 | 公建 | 明隆庆 | 今废 |
| | 聚奎书院 | 城南 | 知县王希圣增建 | 清康熙四十二年 | 今毁 |
| | 桂香书院 | 城内 | 知县路光岱同士民公设 | 清康熙二十九年 | 同治间乱毁 |
| 嵩明州 | 鹿元书院 | 鹿元山 | 知县刘鹤年 | 明正德年间 | 曾名“碧洞”“瑶华” |
| | 龙泉书院 | 州治邵甸里 | 知州雷御龙 | 清康熙四十二年 | 咸丰毁 |
| | 巢经书院 | | 知州严遂成 | 清乾隆二十三年 | 咸丰毁 |

| 大理府 | | | | | |
|---|---|---|---|---|---|
| 太和县（大理古城） | 桂林书院 | 喜州 | 郡人张拱文 | 明嘉靖年间 | 久废 |
| | 玉龙书院 | 下关 | 同知汪应昂 | 明嘉靖年间 | |
| | 中和书院 | 城内 | 不详 | 不详 | 遗址并入西云书院 |
| | 苍麓书院 | 城外西南 | 御史谢朝宣建 | 明宏治十二年 | 已废 |
| | 崇敬书院 | 府学西 | 同知汪应昂建 | 明嘉靖年间 | 原名“源泉” |
| | 迤西书院 | 城内巡道署西 | 巡道贾扩基建 | 明嘉靖年间 | |
| | 桂香书院 | 在府治西北文昌宫后 | 进士李元阳捐建 | 明嘉靖年间 | 一名“中溪” |
| | 波罗书院 | 在上关云弄峰 | 举人任国彦创修 | 清嘉庆年间 | 咸同毁，村民重建 |
| | 中和书院 | 在县治东 | 郡人戴斯等捐建 | 不详 | 后地基并入西云书院 |
| | 敷文书院 | 在县治东 | 督抚岑毓英等新建 | 清同治十二年 | 旧县学遗址 |
| | 西云书院 | 在县治东北 | 提督杨玉科建 | 清同治十二年 | 月设膏火七十九分 |
| 赵州（大理凤仪镇） | 玉泉书院 | 州治东北 | 兵备道姜龙建 | 明嘉庆年间 | 久废 |
| | 凤仪书院 | 在州署左 | 通判殷才建 | 明万历间 | 久废 |
| | 凤鸣书院 | 在州城内 | 知州汪邦彦建 | 雍正四年 | 光绪元年改建于文庙旁 |
| | 龙翔书院 | 弥渡 | 通判屈学洙等 | 雍正十二年 | |
| 云南县（祥云） | 青华书院 | 在城外 | 兵备道林魁建 | 明正德年间 | |
| | 五云书院 | 在县治北 | 兵备道沈乔建 | 明嘉靖年间 | 后改建于西关外 |
| | 九峰书院 | 在县治南 | 兵备道马鸣銮建 | 明万历年间 | 久废 |
| | 龙翔书院 | 在城内大街 | 知县刘国玺建 | 清康熙二十七年 | |
| | 鹏飞书院 | 在城西门内 | 知县张汉复设 | 清雍正四年 | 系九峰书院改建 |
| | 万青书院 | 城西你甸里 | 官民同设 | 清康熙二十五年 | |
| 邓川州（洱源邓川镇） | 象山书院 | 在州治西 | 不详 | 不详 | 久废 |
| | 新州书院 | 在城内 | 知州殷宏贞建 | 明崇祯年间 | 久废 |
| | 宏文书院 | 在州城北街 | 知州李毓元捐建 | 清雍正六年 | 咸丰毁光绪间改“德源” |
| | 联云书院 | 在城南联云寺 | 知州李毓元设 | 清雍正六年 | |
| | 毓英书院 | 在城东五佛寺 | 署州罗弥素设 | 清雍正七年 | |
| | 龙登书院 | 在城北中所营 | 知州施震率村民设 | 雍正十三年 | 原设东西二馆 |
| | 罗俊书院 | 在城东千户营文昌宫 | 知州施震率村民设 | 雍正十三年 | 已废 |
| | 玉泉书院 | 在城西旧州 | 知州施震等设 | 乾隆元年 | |
| | 登云书院 | 在银桥 | 不详 | 乾隆四十九年 | |
| 浪穹县（洱源） | 凤翔书院 | 在城西凤翔乡 | 知县张坦捐设 | 雍正四年 | |
| | 凝川书院 | 县治西 | 知县雷泉 | 明宏治间 | |
| | 龙华书院 | 县治北 | 知县蔡宾杰 | 明景泰间 | 久废 |
| | 桂亭书院 | 县学西南 | 副使赵以康 | 明万历年 | 久圮 |
| | 新建书院 | 县学明伦堂后 | 知县张垣 | 清雍正四年 | |
| | 万奎书院 | 城内 | 知县吴士信捐设 | 清雍正八年 | 咸丰毁，同治间士民修 |
| | 洱源书院 | 老君殿护民寺 | 知县陈文锦等新建 | 清光绪九年 | 旧名观澜书院 |
| 宾川州 | 秀峰书院 | 州学前 | 知州朱官建 | 明嘉靖年间 | 久废 |
| | 育英书院 | 城西门内 | 知州甘国辅建 | 清康熙三十二年 | 咸丰毁，光绪建 |

| | | | | | |
|---|---|---|---|---|---|
| 云龙州 | 修翎书院 | 城内 | 知州徐本倦 | 清雍正十二年 | 咸丰毁 |
| | 云龙书院 | 城内砥柱桥 | 知州陈希芳设 | 清雍正八年 | 已废 |
| | 龙门书院 | 在城内 | 知州谢体仁合邑士民捐建 | 道光十九年 | 咸丰毁后重建 |
| | 彩云书院 | 州治北石门井 | 清邑绅原陕西巡抚杨名飏捐建 | | |
| **临安府** | | | | | |
| 建水县 | 景贤书院 | 府学左 | 副使戴书建 | 明嘉靖六年 | 久废 |
| | 崇文书院 | 府西城外 | 副使王忠建 | 明嘉靖二年 | 旧名崇正书院 |
| | 焕文书院 | 城东小石桥 | 知州陈肇奎 | 清康熙五十五年 | 设生童膏火银 |
| | 崇正书院 | 城内东北隅 | 知府郑绍谦等建 | 清道光十七年 | 设生童膏火银 |
| | 曲江书院 | 在曲江 | 知县章淤锦并士民建 | 清光绪六年 | |
| 石屏州 | 州前书院 | 宝秀 | 明知州冯应鼇建 | 不详 | 今废 |
| | 秀山书院 | 玉屏山下 | 明知州萧廷对建 | 清知州龙为霖重修 | 咸丰毁 |
| | 龙泉书院 | 城北门外 | 知州徐应斗建 | 明万历年间 | 久废 |
| | 登龙书院 | 在明伦堂 | 知州胡承禧设 | 清康熙四十八年 | |
| | 玉屏书院 | 在文庙之西 | 邑绅原陕西布政使朱艭捐建 | 历经道光咸丰 | 规模宏丽 |
| 阿迷州（开远） | 灵泉书院 | 系旧学宫 | 知州边镛改设 | 乾隆三十五年 | |
| 宁州（华宁） | 凝阳书院 | | 署知州周鉴并邑绅捐建 | 清乾隆四十八年 | 又作“宁阳” |
| | 龙门书院 | 城东北青龙街 | | | 军兴焚毁 |
| | 星湖书院 | 城西北星云湖上 | 邑人刘有训等四甲同建 | 清同治初 | |
| | 学源书院 | 城西北黑龙潭 | 邑人赵有仁等十一庄同建 | 清同治间 | |
| 通海县 | 秀麓书院 | 在学宫右 | 知县陈朝书捐俸并士民公建 | 乾隆四十八年 | |
| 河西县（通海河西镇） | 螺峰书院 | 城内学宫旁 | 知县蔡酉寿 设 | 康熙三十六年 | 同治毁，光绪重建 |
| | 乐育书院 | 在城西乡 | 千总李庆槐倡建 | 光绪三年 | 咸丰毁 |
| 嶍峨县（峨山） | 登云书院 | 县城 | 未详 | 未详 | 今废 |
| | 萃秀书院 | 在城内 | 知县李衍绶并邑绅修建 | 同治八年 | |
| 蒙自县 | 见湖书院 | 县城 | 邑人盐运使尹建俊建 | 明庆隆间 | 久废 |
| | 观澜书院 | 在西关外 | 知县李焜修建 | 乾隆五十七年 | 咸丰毁 |
| | 载道书院 | 城内文昌宫 | 合邑绅士捐建 | 乾隆五十八年 | 今废 |
| | 养正书院 | 在个旧厂 | 官绅重建 | 清光绪元年 | |
| | 道成书院 | 南城外 | 临、开、广道陈灿建 | 光绪间 | 临、开、广三府书院 |

| 楚雄府 | | | | | |
|---|---|---|---|---|---|
| 楚雄县 | 龙岗书院 | 城南 | 知府祝宏设 | 明嘉靖六年 | 十一年毁 |
| | 南峰书院 | 府治南 | 巡抚黄中建 | 明嘉靖三十一年 | 久废 |
| | 龙泉书院 | 城内雁山之麓 | 佥事彭谨建 | 明嘉靖四十年 | 后有增建 |
| | 卢公书院 | | 知府卢询建 | 康熙四十六年 | 后改府学训导署 |
| | 凤山书院 | 城西旧学宫址 | 知府卢询建 | 康熙四十六年 | 设膏火银 |
| | 鹿城书院 | 东城内 | 邑绅谢长清捐建 | | 咸丰毁 |
| 镇南州（南华） | 龙川书院 | 行署内 | 知州陈元建 | 康熙四十一年 | 备膏火束修 |
| 南安州（双柏） | 景贤书院 | 城西门外 | | | 今废 |
| | 汲泉书院 | 城南白沙平冈上 | | | 今废 |
| 姚州（姚安） | 山天书院 | 城内 | 知州张伦至新建 | 康熙四十九年 | 后更名文明书院 |
| | 南中书院 | 城东关 | 分守道李建材建 | 明万历十二年 | 今废 |
| | 三台书院 | 府学右 | 知府李载贽改设 | 明万历间 | 今废 |
| | 大成书院 | 尊经阁西 | 姚安知州丁士可建 | 乾隆十七年 | 咸丰毁后又建 |
| | 栋川书院 | 城西 | 姚安知府黄澍建 | 明正德间 | 康熙时建府治东南 |
| 大姚县 | 日新书院 | 文庙之右 | | | 兵燹后改建县署 |
| 广通县 | 树人书院 | 县治北 | 知县孙铎建 | 乾隆三十八年 | |
| 定远县（牟定） | 文龙书院 | 城内 | 知县越民表捐修 | 明嘉靖三十五年 | 原名“定远”，嘉庆时改今名 |
| 澂江府 | | | | | |
| 河阳县（澂江） | 澄心书院 | 在府治左 | 明知府徐可建 | | 今废 |
| | 点苍书院 | 府治西 | 明知府严华建 | | 今废 |
| | 玉荀书院 | 府治东 | | | 今废 |
| | 河阳书院 | 县治西北 | 奉文建知府柳正芳重修 | 康熙五十七年 | 今废 |
| | 凤山书院 | 城东通判署右 | 通判张友宓建 | 康熙二十九年 | 有束修、膏火银。 |
| | 养正书院 | 城东门内 | | | 咸丰七年毁 |
| 江川县 | 钟秀书院 | 钟秀山麓文庙之西 | 知县、教谕、训导捐建 | 道光二十七年 | |
| | 起凤书院 | 城西九寨乡 | 副榜王来宾倡建 | 光绪元年 | |
| 新兴州（玉溪） | 玉溪书院 | 城东门内 | 知州任中宜捐设 | 康熙四十九年 | 后易名“灵峰” |
| | 敬一书院 | 城北普舍城 | 知州耿文明捐设 | 康熙二十四年 | 咸同毁于兵 |
| 路南州 | 敬一书院 | 城内 | 州同李洁建 | 明万历间 | 久废 |
| | 鹿阜书院 | 城内 | 知州、儒学、训导并绅士建 | 乾隆三十二年 | 设束修、膏火银。 |
| 广南府 | | | | | |
| 宝宁县（广南） | 蓬峰书院 | 学宫内 | 知府傅应奎 | 乾隆五十九年 | |
| | 培风书院 | 文昌宫左 | 知府何愚新建 | 道光二年 | 经费充裕 |

| 顺宁府 | | | | | |
|---|---|---|---|---|---|
| 顺宁县（凤庆） | 养正书院 | 府北右甸里 | 通判张稷漠设 | 康熙二十七年 | |
| | 育贤书院 | 府署东北 | 知府m璁建 | 顺治十七年 | |
| | 龙泉书院 | 府南城外龙泉寺 | | | 久废 |
| | 凤山书院 | 城内奎阁后 | 布政使饰知府设 | 雍正十一年 | 咸丰毁后改建 |
| | 右仁书院 | | 知府捐 | 嘉庆二十五年 | 咸丰毁后改建 |
| 云州（云县） | 瞻云书院 | 城内文昌宫 | 知州戴济川 | 乾隆十八年 | |
| | 云州书院 | 文昌殿外 | 知州涂梁设 | 乾隆五十年 | 咸丰毁后改建 |
| 缅宁厅（临沧） | 文昌书院等 | | | | 有五书院资料不详 |
| 曲靖府 | | | | | |
| 南宁县（曲靖） | 靖阳书院 | 城西北 | 明郡人布政使朱家民建 | | 久废 |
| | 兴古书院 | 治东报恩寺右 | 明天启间郡人吏部主事李希揆建 | | 今为僧有 |
| | 南城书院 | 治南正法寺内 | 知县程封建 | 康熙三年 | 今废 |
| | 胜峰书院 | 城内 | 知府暴煜并乡绅公建 | 乾隆三十年 | 设生、童膏火各20分 |
| | 越州书院 | 旧在越州城外 | 邑绅李映庚等移建于城内 | 同治十二年 | |
| 沾益州 | 西平书院 | 城南门外 | 知州王作楫建 | 康熙四年 | 后改训导学署 |
| | 龙华书院 | 州署东 | 署知州王秉韬并士绅建 | 乾隆三十四年 | |
| 陆凉州（陆良） | 凤山书院 | 旧设城北教场旁 | 绅士陶尧文等移建南关外 | 嘉庆十二年 | 设束修膏火 |
| | 蓉峰书院 | 城内 | 知州刘祖桀倡建 | 光绪五年 | |
| | 新修书院 | 城北门外 | | | 今废 |
| | 钟灵书院 | 南区马街 | 绅首杨秉仁等公建 | 光绪六年 | 后改两等小学堂 |
| 马龙州 | 通泉书院 | 州南城内 | 知府常德建 | 康熙四十三年 | 咸丰毁 |
| 罗平州 | 罗峰书院 | 城东北腊街 | | | |
| | 龙源书院 | 城北阜析厂 | | | 旧名“沂溪” |
| | 镙峰书院 | 旧在城东门外 | 知州邑绅移守备署遗址 | 光绪二年 | 咸丰毁 |
| 寻甸州 | 养正书院 | 州旧城西北 | 知府戴鳌建 | 明正德 | 久废 |
| | 萃华书院 | 州东旧城外 | 知府王尚用建 | 明嘉靖 | 久废 |
| | 凤梧书院 | 城西门内 | 知州黄肇绅建 | 康熙三十三年 | |
| 平彝县（富源） | 平彝书院 | 在治右（旧学宫） | | | 今废 |
| 宣威州 | 龙山书院 | 在水月殿 | | 乾隆三十七年设 | 今废 |
| | 榕城书院 | 明伦堂旧址 | 署州儒学等请改建 | 乾隆四十四年 | |
| 丽江府 | | | | | |
| 丽江县 | 玉河书院 | 府治西 | 通判樊经建 | 康熙四十九年 | |
| | 雪山书院 | 府治西 | 知府杨馝教授万咸燕同设 | 雍正三年 | 备膏火月课费 |

| 鹤庆州 | 复胜书院 | 治东南 | 知府周赞建 | 明隆庆 | 久废 |
|---|---|---|---|---|---|
| | 龙溪书院 | 南关外月城西 | 知府吴堂建 | 明正德 | 乾隆间废 |
| | 鹤阳书院 | 城西南隅 | 知州王景绪并士绅改建 | 乾隆五十一年 | 备束修膏火乡试卷金 |
| | 玉屏书院 | | 邑绅舒金和等捐建 | 光绪十五年 | |
| 剑川州 | 金华书院 | 州西门外 | 知州胥铉建 | 明隆庆间 | 乔后大村曾捐银700两 |
| 中甸厅 | 无 | | | | |
| 维西厅 | 无 | | | | |
| | | **普洱府** | | | |
| 宁洱县（普洱） | 凤鸣书院 | 城北凤凰山 | 威远同知傅鼐设 | 乾隆六十年 | 咸同后移建城内 |
| 思茅厅 | 思诚书院 | 城西南玉屏山 | 署同知肖霖建 | 乾隆五十二年 | 原名玉屏 |
| 他郎厅（墨江） | 道南书院 | 城北门外 | | | 久废 |
| | 联珠书院 | 东城外 | 通判李天锡并邑人改建 | 道光十七年 | 黉宫旁 |
| 威远厅（景谷） | 钟山书院 | 同知署南凤山 | 同知赵希尧并士民公建 | 乾隆四十年 | 咸丰毁移建“钟山” |
| | | **永昌府** | | | |
| 保山县 | 正学书院 | 府学左 | 知府杨郎建 | 明嘉靖间 | 久废 |
| | 见罗书院 | 城内 | 知府陈严之、副总兵邓子龙建 | 明万历间 | 久废 |
| | 永保书院 | 城内马里街 | 知府徐本仙、知县张福昶捐建 | 乾隆三年 | 咸丰毁后补修 |
| | 九隆书院 | 城内县学明伦堂前 | 知府罗纶建 | 康熙三十八年 | 咸丰时拆毁后重修 |
| | 摩苍书院 | 距城120里的施甸 | 邑绅段朝元等倡建 | 道光七年 | |
| 腾越厅（腾冲） | 春秋书院 | 城内 | | | |
| | 秀峰书院 | 州学前 | 兵备道赵炯建 | 明弘治间 | 康熙时增修 |
| | 凤山书院 | 城内 | 同知陈宗海移捐建 | 光绪七年 | 原名来凤书院 |
| 永平县 | 博南书院 | 城南门外 | 知县顾鹏重建 | 康熙四十四年 | 咸丰毁后重修 |
| | 化平书院 | 城内 | 知县曹擢新捐建 | 道光十二年 | 咸丰元年毁 |
| 龙陵厅 | 龙山书院 | 仓房后 | 同知张遐龄倡修 | 乾隆三十五年 | 后移建于县南 |
| | | **开化府** | | | |
| 文山县 | 开文书院 | 城西门外新街 | 知府李锡捐建 | 康熙三十三年 | 咸丰毁后改建于府考棚旁 |
| | 文山书院 | 城西门内 | 知县徐本僊捐建 | 雍正八年 | 今毁 |
| | 萃文书院 | 在江那街 | 里人公建 | 嘉庆十年 | 咸丰毁后重建 |
| | 凤鸣书院 | 厅城外古木街 | | 咸丰四年新建 | 咸丰七年焚毁 |
| | | **东川府** | | | |
| 会泽县 | 西林书院 | 城东门外 | 知府黄士杰设立 | 雍正五年 | 院名多次更改 |
| 巧家厅 | 月潭书院 | 城东北隅 | 同知董钰创建 | 道光三十年 | |

| 昭通府 | | | | | |
|---|---|---|---|---|---|
| 恩安县（昭通） | 凤池书院 | 府治东郊仙海畔 | | 雍正八年 | 旧名昭通书院 |
| | 凤山书院 | 城内学署右 | 署知州肖大经倡建 | 嘉庆八年 | 置束修、膏火 |
| | 奎垣书院 | 在彝良城义学后 | 州同蒋肇签捐设 | 乾隆二十九年 | |
| 永善县 | 五莲书院 | | 知县、教谕、庠生等倡建 | 道光十六年 | |
| 大关厅 | 景文书院 | 城东门外 | 同知张坦设立 | 雍正十三年 | |
| | 关阳书院 | 在城内 | 同知陈廷珍新建 | 同治八年 | 咸丰毁 |
| 鲁甸厅 | 文屏书院 | 城北门外 | 通判胡长宁建 | 嘉庆二十二年 | 同治元年毁后权设于岑公生祠 |
| 景东直隶厅 | 开南书院 | 府治北旧学宫址 | 同知茹仪凤设 | 康熙四十年 | 久废 |
| | 保和书院 | 在厅属之保甸河 | 同知徐树闳建 | 雍正十二年 | |
| | 凌风书院 | 厅属麟街 | 同知凌应梧等创建 | 同治十二年 | 原名“崇正” |
| 蒙化直隶厅（巍山） | 明志书院 | 城外西北隅 | 署知府胡光建 | 明弘治间 | 久废 |
| | 育德书院 | 城内 | 同知张善化设 | 康熙八年 | 置束修、膏火银 |
| | 文华书院 | 城北 | 同知并绅士捐设 | 明崇祯间 | 今废 |
| | 兴文书院 | 在鼠街 | 同知罗保彦捐设 | 雍正元年 | 今废 |
| | 罗公书院 | 城北郊北桥 | 同知罗保彦捐设 | 雍正五年 | 今废 |
| | 学古书院 | 城内 | 同知夏建燮改设 | 光绪四年 | |
| 永北直隶厅（永胜） | 晴川书院 | 城内文庙西 | 知府钱恒设 | 雍正十二年 | 后改晴川义馆 |
| | 凤鸣书院 | 城内 | 同知王子音创建 | 嘉庆元年 | 原名“壶山” |
| 镇沅直隶厅 | 碧松书院 | 厅治西关外 | | | 旧由茂帕井每年筹银八十两作膏火 |
| 恩乐县（镇沅） | 文明书院 | 城西关外 | 知县肖恩濬捐建 | 乾隆三十年 | |
| 广西直康州（泸西） | 凝秀书院 | 在钟秀山 | | | 久废 |
| | 鹤麓书院 | | 知府肖以裕建 | | 久废 |
| | 文昌书院 | | 知府陈忠建 | | 久废 |
| | 鹤山书院 | 城西门外斗阁右 | 提学道蒋洞建 | 康熙五十六年 | 后改为接官厅 |
| | 鹤峰书院 | 城内正街 | 知府福庥详设 | 嘉庆二十二年 | |
| | 钟秀书院 | | 知州邑绅共建 | 道光十四年 | |
| 师宗县 | 丹凤书院 | 城东门内 | 知县、士民改建 | 道光二十五年 | |
| 丘北县 | 明新书院 | | 知县金台同士民捐建 | 同治十三年 | |
| 弥勒县 | 桂香书院 | 城南门外 | 知州朱点设立 | 康熙二十七年 | 咸丰毁后重建 |
| | 甸溪书院 | 城西郊竹园村 | 知州朱点设立 | 康熙二十八年 | |
| | 养正书院 | | 邑绅马鸣珂等新建 | 同治十一年 | |
| 武定直隶州 | 文峰书院 | 府治南 | 知府刘懋武建 | 明万历间 | 久废 |
| | 武阳书院 | 城内关帝庙左 | | | 久废 |
| | 狮山书院 | 府治东北 | 知府朱源淳改建 | 乾隆四年 | 生童膏火三十五分 |

| 元谋县 | 桂香书院 | 城内 | 官绅捐建 | 道光三十年 | |
|---|---|---|---|---|---|
| | 马街书院 | 在马街城内 | 知县秦学贤并士民捐建 | 光绪二年 | |
| 禄劝县 | 秀屏书院 | 城内城隍庙左 | 知州汪斌建 | 乾隆二十六年 | |
| 元江直隶州 | 澧江书院 | 府治后 | 知府迟维玺新建 | 雍正三年 | |
| | 敬业书院 | 城北门内 | 知府迟维玺捐设 | 雍正三年 | |
| 新平县 | 桂香书院 | 城西关外 | 知县张云翮捐建 | 康熙五十一年 | |
| | 五桂书院 | 大北城内 | 知县钮承值新建 | 光绪二十五年 | |
| 黑盐井直隶提举司（禄丰黑井镇） | 龙江书院 | 在黑井 | | | 今废 |
| | 万春书院 | 井治内 | 提举司朱璋设 | 咸丰毁 | 同治士民修建 |
| 琅盐井直隶提举司（禄丰黑井镇） | 鹫峰书院 | 在元永井 | 邑绅邓芝等倡修 | 同治九年 | 准请抽盐课 |
| | 鳌丰书院 | 井治内 | 提举姜元吉建 | 嘉庆二十三年 | 咸丰废 |
| 白盐井直隶提举司（大姚石羊镇） | 绿萝书院 | 在旧井街 | 提举赵大生建 | 康熙二年 | 今废 |
| | 张公书院 | 井学明伦堂右 | | 康熙三十九年 | 今暂作训导署 |
| | 龙吟书院 | 回龙山前 | 提举葛庆曾、郭存庄建 | 乾隆十八年 | 有生、童膏火 |

## 后 记

《云南明清书院一览》，据《新纂云南通志》、参《云南省志·教育志》及有关地方史志而成。

云南边远，滞后于全国，科举始于元，书院始于明。明弘治元年（1488年），腾越厅秀峰书院出现后，各地陆续才有书院设立。明代全省共建书院70所，清代云南新建书院226所，达到鼎盛。

据《云南省志·教育志》统计，明代所建书院，按地区分布，主要集中在大理府（17所）、云南府（13所）、临安府（9所）、楚雄府（7所）……清代新建书院，主要集中在大理府（29所）、云南府（16所）、临安府（25所）、各直隶厅、州（41所）、曲靖府（19所）……若以云南府和大理府相较，云南府辖11个州县，共建书院（29所），平均每州县（2.6所）；大理府辖7个州县，共建书院（46所），平均每州县（6.5所）。

清代云南政区置14府、6直隶厅、4直隶州、2土府、4土州、21土司。查镇边（今澜沧、沧源）、靖边（今屏边）直隶厅和镇雄（今镇雄、彝良、威信）直隶州及土府、土州、土司等地无书院。而三个直隶提举司的弹丸之地，因手中有盐，所建书院不逊一般府州。

书院原本是独立于庙学的私学产物，但明清时的云南书院和全国一样深受官学化的影响，60%以上是官办，主要表现为：多为当地官员设立；书院山长等由官府选聘；财政拨款、税收等筹款和官员捐资；以科考挂钩；科考停止后很多书院转为公立学堂。

云南书院，咸同兵燹，波及全省，很多书院被焚、被拆，尤以滇西为甚。不少书院是光绪初年修复的，亦有从此湮没无闻者。

杨发恩整理

二〇〇八年六月

# 凝固了的时间

## ——云南文庙石雕石刻浅识

李俊波

一个夏日的午后，我第一次步入建水文庙，满池的荷花把孔庙装点得圣洁美丽。气势磅礴的孔庙带着远古的厚重与中华民族的文化精髓向我走来，我被深深地震撼了。建水孔庙宏大的格局和繁富的文物仅次于山东曲阜，居全国第二，全庙100多块碑刻不仅居全省之冠，而且其文物价值足以和陕西西安碑林媲美，形成南北呼应的两大碑林中心。特别是那些石雕石刻匠心独具与形神兼备，令我痴迷不已。

我有幸经常随淳法大和尚出入各地佛教寺院，在领略佛法精深博大的同时，也领略了佛教建筑的艺术魅力。把玩相机20多年的我，终于把镜头锁定在佛教建筑上。在对各种佛教建筑、文庙建筑的游走中，我常为之震撼，并在震撼中思考，也常常会产生许多迷惑与不解。在淳法大和尚的支持下，认识了工艺大师胡鹤麟老师。我迫不及待地将所有的迷惑与不解悉数向胡老师请教，胡老师的耐心讲解，像一把智慧的钥匙解开了我的心结……

2008年春节过后，我受云南孔子学术研究会的委托为《云南文庙存佚》拍摄图片，这是我一直想做而未能如愿的事。于是从3月份开始，我自驾车跑遍了全省州（市）的所有现存文庙。在拍摄、探访的过程中，我一次又一次为中华文化的博大精深而深深吸引。有些重点的地方，我去了多次，如建水、文山，每去一次就更多一份认识，也就更多一份感悟。在对文庙进行全方位的拍摄时，我的视线集中到了那些让我痴迷不已的石雕和石刻上。文庙的石雕石刻艺术，是中国传统文化的一个重要方面。石雕石刻的内容，是历史、人文、生活的具象反映，是凝固了的时间，予以了人们对生命、对宗教、对文化精深的思考，寓意人们内心的美好愿望和追求。每一件作品，每一个图案都有其深刻的蕴意，有其含蓄耐人寻味的表现手法，有其经得起琢磨的极高艺术技巧和感染力。这些石雕石刻是文庙整体建筑中不可或缺的一个重要组成部分，是文庙这一艺术宝库的必备元素之一。我们不敢想像：少了这些形式生动、内涵丰富的石雕石刻的文化艺术，文庙的整体形象将会是个什么样子呢？其实在我看来，正是由这一个个不同类别的“艺术部件”组装出了“文庙”这座典雅而凝重的艺术殿堂和思想殿堂。

文庙里那一件件石雕石刻艺术作品，到底具有什么含义，它表达了怎样的思想感情和愿望呢？兹就我的粗浅认识和体会略陈于斯，敬请批评指正。

**1. 会泽文庙忠孝廉節石刻壁**

此壁上“忠孝廉节”四字是孔孟之道为人处世的行为准则，是儒家文化所倡导的社会公德。还值得一提的是泸西忠孝廉節不仅是品大，还有有书者名、捐资人名，最重要的是有石匠名，这在云南石雕石刻中是不多见的。

泸西忠孝廉节石刻

会泽忠孝廉节坊

江川文庙石雕暗八仙

江川文庙柱础石雕八仙过海

**2. 八仙手持的八件宝物称暗八仙**，分别是：汉钟离的蕉叶扇、张果老的渔鼓、韩湘子的玉箫、铁拐李的宝葫芦、吕洞宾的宝剑、曹国舅的玉版、蓝采和的花蓝、何仙姑的荷花。传说八仙手持的八件各有神通，民间常以暗八仙为护身符，祈求八仙为护祐。

河西文庙石雕

江川文庙棂星门石雕

**3. 鲤鱼跳龙门**

“鱼龙变化”，基本构图为鲤鱼自波浪中跃起，跃过龙门，变成腾飞的龙，清张树辑《三秦记》云：“江海大鱼薄集龙门下，数千，不得上。上则为龙，不上者鱼，故云曝鳃龙门。”“龙门”是显赫与荣耀的象征。“鲤鱼跳龙门”寓意读书人科举高中，从此青云直上，走入辉煌仕途。

江城大殿六合同春石雕

**4. 六合同春**

古人所指六合，为天、地、及东南西北四方，泛指天下。鹿为长寿之仙兽，鹤为长寿之仙禽，“鹿”与“陆”同音，“鹤”与“合”谐音，鹿与鹤在一起，表示六合同春，象征普天之下，春风和煦，寓意人们生存环境的和谐与通达。

河西文庙石雕

建水文庙石雕

**5. 太平有象**

古代传说佛从天下降是乘象而来。图案为大象驮一宝瓶，宝瓶装有圣水，圣水洒向人间，能带来祥瑞和幸福。寓意天下太平，也就是古代读书人理想的和谐社会。其实此图案亦含有“太平景象”之意。其意以“瓶”寓“平”，“景”有“大”意，故以大象寓意“景象”。“太平景象”之语，是对社会稳定繁荣的祝幅。

河西文庙石雕

**6. 代代富贵**

因绶带鸟的“带”与“代”谐音，牡丹为富贵之花，所以寓意代代富贵。

泸西文庙石雕

**7. 太狮少狮**

是一大一小两只狮子，太师是周代官名。周代设三公：太师、太傅、太保。太师是三公中间最受尊敬的官，是三公之首。师与狮为同音相假。

少师也是官名，是三孤之首，官位同样显赫，寓意辈辈高官。

河西文庙石雕

河西文庙石雕

**8. 二甲传胪**

图案以螃蟹和芦苇组成，古代科举甲科及第者，其名附卷末，用黄纸书，故曰黄甲。科举殿试后，宣喝姓名，曰传胪，一般称二甲，第一名为传胪，“夹”谐音“甲”“芦”与“胪”同音。隋朝始设进士科，唐朝武则天创殿试制，元代分三甲录取，一甲三名：状元，榜眼，探花。二甲赐进士出身。三甲赐同进士出身。宋代把二甲或三甲第一名称“传胪”寓意登科及第之意。

澄江文庙石雕

宜良文庙石雕

**9. 博古图**

“博古”二字表示众多古器物之意。博，广博也；古，指古器物也。其中常有钟鼎之类图案及各种文房雅玩、翎毛、珊瑚等，寓意钟鸣鼎食之家，以寓富贵之家及追求。

由铜炉、花瓶、如意、金馨、书籍、字画组合构图，有时以花卉、果品等装饰点缀，北宋时期，复古风盛行，宋徽宗命大臣编绘宣和殿所藏古器，修成<宣和博古图>三十卷。“博古图”有博古通天、崇尚儒雅科甲及第之寓意。

河西文庙石雕

**10. 喜鹊登梅**

又名喜上眉梢，图案为喜鹊栖息于梅花枝上，民间以喜鹊为喜兆，“梅”与“眉”谐音，组合构图即为“喜上眉梢”，象征喜事即将来临。

河西文庙石雕

**11. 独占鳌头**

鳌是传说中海里的瑞兽，古代皇宫台阶正中石板上雕有龙和鳌的图案，科举时考中的进士要到宫殿台阶下迎榜，按规定第一名进士（即壮元）要站在鳌头那里，因此称中状元为“独占鳌头”寓意名列前茅。

河西文庙石雕

**12. 一品当朝**

古代文官的一品官服上绣的是鹤，因而鹤又称为“一品鸟”，图案以一品鸟立于海潮上，表示一品当朝寓意“官高爵显”。

**13. 连升三级**

莲花上有三戟，“莲”与“连”同音，“戟”与“级”同音，因而表示“连升三级”，寓意仕途顺利，连连升官。

河西文庙石雕

澄江文庙石雕

澄江文庙石雕辈辈封侯

**14. 封侯挂印**

侯，古代官职，爵位的名称，印指官印，一般是猴子将官印挂在枫树上，因“枫”与“封”同音，“猴”与“侯”同音，既为“封侯挂印”寓意做官、掌印，有母猴背小猴的又为“辈辈封侯”。

河西文庙石雕

**15. 必定如意**

“笔”与“必”谐音，“定”和“锭”同音，加上如意，借用谐音手法，组成（笔）定（银锭）如意的寓意。

河西文庙石雕

**16. 风云际会**

龙从云，虎生风，古代皇帝自封真龙天子，龙和虎在一起象征君臣相得。可以比喻君臣相聚相得，《三国志.蜀志.诸葛亮传》有这样一段记载：“于是与亮情好日密，关羽、张飞等不悦，先主解之曰：‘孤之有孔明，犹鱼之得有水也。’”

**17. 安居乐业**

后人常用此言祝颂人们安定地生活，愉快地劳动，“鹌”和“安”同音，“螺”与“乐”音似，表示“安居乐业”的意思。

江城文庙石雕

河西文庙石雕

河西文庙石雕

**18. 连生贵子**

莲花上站着一小儿子，“莲”与“连”同音，寓意多生贵子，人丁兴旺。

泸西文庙石雕

**19. 一路连登**

“鱼”和“一”、“鹭”与“路”、“莲”与“连”、“灯”和“登”为谐音，表示科举之路前程绣似锦。

河西文庙石雕

**20. 连连报捷**

古代交通通信主要靠驿站的马传送，在用马的定制中，送捷报的马必须插有专用旗子，图中的马和马背上插的旗子就是告诉大家“某某”高中了。

澄江文庙石雕

**21. 松鼠葡萄**

葡萄果实堆叠厚密又多子，故有多子之喻，松鼠系老鼠的变通，鼠在十二生肖中对应地支“子”位，故有“鼠”为子神之说，子神与多子的葡萄相结合，强化了繁衍求嗣的功能，隐喻多子多孙。

泸西文庙石雕

**22. 凤戏牡丹**

由凤凰与牡丹组合构图，名曰“凤戏牡丹”，凤凰是传说中的吉祥鸟，百鸟之王，牡丹为花中之王，寓意吉祥、富贵、和谐。

泸西文庙石雕

泸西文庙石雕

**23.** 春游芳草地，夏赏绿荷池。秋饮黄花酒，冬吟白雪诗。看来古人读书比较惬意。

河西文庙石雕

**24. 吉庆有余**

古代石雕中常有磬(古乐器)和鱼做的图案，本图的‘磬’也表示吉庆有余，寓意欢庆、吉祥、生活富裕。

泸西文庙石雕

**25. 三阳开泰**

按照《周易》，正月为泰卦，三阳生于下：冬去春来，阴消阳长，有吉祥之象，后人常用此祝颂新年吉祥，图案以三只羊组成。“羊”与“阳”音同，且羊又是‘祥’的简写，故表示三羊开泰，吉祥如意的意思。

澄江文庙石雕

**26. 麒麟吐书**

《麒麟吐书》源出有关孔子的传说：孔子有一天白日做梦，梦见一个小男孩用石头砸麒麟，孔子非常生气，阻止了男孩的野蛮举动，耐心地给麒麟疗伤，用自己的长袍给麒麟御寒。麒麟大受感动，口吐天书三卷，成就了一代儒家圣贤。麒麟吐书和麒麟送子一样，比喻有杰出人物的诞生。

河西石雕英雄斗智

**28. 英雄斗智**

鹰为百禽之猛，狮是百兽之王，寓意英才之间惺惺相惜。

澄江文庙石雕

**27. 锦绣前程**

图案以绣球、狮子组成，狮子是百兽之王，凶猛威严，民间以为能驱邪镇宅，绣球为祥瑞之物。“狮”与“师”谐音，“球”与“求”谐音，故“狮子绣球”象征官品与权贵，另有传说雄狮与雌狮嬉戏，狮毛缠裹滚而成球，便会生出小狮子，由此象征子孙繁衍、家族昌盛。

古人将过节时所舞之彩狮称为“锦毛狮子.”引其锦色灿烂，与绣球之绣相合而谓之“锦绣前程”，以示祝福。

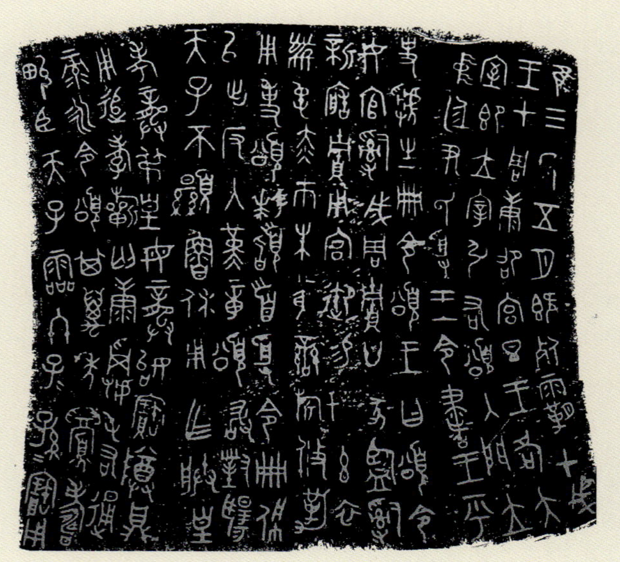

# 中华传统文化一脉相承

## ——台湾孔庙一瞥

孔祥能

台湾自明朝永历十九年（公元1665年）开始建孔庙，时值郑成功嗣子郑经执政，郑经的参军陈永华见开发屯垦的工作已有成效，于是向郑经建言，提议："须择地建立圣庙，设学校，以收人才，盖国有贤士，邦本自固，而世运日昌"。郑经应允，乃就承天府治（即今台南市）建立孔子庙，崇祀孔子，以兴国学，行教化。三百多年来，巍巍圣殿，郡国兴圣、黉宫课试，书生事业从今始。象征中国文化在此薪火相传，俎豆馨香，缔造了"海滨邹鲁"之雅誉。

孔庙又称文庙、先师庙、夫子庙，台南孔庙是台湾省第一座孔庙，是严格按照古制规矩设计建造的孔庙。其规模和装饰均远不如后来特别是近年来在其他城市新建的孔庙，但台南孔庙开了在台兴建孔庙的先例，被称之为"全台首学"。

台南孔庙为三进两厢的传统合院建筑，依据"左学右庙"、"前殿后阁"的殿式规则，陆续建成。但历经沧桑岁月，部分建筑或毁于天灾，或毁于战火，如朱子祠、棂星门、教授庙与学署等皆已消失，徒留空地，今日所见者多为1917年重修后的风貌，大体上还维持清代的风格与规制。

清乾隆二十四年（公元1777年）所建的泮宫石坊立于孔庙东大成坊外，是出入圣庙的主要通道。坊为重檐四柱三间的形制，上檐顶置葫芦，喻吸纳天地精华，两向立石分别镌刻"加冠晋禄"、"琴棋书画"与"祥龙瑞麟"纹饰，呈现文明光彩，吉祥喜气的寓意，四柱前后各有蹲狮夹杆，皆倾首斜向中间，迎向来人，宛如鞠躬。横额铭刻"泮宫"二字，象征学府所在；楹联则作"集群圣之大成，振玉声金，道通中外；立万世之师表，存神过化，德合乾坤"。赞颂圣德之大，溢于言表。

"大成坊"的名称来自孔子"大成至圣先师"的封号，极具赞颂圣德之意，坊为门楼形式，坊上高悬"全台首学"匾额。坊左壁间镶有"下马碑"迎向来人，此乃康熙二十六年（公元1687年）奉旨设立，以汉、满两种文字合刻"文武官员军民人等至此下马"。坊侧有墙环庙，墙高色红，各有喻意。由于孔子是春秋时期人，当代崇尚赤色，孔庙围墙即涂为红色，高墙又称"宫墙"，出自《论语》典故：子贡以"宫墙"比喻学养，自比墙高及肩，而孔子墙高数仞，一仞是七尺，数仞已经高耸，后人更以"万仞宫墙"推崇孔子的学问道德，宫墙遂成为孔庙定制。

所谓"左学"即指"明伦堂"，位于孔子庙大成殿左侧，乃是台湾府学所在，昔日生员于此接受府学教授督导，敦品励学、议事策论，明伦堂三川门的横额分别写着"入德之门""圣域"或"圣关"，生员经此门而仰视，儒学的品德陶冶与希圣希贤的境界油然而生。

堂内迎面的巨幅隔屏仿元代书画家赵孟頫所书《大学》章句："大学之道在明明德，在新民，在止于至善……"，两侧有仿宋代理学家朱熹所书"忠孝节义"四个大字，左壁嵌有"卧碑"，乃人臣之碑，原立于明伦堂之外，碑文抄录顺治九年（公元1652年）颁定全国各府、州、县学的校规，共有八条，用以晓示生员，规范品行与操守，及言论与著述的约束。右壁

嵌有“台湾府学全图”碑，可以窥见清乾隆年间台湾府学与孔庙的完整建筑组群。

根据孔庙规制，左学与右庙中间有墙分隔，东向作“礼门”，西向作“义路”，今日虽无隔墙，仍然循此二门而入“右庙”空间，诉说着“明礼取义”的教化与启示。

泮池系一半圆水池，居于“右庙”建筑群最前方，周代天子的学宫称作“辟雍”，四周环水，诸侯学府只能南面半水，古称“泮宫”，孔子虽曾受封“文宣王”，但孔庙与各级学校并立，“泮池”便逐渐成为孔庙定制。昔日士子考取生员（秀才）即称为“泮池”或“入泮”。

大成门乃大成殿前的三川门，平常仅开左门以供出入，祭孔时才全部开启，以示尊崇。大成门左侧为名宦祠与乡圣祠，右侧为节孝祠与孝子祠，内供神位，以激励见贤思齐，奖赏功德垂后。

孔庙建筑组群中，以大成门最为华丽，无论木雕、石刻，还是彩绘，皆精致可赏，楹柱不书对联，其意在避免“孔夫子面前卖文章”的讥讽。每扇门板皆饰以一百零八颗门钉，为极数“九”的倍数，取其倍数代表圣庙的威仪与崇敬，配享帝王的殊荣。高大横卧的门槛表现建筑度高，同时塑造朝圣的情境，入内者要小心翼翼抬足举步跨入大成门，得见殿宇高耸，廊庑延伸，颇有豁然开朗的感觉。

大成殿耸立于宽敞的四合院中间，仰之弥高，进谒弥敬，其建筑形式为单栋、歇山、重檐，两侧挑檐由山墙而出，尤显特色。垫高台基，气势宏伟。正脊两端各立“藏经筒”，用以纪念逃避秦始皇焚书而藏匿经书的典故，或依其制而寓意深远，筒高五尺，围大四尺，象徵“父义、母慈、兄友、弟恭、子孝”的“五常”与“礼、义、廉、耻”的“四德”；或称“通天柱”，象徵孔子德配天地，道冠古今。

重屋四隅翼角悬有八铎寓意天将以夫子为木铎，振奋醒世。因为古人如有新令，必摇铎警众，武事摇以金为舌的金铎，文事摇以木为舌的木铎，古时，铎为铜质制造。

殿前设有露台，祭孔大典的六佾舞在此表演，举翟横龠弯身跪足，佾生以肢体语言礼赞孔子，石刻“散水螭首嵌于台基四角，做成露台与迴廊的水流口，螭首形似龙头，又称“鳌首”，流露“独占鳌头”的功名祈求以及“泽被四方”的隐喻。矮墙环绕殿宇，墙柱上蹲踞八只小石狮，姿态各异，秒趣横生，将庄严肃穆的孔庙增添了轻松的画面。

经过螭（传说中一种无角的龙）陛（螭陛：皇帝殿前雕有螭形台阶），象徵帝王尊贵的龙头不可践踏。代表读书人才艺的“琴棋书画”、雕刻十分鲜明。拾阶入殿，谒见正堂之上“至圣先师孔子神位”以及四配（复圣颜回、述圣孔伋、宗圣曾参、亚圣孟轲）十二哲神位，鞠躬笃敬。

孔子生前有圣德，学无常师，曾仕宦鲁国，并且周游列国，惜未得诸国赏识与见用。返鲁以后，删诗、书，订礼、乐，赞周易、作春秋；教弟子、立教范、重道统，开启私人讲学的风气。自是树立不厌不倦、有教无类、温故而知新与循循善诱的教学精神。确定修身、齐家、治国、平天下的“内圣外王”准则；并以“四维八德”的伦常维系世道人心，使中华民族的传统道德得以发扬光大。孔子一生的丰功伟绩，令万世景仰，故后世尊其为“至圣先师”

在台湾岛内各市县，甚至乡村均建有孔庙，据资料所载：到2001年旗山孔庙修建后，台湾共有台北、宜兰、桃园、新竹、台中、彰化、嘉义、台南、高雄、左营旧城、旗山、屏东、澎湖等13座官方孔庙，官方孔庙具有很高的历史价值，建筑

包括泮池、大成殿、东西庑、崇圣祠、棂星门等，以一定的相对位置配置殿堂式的格局。另有许多民间集资兴建的孔庙和祭孔活动场所。

台湾岛内许多城市街道以儒学传统名称命名，台北市内就有：至善路、八德路、忠孝路、信义路、仁爱路等，此类道路名遍及全岛。高雄市道路有：一心路、二圣路、三多路、四维路、五福路、六合路、七贤路、八德路、九如路、十全路等名称。

综上所述，两岸同胞同宗同文，无论从根源，还是从内容及存在方式和表现形态上，都与中华文化一脉相承，台湾甚至保留了唐宋以前古代中原汉语的风貌。台湾在明朝修建了第一座孔庙，确定了儒家文化的伦理和道德观念。台湾地区还流行佛教、道教、基督教等。饮食则秉承福建、广东一带的习惯。节日、习俗以及婚丧嫁娶、祭祀祖先等各种礼仪，如修族谱，每年都举行祭祖活动，联络宗族感情等，与大陆毫无二致，产生了很强的民族凝聚力。在一个小小三义村的“田妈妈客家料理餐馆”里，也显现出浓郁的孔子文化气息。堂中挂着“学好孔孟”的连体字，充分表现出台湾同胞与大陆人民同宗同源的不可分割性。

功德箱
功德

习应玄　张励民

孔子所倡导的儒学博大精深，被历史证明是修身、齐家、治国平天下的准绳，二千五百多年来受到从帝王到士庶的无比崇敬，认为“先孔子而圣者，非孔子无以明，后孔子而圣者，非孔子无以法；所谓祖述尧舜，献章文武，仪范百王，师表万世者也（元宪宗《加封孔子制》）”。孔子被公认为空前绝后的圣人。为了表示对孔子及先儒的崇敬，从孔子死后的第二年直到现在，全国上下乃至海外都传承着祭孔典礼。

祭孔典礼由学生祭先师逐步发展为公祭、国祭，乃至传入海外。到清代光绪时已升格为最高级别的大祀。祭礼仪制由礼部拟旨颁行天下（现有《礼部奏议》可查），曲阜孔庙，京师国学，地方州县一体遵行。民国以来，时代变迁，祭孔活动几经废兴，但传承脉络未断，只是各地祭礼规制不一样了。

两千多年来，祭孔是国家正典，旨在表明政府对孔子、对儒学及儒家的尊崇；祭孔还是高尚的学术活动，在祭孔时宣扬的是儒家的“礼治”“仁治”主张和道德文化。现在各地的祭孔，是古代祭孔典礼的传承、发展和进步，赋予了新的政治文化内涵，更值得发扬光大。

现据史志记载及现状调查资料，略述古今文庙祭孔概况于后：

## 祀孔渊源

祭祀孔子，起先是他的弟子们自发举行的。接着便受到政府的重视。孔子死后的第二年（公元前478年），鲁哀公下令将在今山东曲阜阙里的孔子旧宅改为孔庙，将孔子生前使用过的衣、冠、车、琴、书册等保存起来，供后人按岁时对孔子进行祭祀，这是祭孔的开端。随着孔子思想的发扬光大，儒学影响力的不断增强，孔庙的建制、规模也越来越大；兴建孔庙不仅限于孔子故里，上至国都，下至华夏各地，乃至海外，到处建有孔庙；参祭人员自皇帝、诸侯、王公、大臣、各级官吏、孔氏家族、儒生士子，以及一切尊孔敬孔的人；祭祀规模也随时代的变迁而逐渐由家祭、公祭、上升为国家最高祀典，甚至传入海外。

曲阜孔庙祭孔是全国乃至海内外祭孔的渊源和典范。

曲阜孔庙类同皇宫规格，是我国三大古建筑群之一，在世界建筑史上占有重要地位。曲阜孔庙是祭祀孔子的本庙，是分布在中国、朝鲜、日本、越南、印度尼西亚、新加坡、美国等国家两千多座孔庙的根据和范本。现在孔庙的格局是雍正帝下令大修、扩建而成的。庙内共九进院落，以南北为中轴，分左、中、右三路，纵长630m，横宽140m，有殿、堂、坛、阁460多间，门坊54座，御碑亭13座，各种建筑100余座、460余间，占地面积约95000m$^2$。孔庙内的圣迹殿，十三碑亭及大成殿东西两庑，陈列大量碑刻，其中尤以汉碑最为珍贵，其碑刻之多，仅次于西安碑林。曲阜孔庙是中国现存规模仅次于故宫的古建筑群，堪称中国大型祠庙建筑的典范。

曲阜孔庙大成殿内正中供奉孔子塑像。坐高3.35m，头戴十二冠冕，身穿十二章王服，手捧镇圭，一如古代天子礼制，

两侧为四配：东位西向的是复圣颜回和述圣孔伋，西位东向的是宗圣曾参和亚圣孟轲。再外为十二哲：东位西向的是闵损、冉雍、端木赐、仲由、卜商、有若；西位东向的是冉耕、宰予、冉求、言偃、颛孙师、朱熹。四配塑像坐高2.6m，十二哲塑像坐高2m，均头戴九旒冠，身穿九章服，手执躬圭，一如古代上公礼制。塑像均置于木制贴金神龛内。孔子像单龛，施十三踩斗拱，龛前两柱各雕一降龙，绕柱盘旋，姿态生动，雕刻玲珑，异常精美。四配十二哲两位一龛，各施九踩斗拱。龛前置供桌、香案，摆满祭祀用的笾、豆、爵等礼器。殿内还陈列着祭祀时用的中和韶乐乐器和舞具。大殿门外正中是雍正题书“生民未有”匾额，殿内正中匾额是康熙题书“万世师表”和光绪题书“斯文在兹”，南面亦悬挂乾隆题书的“时中立极”等匾额。匾额均长6m多，高2.6m，雕龙贴金，华贵精美。

最初祭孔，每年只有秋季一次，后增为春秋共二次，此后，人们又在阴历八月二十七日的孔子诞辰日举行大祭。上升为国祭后，由皇帝或特委亲王、大臣主祭。地方官赴阙里孔庙致祭。

## 历代祭孔

汉代祭孔起源于汉高祖刘邦。汉高祖十二年（公元前195年）他经过鲁城时，用太牢（牛、羊、猪三牲）去祭祀孔子。这是比用少牢（羊和猪两牲）更隆重的祀典。此后，孔子的地位迅速提高，孔庙不断进行重修扩建，对孔门嫡眷亦恩宠有加。汉平帝元始元年（公元1年），封孔子为褒成宣尼公，汉明帝刘庄、汉章帝刘炟,都曾先后以太牢祭祀孔子。汉元帝时，朝廷征召孔子第十三代孙孔霸为帝师，封阙内侯，号褒成君，赐食邑八百户，以税收按时祭祀孔子。建武五年（公元29年）汉光武帝派遣大司空宋宏到曲阜阙里祭祀孔子。汉明帝永平二年（公元59年），于太学及郡、县学祭祀周公、孔子。从此，中央政府所在地及各地方政府也都在学校中祭孔。祭孔成为全国性的重要活动。永平十五年（公元72年），汉明帝赴曲阜，祭祀孔子及七十二弟子。祭祀孔子的礼仪称正献礼，祭祀配享者的礼仪称分献礼。

魏废帝曹奂，晋武帝司马炎都曾先后以太牢祭祀孔子。晋太宁三年（公元325年），晋明帝司马绍开始一年中对孔子进行四大祭，以后历代渐有增加，最多的时候，每年大小达50余次。“四大祭”又称“四大丁”，在每年春、夏、秋、冬的第一个丁日举行；另有“四仲丁”，在大丁后的第十日举行；“八小祭”在清明、端阳、中秋、除夕、六月初一、十月初一、生日、忌日举行。除此之外的每月初一、十五及二十四节气都有祭祀。但是，在所有祭祀中，历来以春秋两次大祭为主，尤以秋祭为重。后来把每年的大祭定在农历八月二十七日孔子诞辰日举行。

突出的是北魏孝文帝元宏，他不仅在京城立了孔子庙奉祀，还设专职机构负责祭祀，又为孔子兴建了园陵，修饰了坟墓，种植了松柏，竖立了颂扬孔子的碑铭。

到了隋朝，政府规定，国子寺(国立中央最高学府)每岁四仲上丁日(即每年二、五、八、十月第一个丁日)，州县学每逢春.秋仲月（即二、八月）要祭孔子庙———这便是后世春秋祭孔的开端

到了唐朝，唐太宗李世民下诏，州县学皆作孔子庙，届时祭孔。景云二年（公元711年），唐睿宗李旦下诏:修孔庙是州县官的职责，规定孔庙旁三十户负责祭扫。唐开元二十三年（公元735年）唐玄宗亲祭孔子，并作《经邹鲁祭孔子而叹之》诗“夫子何为者，栖栖一代中。地犹鄹氏邑，宅即鲁王宫。叹凤嗟身否，伤麟怨道穷。今看两楹奠，当与梦时同”。唐开元二十七年（公元739年）孔子被封为文宣王。

宋代理学大兴。宋太祖下令全国各地兴建孔庙，画孔子及先贤像在墙上，还亲自作了《赞》。宋真宗赵恒曾拜谒过孔庙；宋哲宗赵煦到国子监释奠、讲经；宋徽宗赵佶赐名“大成”,下诏封孔子为“文宣王”,一切用王者之制。孔子由孔丘、仲尼、孔子而至先师、宣尼公、文宣王。宋至和二年（公元1055年），封孔子四十六世孙孔宗愿为“衍圣公”。徽宗时更进而封为“世袭衍圣公”。至此，孔子的地位已远超凡人，甚至在圣贤、帝王之上，几等于神了。在孔庙中不仅祭祀孔子及十

哲，而且以历代大儒从祀。南宋建炎二年，孔子四十八代裔孙随宋高宗南迁，以浙江衢州为南宋孔庙之地，举行国祭。

元代又在孔子原先的尊号上加封为“大成至圣文宣王”，并在孔庙中增设四圣神位：“复圣”颜回、“宗圣”曾参、“亚圣”孟轲、“述圣”子思；孔子之后袭封“衍圣公”；天下郡学书院皆修孔庙以时祀之。元世祖忽必烈下诏：京师文宣王庙行释奠礼，牲用太牢，乐用升歌。

明太祖朱元璋下诏：春、秋上丁用太牢祭孔子于太学；府、州、县学用少牢，礼、乐如太学。明宪宗朱见深下诏规定，孔子庙庭所在，凡过门者皆下马，又规定天下都更改孔子及先贤像为木主，从此全国孔庙都撤除了画像和塑像以示尊敬。明代改称孔子为“至圣先师”，但崇祀有加，祭孔又祭四配、十哲，从祀先贤、先儒近百人。世袭之“衍圣公”位列群臣之首，为正一品大员。而孔子嫡长子原故宅则称“袭封宅”，神圣不可侵犯。孔庙建筑群日益壮大，历经两千余年的经营，最终成为现在曲阜孔庙古建筑群。

清代以京师国子监为太学，立文庙。雍正中又追封孔子上五代王爵。光绪三十二年，祭孔上升为大祀，礼乐仪注拟于君王；阙里有颜、曾、孟、子思四庙；朝廷每年举行两次大型祭祀孔子的活动，即仲春上旬丁日和仲秋上旬丁日的上丁祭祀，简称丁祀。

汉代以来，祭孔活动逐代升格，级别由王公诸侯大臣与祭，进而为帝王亲祭；地点由山东阙里孔庙发展为京城以至全国各地；次数也在逐渐增加；祭祀范围更加扩展，由孔圣、孔圣弟子而至先贤大儒；祭祀规摸由小及大。宋代扶摇直上，明代达到帝王规格，清代则已登峰造极，成为“国之大典”了。

## 清代祭孔

清朝历代皇帝都很重视对孔子的崇祀，这既是出于对孔子和儒学的崇敬，更是出于其巩固统治的需要。祀典的级别，首先决定于对孔子的封号。清顺治二年给孔子的封号是“大成至圣文宣王先师”。顺治十七年改称“至圣先师孔子”。意思是说孔子是百代帝王之师，于是孔子的地位就超越了帝王。康熙以来，祭典越来越隆重。各代帝王相继颁发了御制的匾.联.赞.碑,还规定了祭祀的时间和礼仪。到光绪三十二年（公元1906年），对孔子的祀典由“中祀”升为“大祀”，是与祭天地祖宗相同的国家大典了。

现据光绪三十二年（公元1906年）皇帝批准的《礼部议奏升孔子为大祀典礼摺片》，简述清末祭孔的内容和规制：

### 清代 朝庭的祭孔大典

在祭孔前几天，先派亲王去祗告（叩拜、报告）天地、、社稷及太学先师庙，还要遣官致祭岳镇海渎、帝王陵寝、先师阙里。这时，孔庙按照皇宫规制，街门三间，大成门五间，大成殿七间，御碑亭十四座，通统覆盖上了黄琉璃瓦。孔子神牌也由朱底金字改为金底青字。神幄及案衣 由销金红缎改为黄云缎。神牌前的爵也由铜、银鎏金全改为玉。祭品由十笾十豆增为十二笾十二豆。祭祀乐舞由六佾增为八佾。祭祀由派官祭奠改为春秋二祭皇帝亲临或由亲王恭代。分献改为由大学士献四配，尚书献十二哲及两庑；如果是亲王恭代，由尚书献四配，侍郎献十二哲及两庑。

祭孔前三天。礼部尚书亲往“视牲”，太常寺就把斋戒铜人送进宫去，设在乾清宫门口，让宫内斋戒三天。皇帝也于大内斋戒三天。

祭孔开始，皇帝由赞引、对引恭引至孔庙，由大成门左门进入，升阶入殿也从左门进殿至拜位，出门也是这样。皇帝到处都要走中门，惟独祭孔时走左门是表示尊孔。如果是亲王代祭，那就只可以走右门了。过去迎神、送神时，皇帝是二跪六

拜，从此改为三跪九叩首。过去皇帝是站着上香，从此改为跪着上香。奠帛、奠爵时，皇帝也要跪着亲行三献礼，每样叩头三次。祭孔中有个礼节，叫“饮福受胙”，就是跪着吃点祭祀的酒、肉，算是圣人的回赐。这已从光绪二十年就开始了，现又由二跪六叩，增为三跪九叩，还把“答福胙”改称为“赐福胙”。可见处处都体现提高了祭孔的档次。

祭孔升为大祀了，太学和直属各省的祭文（地方上也称作祝文）也得由翰林院重新作，祭文上称引到“先师”时，过去抬高两格写，从此改为抬高三格。有关祭孔的这些仪则，还由皇帝御制碑文，颁赐到国学里，以示从此天下遵行。

祭孔升格了，祭圣贤们的祖先也应随之升格。祭崇圣祠原来是大学士承祭；现改为皇帝亲临释奠（奠酒不跪拜）或亲王代奠，大学士承祭。

这次升孔子为大祀，还规定了直属各省及府、州、县文庙的规制；供奉、礼器、祭品、乐舞等的数量规制；崇圣祠的祭典体制。

## 清代 地方的祭孔大典

根据《大清会典》得知，“顺治初规定，各府、州、县文庙，在春秋上丁日（即是二、八月第一个天干为丁的日子），令地方印官主祭，其陈设、行礼俱与国子监岁祭同”。到康熙四十九年（公元1710年）又下旨“同城大小武职俱照文职一体行礼。”雍正五年（公元1727年），礼部议：“嗣后省会之区，督、抚、学政于上丁日率司道以下各官齐集致祭；学政考试各府，即于考试处文庙行礼；各府、州县正印官率领属员于本处文庙行礼，俱照典遵行”。

关于行礼的过程，据我省一些府、州、县志所载，都基本相同，只是详略不等而已。现综合叙述于后：

### 一、祭祀前的准备

祭孔的前一天，教官（如学正、训导、教授等）率领学生把祭器摆设在明伦堂（孔庙东边讲学的大院正堂，也是学官的衙署），在准备宰杀的牛、羊、猪、獐、麂、鹿、兔等牺牲的圈外摆设下香案。到了正午时，地方官和陈设官来了。他们捧着祝帛、祭品以及拟定的承祭官、执事生姓名榜来到学宫。首先把贴着黄纸书写着祝文的祝版安放在祝案前面正中，到孔子神位前上香三柱，行一跪三叩首礼，退下来，把写着执事生姓名的榜挂到学宫外。他们又来到明伦堂，监督差役洗涤祭器，分装祭品到笾、豆里，洗洁酒樽，注入醴酒，盖上滤布，一一陈列在明伦堂中，经过主祭官亲自检验合格。然后转入演习礼乐。

演习开始前，襄事（参加祭孔的工作人员）都齐集在明伦堂的左右，乐工都排列在前廊上，乐舞生穿好舞衣，执着籥，秉着翟，齐集堂阶下，等后演习礼乐。

准备停当后，主祭官穿着吉服，到明伦堂升座。他坐在偏左向西南的座位上，各级官吏按次序作三个揖，坐到偏右面向东南的自己的班位上，然后主祭官起身去验看馔、豆、醴、尊。验完后，唱赞生（司仪）唱：“诣省牲所！”引赞生（引官验看并措导行礼的人）在前引导并唱：“省牲！”意思是请主祭官检验上祭的牲畜是否合格。执事（管牲畜的人）率牲畜经过香案前，让主祭官一一验看完。引赞生赞：“省毕！”唱赞生唱：“复位！”主祭官又回到座位上，其他各官也依次复位，等后演礼。

演礼开始，唱赞生唱：“清演礼！”由唱赞生、引赞生引导着主祭官演习第二天要进行的“献帛”、“献爵”等礼仪，乐舞生也和正祀一样演习乐舞。演习中如有错误就责令改正。演习完毕，主祭官率各官退回。

## 二、正式祭典

### 排班就位

祭祀那天四鼓，陈设官、教官率领各执事人把祭器、祭品、牲俎从明伦堂搬到大成殿和两庑各神位前，按制度、位置陈设起来。歌工陈设好簨、虡、琴、瑟、鼓、柷、敔等乐器和支架。大家齐集庙门外等候。

五鼓，主祭官（一般为地方长官）、分献官（一般为地方副长官和学官）、陪祭官（地方各部门官员和退职官员、地方有名望的举人、贡生）各自按品级穿着朝服，下轿、下马，步行来到庙门外，按品级排好队，文左武右，分别进入"金声玉振"、"江汉秋阳"坊，来到棂星门旁的持敬所依次坐下，喝完茶，阴阳官（执掌时辰历法的官吏）报告说"时辰已到！"祭典就正式开始了。

唱赞生大声唱：

"鼓动严——"于是鼓声由慢到快，敲击一百下。各官的随从人员就肃静地退出庙外，巡逻人员就把守庙门，禁止闲人进入，并在庙外巡逻。

过一会，唱赞生又唱：

"鼓再严——"鼓声又由慢到快，敲击一百下。主祭官、分献官、陪祭官都站立起来，整理好冠、带，端正好仪容。这时唱赞生先由棂星门旁的小门，经过大成门的左右小门进入大院，站在大成殿前的丹陛一侧；各队执事生也依次进入，排列在东西庑的阶下；乐舞生则排列在丹墀两旁。

排好队后，又唱：

"鼓三严——"鼓声又由慢到快，敲击一百下。引赞生引领着主祭官及以下人员，按照文左武右，从棂星门、大成门的左、右门进入庙庭（大院），站在各自的拜位旁。（院子里用汉白玉或大理石铺着主祭官、分献官的拜位；用青石和方砖铺着陪祭官的拜位）。

等大家找到自已的拜位后，唱赞生便一节一节往下唱：

"乐舞生各就位！"乐舞生各自执着乐器、舞具按位站立。

"执事者各执其事！"于是执事人员分别由丹墀东西阶经左右侧门进入大成殿和两庑。司樽的到樽前站立，助献的到所负责供献的祭品旁站立。

"主祭官就位！"主祭官面向大成殿站到拜位上。

"分献官就位！"分献官面向大成殿站到拜位上。

"陪祭官各就位"陪祭官和学生们面向大殿站到拜位上。

"班齐——瘗毛血！"意思是祭典开始了，把祭祀宰杀的牛、羊、猪等的一些毛和血埋葬到坑里，向神表示祈福。这时助献生把盛有毛血的盘从大成殿里撤出来，送到庙外西边的一个大土坑边，等待祭祀完时与馔、豆一齐埋入地下。

### 迎神礼

迎神礼开始了。唱赞生唱：

"迎神——司乐"，"举迎神乐！奏《咸平之章》"于是乐队兴歌奏乐：

"大哉孔子，先觉先知；与天地参，万世之师。

祥征麟绂，韵答金丝；日月既揭，乾坤清夷。"

在乐声中引赞生赞（大声司仪）："跪！"主祭及以下所有的祭祀者都跪下。随着引赞生的赞，行三跪九叩首礼（跪下

去叩三个头再站起来算一次，这样反复三次）。然后赞“兴——乐止。”大家站立好，迎神礼完了。

### 初献礼

初献礼开始。唱赞生唱：

“行初献礼——司乐”，“举初献乐！奏《宁平之乐》舞《宁平之舞》”这时乐队兴歌奏乐，舞队起舞：

“予怀明德，玉振金声；生民未有，展也大成

俎豆千古，春秋上丁；清酒既载，其香始升”

这时赞引生引着主祭官一边赞，一边做：“诣盥洗所！（去洗手处）——濯水！（洗手）——进巾！（给手巾揩手，以便洁净的去上供）”。其他分献官也要这样做一次。然后引赞生又一边赞，一边引着主祭官进行下一节：“诣醴樽所（到放酒樽的地方）——司樽者举幂（举起滤酒的纱网）——酌醴（把m酒滤到爵里）”，“执帛者捧帛（负责献白丝巾的人捧着白丝巾），执爵者捧爵——”，于是引赞领着主祭和捧帛、爵的助献生，从大成殿东阶上去，进入左殿门，“诣至圣先师孔子神位前——跪！”主祭官跪下，左右献也跪下，“献帛！”右助献举帛篚送到主祭官手中，主祭官高拱帛篚，然后交给左助献，供放到神位前。然后赞：“献爵！”也和献帛一样进行，然后赞“叩首——兴！”献帛爵礼毕，赞“乐止！”进入读祝文。

赞：“诣读祝位（主祭官走到祝版前）——跪！”赞：“读祝文！”这时由一位德高望重的进士或举人，最低是贡生，声音宏亮地读《祝文》：

“惟，先师德隆千圣，道冠百王；揭日月以常行，自生民所未有。属文教昌明之会，正礼乐节和之时。辟雍钟鼓，咸恪荐于馨香；泮水胶庠，益致严于笾豆。仲春（或仲秋）虔修祀事，以复圣颜子、宗圣曾子、述圣子思子、亚圣孟子配。尚飨！”

读完祝文，仍在原位。赞“乐作！”“叩首！”“兴！”这些礼数，主祭官以下，凡参祭的都在自己的拜位上同样跪拜行礼。

祭过先师，还要向四配上祭，仍然是由主祭官去一个一个地献帛爵，读不同的祝文。四配祭毕，举行分献礼。分献官四人分别到大成殿内十二哲前，两庑先贤、先儒神位前上祭。行礼的仪式完全和主祭一样。以上是初献礼。

行过初献礼，引赞生赞：“复位！”引导主祭官自大成殿右门出来，由西阶下；分献官分别从他们献礼的东西阶下来，回到各自的拜位。“乐止！”初献礼完成了。

### 亚献礼

亚献礼开始，唱赞生唱：

“行亚献礼——司乐”“奏《安平之章》！舞《安平之舞》！”于是乐队兴歌奏乐，舞队起舞：

“式礼莫愆，升堂再献。响协鼓镛，诚孚罍献。

肃肃雍雍，誉髦斯彦；礼陶乐淑，相观而善。”

亚献礼的仪注和初献礼一样，由引赞生领着主祭官、分献官到大成殿和两庑行礼，只少着读祝文一节。其余参祭的人也和主祭官一样，在自已的拜位上行礼。

行完亚献礼，赞引领着主祭官、分献官回到各自的拜位上，准备行终献礼。

### 终献礼

终献礼开始，唱赞生唱：

“行终献礼——司乐！” “奏《景平之章》！舞《景平之舞》！”

“自古在昔，先民有作，皮弁祭菜，于伦思乐。

帷天镛民，帷圣时若；彝伦长叙，至今木铎。”

引赞生引着主祭官、分献官升东阶入大成殿左门或两庑行礼，仪注和亚献礼一样。其余参祭人员也和主祭官一样在各自的拜位上行礼。

行完终献礼，赞引领着主祭官、分献官回到各自的拜位上，准备饮福受胙。

## 饮福受胙

饮福受胙是象征致祭者得到神圣的回赐。

唱赞生唱：“饮福受胙！”后，引赞生引着主祭官由东阶上，进大成殿左门。赞：“诣饮福位！”主祭官站到先师神案前。赞：“跪！”主祭官跪下，助献生两人捧着酒、胙，立在右边，另两人跪在左边。赞：“饮福！”主祭官接过酒，喝在口中又喷吐地上（意思是与众同受福），把爵交给跪在左边的助献生。引赞生又赞：“受福胙！”主祭官从右边助献生手中接过福胙（一盘祭肉），高举贡献后交给跪在左边的助献生。赞：“跪！”“叩首！”“兴！”主祭官叩罢头，站起来。赞“复位！”主祭官由右门出，下西阶，回到大院拜位上。

唱赞生唱：“谢福胙——跪！”主祭官及以下的人都跪下，赞：“一跪三叩首！”赞：“兴！”大家都站起来，准备进行下一节——撤馔。

## 撤 馔

唱赞生唱：“撤馔——司乐！”“奏《咸平之章》！”（无舞）

“先师有言，祭则受福；四海黉宫，畴敢不肃。

礼成告撤，毋疏勿渎；乐有所生，中原有菽。”

这时助献生们举着馔从殿左右门出，经东西阶下，送馔回馔堂，乐止。受福撤馔结束，进行下一步——送神。

## 送 神

唱赞生唱：“送神——司乐！”“奏《咸平之章》！”（无舞）

“凫绎峨峨，洙泗洋洋；景行行止，流泽无涯。

聿昭祀事，祀事孔明；化我蒸民，育我胶庠。”

同时，唱赞生唱：“跪！”主祭官以下都跪下。唱：“三跪九叩首！”由赞引生赞引着跪拜完后，唱：“兴！”大家都站起来，准备行望瘗礼。

唱赞生唱：“读祝者捧祝，司帛者捧帛，司馔者捧馔，诣瘗所！”于是读祝文的跪着取下祝文，司帛的取下帛，司馔的举着两个馔豆向外站立。正祀孔子的由中门出来；祀四配和祀左、右哲的分别由左、右门出来；两庑的各自从门中出来，按班次走往瘗所，各自捧着，跪在瘗坑的西边，等官员来“望瘗”。

准备就序，唱赞生唱：“望瘗！”。听到“诣望瘗位！”的赞唱，主祭官就率领分献官、陪祭官面对瘗坑站立。听到唱：“焚祝、帛！瘗馔豆！”时，瘗坑东西各一人把祝、帛点燃，放入瘗坑，再把牲、醴、馔同先前放着的毛血一齐埋瘗下去。瘗完后唱赞生唱：“复位！”时，主祭官率大家回到原来的拜位上。

唱赞生唱：“乐止——祝毕！”大典终于结束了。

### 三、祭典后

除了在大成殿前祭孔子和先哲、先贤、先儒，还要到崇圣祠（孔庙的后宫）去祭奠他们的祖先，祭典与祭孔类似，但低一个挡次，用少牢祭，简单一些，属于中祀，时间仍是春秋二季，一般是祭孔结束接着就去祭。

祭祀完以后，教官还得率领师生、仆役们收拾打扫殿庑和明伦堂，清埋收藏祭器，还要把祭过的祭品、胙肉分送官员。教官和执事生员们都可以分到一份胙肉。在那时，能分到胙肉是光彩的事。秀才捧回胙肉要供在祖先牌位前叩头祭拜，告诉祖先：你的子孙进了孔庙，沾了文风，得到圣人的恩赐了。全家人都高兴地来祝贺他家出了圣人之徒，共同享受胙肉家宴。

## 近现代祭孔

近世以来，只要执政者希望形势安稳，则必先往曲阜祭孔。

1916年，袁世凯复辟，登上洪宪皇帝宝座，为了表示帝制合法，曾大规模祭孔。

1948年，国民党政权已风雨飘摇，但为了祈求安定，仍举行了大规摸祭孔。

2002年，曲阜祭孔大典扩展为孔庙开庙仪式，祭孔巡游和大成殿祭孔活动的组合。

2004年，曲阜祭孔，由原来的民间活动，进而转为以官方为主导的大型公祭。孔庙举行盛大的开庙仪式，由数百人组成的祭孔仪仗队进行祭孔巡游表演。

2005年，在曲阜举行了全球联合大祭孔。海内外许多国家和地区的孔庙、孔学机构参加了祭礼。中国北京孔庙、浙江衢州孔庙、南京夫子庙、天津文庙、福州文庙、泉州文庙、广东德庆文庙、四川德阳文庙、香港孔教学院、台北孔庙，韩国首尔成均馆孔庙，日本足利孔庙，德国科隆孔庙，美国旧金山市齐鲁会馆等都参加联合大祭孔，联合国科教文组织首次参与主办。

2006年是孔子诞辰二千五百五十七年，由联合国教科文组织、国际儒联、中华民族文化促进会、华夏文化纽带工程组委会、中华孔学基金会、国家旅游局、山东省人民政府等组成的孔子文化节组委会确定，该年以曲阜孔庙、台北孔庙为主，与福建泉州、浙江衢州、吉林长春、台湾台南等地孔庙联动，进行大规模祭孔活动。联合国教科文组织的首届“孔子教育奖”颁奖盛典也在此同时举行，这是首次以中国人名字命名的国际教育奖项。是日，中央电视台到曲阜等国内七座文庙，向海内外直播了这次盛况。

2007年，在香港大球场隆重举行了“庆祝香港回归祖国十周年暨孔圣诞辰环球祭祀大典”。山东曲阜祭孔代表团近四百人参加该次祭祀并担任了仪式演示。中央政府及香港特别行政区官员、各方代表、学生、民众数万人参加大典，盛况空前。

现在各地祭孔的时间，很不一致。基本上采用现在通行的以公历9月28日作为孔子生日的做法。新洲孔庙是在9月30日祭孔；而在仙桃沔城圣庙，则以农历11月初4日作为孔子圣诞，前后三天举办群众性集中纪念活动。

现在祭孔的形式也各地不同，除了继承部份旧有形式外，大都赋予了新的政治、经济、文化内容。是新时期对传统祭孔仪式的继承和发展改造，大都包含以下内容：

乐队奏乐，鸣钟击鼓，参加者于钟鼓声中怀着虔诚恭敬之心，从文庙南大门鱼贯入场。大成乐庄重响起，祭祀开始。三十六名身着红袍，头戴黑帽的小学生有序入场，向孔子牌位或塑像敬献三牢、水果、谷m后，各界代表先后敬献花篮，三鞠躬，然后在乐声中由三十六名童生献六佾歌舞于大成殿前。最后，全体肃立，由主祭者敬礼，宣读祭文。接着全体齐声朗读《论语》中的一些篇章。

苏州2006年在当地文庙举行上述形式的祭孔活动时，还请当地老、中、青书法家现场作书法表演，在社区各街道举行广

场文艺晚会，表现出了明显的弘扬中华传统文化的主导意识。这次祭孔的主祭者，是中国现代国学大师章太炎的孙辈后裔，名士章念翔先生。

香港举行的“庆祝香港回归祖国十周年暨孔圣诞辰环球祭祀大典”的祭孔仪式，在香港大球场举行，祭典开始前，数万人己先坐在看台之上，祭坛正中竖立有孔子巨幅写真，典轧由山东曲阜代表团进行具体演示。因此，也可以认为是较为正宗的一种祭孔仪式，过程是这样的：

先是乐生序立，舞生序立，然后由政府官员及孔子后人恭迎山东曲阜代表团供奉之尼山孔子出生地圣土、圣水入场，敬献祭坛，然后公祭开始——奏乐，起舞、颂诗，依次名为《天人合一》、《与时偕进》、《万世师表》、《为政以德》、《九洲重光》、《天下大同》。

每段载歌载舞之后，由主祭、陪祭若干人入场，盥洗（洗手），向孔子像三鞠躬，敬献花篮，。这样共六次。第五次由香港孔教学院院长汤恩佳博士朗诵祭文。乐舞《诗经·周颂》。最后宣布礼成，全场齐颂《礼运·大同》篇，向孔子像行三鞠躬礼。

这次大典由香港孔教学院，香港《大公报》、山东省人民政府新闻办公室共同主办，香港华人庙宇委员会协办。香港当地推出了丰富多彩的文娱节目。歌舞表演有《八德舞》、《六艺舞》、及五十六个民族大汇演，本港歌星也到场献艺。

# 建水县祭孔仪程

据载，滇南古城建水的祭孔仪典始于明弘治八年(公元1495年)。此后，建水的祭孔活动则日益频繁，规模渐趋扩大，每年在盛大节日或孔子诞辰都要举行祭孔，祭孔仪典规模长盛不衰至今。参祭人员均着古装，严格按礼制进行祭奠。祭品牺牲要全牛、羊，参祭人员必须面对孔子塑像行三叩九拜之礼，并绕洙泗渊源坊、杏坛一周。祭祀仪程与古稍异，大致为：迎圣、行鞠躬礼、恭诵祭文、初献、亚献、终献、撤馔、送圣。古乐舞伴随祭祀全过程。古乐有牌子曲、经腔、锣鼓经等，用30多种乐器，由学识渊博的老者进行演奏。乐生在古筝的伴奏下，合唱《孔子颂》、《贺圣朝》等古曲。舞生则按6路纵队排列，“和乐而舞，以令而蹈”。祭祀队伍“肃静”、“回避”令牌出现，愈显庄重肃穆。

“肃静”、“回避”令牌，庄重肃穆

当持有孔圣画像的队伍行至面前时，人们纷纷行礼以示对孔子的敬重。总之，整个祭祀活动庄严神圣肃穆，气氛热烈凝重，场面恢弘壮观。

2006年9月28日上午，中国孔子基金会、国际儒学联合会、中国孔庙保护协会和台湾孔孟学会等单位联合举行“海峡两岸同祭孔”活动。大陆以曲阜孔庙为主，与吉林长春、福建泉州、甘肃武威和香港等孔庙联动。建水在古城朝阳楼前与全球同步祭孔，并庆祝建水建城1200年。

## 建水县祭孔仪程

### 一、巡游

1600人组成三支队伍：欢庆锣鼓、孔子巡游、祭祀号角，其着装根据不同特点有不同要求：欢庆锣鼓队统一着现代汉族服装；孔子巡游队伍统一着明代服装；祭祀号角队着少数民族服装。按要求，巡游结束，孔子巡游队的600余人将参加文庙的祭孔仪式。

巡游路线：从朝阳楼出发，经临安路至文庙。

巡游队伍在彩车的引领下从建水朝阳楼出发经建中路行至县委附近时“兵分两路”：彩车队带领文艺表演队沿着古城区巡游表演一周；祭孔队伍遵奉总提调的号令，身着明代服饰和书生服饰的祭祀人员浩浩荡荡步行穿过洙泗渊源坊、棂星门、杏

朝阳楼前大典之盛况

坛、大成门，最后进入文庙的主体建筑先师殿。

## 二、请圣

地点：洙泗渊源坊前

**1.主持人宣布祭典开始（锣鼓齐鸣，过山号吹响）**

**2.总提调呼：**

（1）向孔圣像行礼：一鞠躬、二鞠躬、三鞠躬；

（2）恭请圣人入殿，起鼓、鸣锣、奏大乐。

**3.迎圣队伍依次进殿（从洙泗渊源坊进入先师殿）**

## 三、祭祀

虔诚使他们老当益壮，吹着喇叭敲着鼓，正向先师殿聚集

地点：先师殿前

**1. 主持人致辞**

**2. 主祭人颂读祭文**

**3. 祭祀**

（1）公祭：省、州、县领导，香港孔教学院、台湾等儒学等代表、教育界人士、建水各校代表、建水师生界有序进行祭拜，敬献花篮；

祭祀队伍

（2）传统祭祀：包括摆香菜、献桌并将三牲从大成门抬至祭台，引赞呼礼，读祝生颂读祭文，献礼生抬贡品入

祭奠队伍步入先师殿

祭奠队伍巡游

“孔子”端坐车辇

锣鼓齐鸣过山号吹响

中共红河州委罗崇敏书记宣布庆典开始

读祝生诵读祭文

大殿、敬献等。

**4．主持人宣布祭典礼成**

附：主祭人颂读之祭文

大哉孔子，万世宗师。道冠古今，德配天地。圣集大成，斯文在兹。文化遗产，恩泽海宇。世界名人，日月其誉。寰球景仰，垂教后世。有古临安，建水即今。滇南邹鲁，儒风思齐。分滇半榜，人才蔚起。文献名邦，薪火不息。杏坛春晖，普天桃李。文化古城，日新月异。物阜民丰，盛世在即。百业兴旺，百花争奇。力奔小康，振臂鼓翼。任重道远，长征万里。居安思危，严整钢纪。与时俱进，自强不息。追思孔子，弘扬承继。以德育人，同德凝聚。以德治国，民主法治。诚信友爱，公平正义。和谐共处，安定有序。巨龙腾飞，七彩虹霓。协和万邦，四海兄弟。大同世界，风光无际。伏惟尚飨，为祷为祈。

（张辉据建水县人民政府公众信息网　卢维前等文图整理）

聚精会神演奏古乐

孔子的第74代旁系孙孔吟娜全神灌注演奏编钟

建水县长王发利宣布祭孔仪式开始

建水县委卢文祥书记宣读祭文

与会嘉宾向圣像敬献花篮

各级领导敬献花篮以行公祭

先师殿祭祀场景

先师殿里的孔子铜像

祭奠牺牲少牢

祭奠结束

# 大姚祭孔大典仪程

**主持人宣布：**

1. 工作人员和礼仪人员就位（播放音乐，龙狮队、军乐队和威风罗鼓队表演）。

2. 祭孔大典开始；

（1）主持人：各位领导，各位嘉宾，各位学子，各界朋友，大家好！

今天，我们在此隆重举行2006“中国·大姚石羊孔子文化节祭孔大典”，热烈欢迎诸位莅临。今天参加2006’中国·大姚石羊孔子文化节祭孔大典的有中共大姚县委，大姚县人民政府等领导，还有儒商及嘉宾、媒体单位，此外，尚有学子博士、硕士、学士、中小学生和人民教师代表2000多人。现在，请领导宣布祭孔大典开始。

祭孔大会场景

（2）领导宣布：2006年中国·大姚石羊孔子文化节祭孔大典开始。

3. 各界代表致辞

孔子76代孙孔祥能先生致辞

金碧同辉颂先师

（1）儒商代表致辞；

（2）云南儒商代表致辞；

（3）学子代表致辞。

4. 请中共大姚县委副书记杨金智同志宣读贺电、贺信。

5. 表演、倡议、颁发荣誉证书、捐赠

（1）歌颂祖国诗歌朗诵（博士、硕士、学士、高中、初中、小学六生58人）

主持词：硕士、学士、高中生、初中生、小学生58人共同祭孔，预示着中华学风代代传承，儒家精神永放光芒，也宣告大姚石羊停止58年的祭孔活动自此恢复。

（2）学子诵读《论语》章句：《大哉孔子》；

（3）华学子“继承传统美德 复兴中华文明”倡议书；

（4）大姚石羊孔子文化研究会李永仁会长为上述六品学子颁发荣誉证书；

（5）硕士、学士向中、小学生赠送礼物（《我的大学》），结成互学、助学对子；

（6）捐赠

· 本次活动的赞助商

· 投资大姚的投资商

· 团省委、团州委及青少年组织。

6．请参加祭孔大典的各位领导、各位儒商、各位嘉宾、各位教师、各位学子的代表进入孔庙，向孔子圣像敬献五谷、花篮和行鞠躬礼（播放孔子之 歌等古典乐曲）。

**主持人宣布：**

（1）请10名学子组成的第一支代表队进入孔庙，向孔子圣像敬献五谷和花篮；

（2）请省、州、县领导进入孔庙，向孔子圣像行鞠躬礼；

（3）请儒商及嘉宾进入孔庙，向孔子圣像行鞠躬礼；

（4）请学子（六生）代表进入孔庙，向孔子圣像行鞠躬礼。

7. 揭牌仪式（演奏《大同颂》）：

主持人：现在，让我们以热烈的掌声，祝贺“大姚

石羊孔子学术研究会”成立，请省、州、县领导为“大姚石羊孔子文化研究会”揭牌。

8. 宣读“金榜题名碑”碑文及首批金榜学子名单。请省、州、县领导为“金榜题名碑”揭幕。

9. 举行万名学子“祭孔子，学子诵读《论语》章句“大哉，孔子！”知荣辱”万名学子签名。

10. 祭孔大典礼成。

主持人：2006’中国·大姚石羊学子祭孔大典礼成，

有关领导向孔子致敬

学子们向孔子鞠躬

让我们共同祝愿：天下学子学业有成，中华文明四海流芳，文化大姚和谐兴盛，各位嘉宾福瑞吉祥。谢谢！

请军乐和威风罗鼓演奏，龙狮欢舞，中小学生及民众有组织地进入孔庙，祭祀万世宗师孔子。

## 附录一：主持人宣读之祭文

### 祭 文

日月交辉，沧海桑田，岁次丙戌，国泰民安。顶礼三拜，五谷贡献，歌舞翩跹，至诚至虔，敬祭于石羊孔庙大成殿至圣先师灵前：

洪荒蛮夷，天下混沌；存赖以天，命制于人；
万木竞发，鲁林独尊；道孕尼山；振聩万民；
昭昭仁德，穆穆诚信；以仁治世，以德育人；
修齐治平，孝义衷亲；中和有序，公正为钧；
春风化雨，滋润万根；惟我先师，德昭苍生。
三皇五帝，奉祀为尊；素王之称，从古至今；
祖龙坑儒，百经被焚；鲁壁堂堂，师训犹存；
谆谆教诲，熠熠宏论；泽被帝宫，惠及黎民；
巍巍五岳，鼎立崇峻；惟我先师，教政以仁。
习习儒风，华厦灵魂；仁义礼信，万代不泯；
煌煌论语，世界遵循；我道不孤，四海有邻；
融融德法，滔滔河新；万众一心，和如琴瑟；
东方巨龙，驾雾腾云；惟我先师，道贯古今。
石羊孔庙，实肇于明；庙学合一，辉映后先；
悠悠古郡，号小邹鲁；人物鼎盛，尤多俊贤；
莘莘学子，云云少年；叩谒圣像，参商共瞻；
启民心志，施教黾勉；弘道乡里，教化民间；
如林密密，似水涓涓；文化名城，赖为中坚。
帽台巍峨，大姚兴旺；叩首以尊，醇醴其觞；
元元情怀，拳拳心香；祈灵大吉，伏为尚飨。

# 附录二：　二〇〇六
# 中国·大姚石羊孔子文化节
# 万名学子祭孔大典

"祭孔子，知荣辱"倡议书

亲爱的同学们：

在中华人民共和国建国57周年、万世宗师孔子诞辰2557周年的喜庆时刻，我们荣幸地参加了由中共大姚县委、大姚县人民政府举办的万名学子祭孔大典。怀着最崇敬的心情，祭拜至圣先师孔子。孔子是伟大的教育家、思想家、儒家学术奠基人，孔子的教育思想与日月同辉，儒家的道德观念在时空中永恒。祭拜先圣孔子，传承儒家思想，弘扬中华文化，建设和谐社会，这是中华儿女的美好心愿，更是中华学子的热切期盼。

胡锦涛总书记提出"八个为荣、八个为耻"的社会主义荣辱观，既是对中华优秀文化的传承，更是建设和谐社会的紧迫需要。"八荣八耻"的提出，为广大学子的成长进步树立了看得见、摸得着的行为规范和准则，将对我们的思想境界、生活方式和价值取向产生极其深远的影响。

值此2006年中国·大姚石羊孔子文化节万名学子祭孔大典之际，我们向全体中华学子提出"祭孔子，知荣辱"倡议：

一、传承孔子思想，大兴尊师重教新风，立志创新，奋发图强，知难而进，刻苦学习，学文化，学科学，学技术，学本领，讲道德，守纪律，做文明学子，立报国壮志。

二、认真学习胡锦涛总书记关于树立社会主义荣辱观的重要论述，深入领会精神实质，明确具体要求，切实提高思想认识，让社会主义荣辱观入脑、入心，成为自觉行动。

三、树立社会主义荣辱观，要与规范我们的日常学习生活紧密结合起来，从自己做起，从身边小事做起，加强自我教育，加强自我管理，将"八荣八耻"的基本要求，落实到日常学习生活和社会交往之中，落实到为社会做贡献的过程之中，在鲜活的学习生活实践中有所感受，有所领悟，做出表率。

四、积极担当起义务宣传员，大力宣传社会主义荣辱观，在全社会兴起树立社会主义荣辱观的新风尚。同时，要敢于纠正违犯社会道德的现象，敢于同违法犯罪行为作斗争，为构建和谐文明的社会主义社会做出积极的贡献。

亲爱的中华学子们，让我们共同携起手来，弘扬儒家优秀文化传统，牢固树立社会主义荣辱观，努力将自己培养成为新时代的优秀学子，成为构建和谐社会、振兴中华的栋梁之才。

二〇〇六中国·大姚石羊孔子文化节祭孔学子

二〇〇六年十月三日

（大姚孔子学会　提供资料　李万春　整理）

# 腾冲县祭孔大典仪程

公元2007年岁在丁亥八月二十七日圣诞佳期，腾冲县民间祭孔筹备组暨腾越文化研究会、腾越镇桂香会、腾冲县洞经乐团、腾冲县女子洞经乐团、腾冲洞经老会、洞山洞经会、和顺洞经会、小西罗关平洞经会、中和洞经会、田心洞经会及腾冲社会贤达、部分师生各族各界士庶代表於黉学文庙大成宝殿，虔具馨香、素食果品、谈演文昌大洞真经，恭祭于大成至圣先师圣像之前。

腾冲文庙大成殿——祭孔大典会场

祭孔大典在悠扬热烈的洞经音乐声中开始

## 腾冲祭孔仪程

1. 主持人宣读2007年年纪孔子诞辰2558周年祭祀仪式开始。

2. 请筹备组负责人介绍参加祭孔公祭人（单位）名单。

3. 全体肃立，鸣礼炮九响。

4. 请礼乐团、合唱团就位。

5. 奏乐（洞经礼乐大舞队）。

6. 全体公祭人向孔子圣像三鞠躬。

7. 亦唱亦舞颂先师。

8. 主祭人颂读祭文。

9. 云南孔子学术研究会代表献词。

10. 介绍孔子生平。

11. 请教师代表讲话。

12. 请学生代表讲话。

13. 请有关代表讲话。

14. 祭祀开始。

请主祭人就位；

请襄祭人就位；

起经（击鼓、鸣金）。

转经队伍由以下方队按顺序行进：孔子牌位、十供养、仪仗队、礼乐团、师生代表队、社区文艺方队（若干）、祭孔筹备组及社会各界人士方队。

队伍自孔庙出发经秀峰电影院→文星楼→状元桥→孔庙，下午举行文艺表演。

15. 筹备组负责人讲话，并宣布祭典礼成。

## 附录：

## 一、祭孔大典祭文

夫天地万物，大道必循；道之传承，必以师尊。大哉孔子，万事宗师，德配天地，道冠古今。斯文在兹，圣集大成。皇皇儒学，博大精深。伟哉孔学，如山永峙。杏坛设教，垂范万世，修齐治平，千秋共遵，根深流沛，华夏之魂。古注今来，高标宏论，高山仰止，万国羡钦。历史名城，有我腾冲，虽处极边，克振文风，思齐邹鲁，鸿儒所钟，崇文重教，儒学是宗。人文蔚起，古今贯通。欣逢盛世，腾越崛起，文化古城，日新月异，科教兴腾，小康可期。国泰民安，文明有序，民主科学，公平正义，诚信友爱，世风是仪，忠孝立身，家国无虞，知荣明耻，倡廉修礼。协和万邦，四海兄弟，大同世界，风光无际。泱泱中华，巨龙腾飞，文化精髓，其脉延绪。追思前贤，心游八极，弘扬孔学，於世大益。构建和谐，长风万里，任重道远，同心　协力。伏惟尚飨，为祷为祈！

## 二、纪念孔子二千五百五十八周年诞辰

云南省孔子学术研究会献词

（二〇〇七年九月二十七日）

五岳苍苍　江河泱泱　夫子之风　山高水长

大哉孔子　华夏之光　名重环宇　五洲共仰

十哲之首　屹立东方　世界大同　人类理想

仁者爱人　襟怀博广　为政以德　众星拱向

孝弟忠信　礼仪之邦　尊老爱幼　世风高尚

先师重教　启迪万方　有教无类　贵贱同享

诲人不倦　师道永彰　弟子三千　济济翔翔

德配天地　日月同光　道冠古今　万世流芳

（腾冲孔子学会 提供资料　李万春整理）

# 香港祭孔大典仪程

**1. 序幕表演**

歌唱《我是中国人》(孔教学合唱团)

六艺舞(孔教学院大成学校学生)

跆拳道表演(香港跆拳道协会少训队)

舞蹈表演《爱我中华·歌唱祖国》(香港健康十八式)

八德舞(孔教学院何郭佩珍中学学生)

歌星献唱(电视广播有限公司TVB歌星)

歌舞表演《杏坛圣梦》(山东省曲阜市祭孔队伍)

孔历二五五八年（公元2007年10月7日）香港热烈、隆重的祭孔场景

**2. 开幕典礼**

主礼嘉宾——民政事务局局长曾德成太平绅士进场

孔教学院、华人庙宇委员会、山东省人民政府及《大公报》等代表陪同

升旗礼、奏国歌(香港升旗队总会)

舞龙/舞狮/舞麒麟(陆智夫国术总会)

唱孔圣颂、孔圣赞(孔教学院合唱团，音乐总监陈亮老师领唱)

剪彩：主礼嘉宾、孔教学院、华人庙宇委员会、山东省人民政府及《大公报》等代表剪彩

主祭人汤博士诵读祭文

大会会长孔教学院院长汤恩佳博士致辞

致送嘉宾及服务、表演团体纪念品

**3. 祭孔典礼(山东省曲阜市200人祭孔队伍联同孔教学院主持)**

迎土迎水仪式

六个乐舞篇章

《天人合一》

《与时偕行》

《万世师表》

香港民政局曾德成局长在祭祀仪式上致辞

《为政以德》

《九州重光》

《天下大同》

**4. 齐诵《礼运·大同篇》及向礼圣像行三鞠躬礼**

**5. 闭幕表演**

歌星献唱(电视广播有限公司TVB歌星)

跆拳道表演(香港跆拳道协会青训队)

歌唱《孔子曰》(孔教学院合唱团)

歌唱《爱我中华》及56个民族大汇演(孔教学院合唱团及孔教学院何郭佩珍中学学生)

孔子后人扮演孔子训勉(孔子第74代后裔孔繁光先生)

孔历二五五八年(公元2007年10月7日),香港孔教学院在香港大球场举行环球祭孔大典,由香港特区政府民政事务局局长曾德,成太平绅士主礼,参加大典的有国家宗教局副局长、香港特区政府高官以及世界著名孔教儒学专家、学校广大师生、市民共三万人出席,场面热烈、隆重,香港特区政府民政事务局局长曾德成太平绅士致辞。

(香港孔教学院 提供资料 李万春 整理)

汤恩佳院长与曾德成局长为醒狮点睛

祭孔乐舞之一《九州重光》

# 古村重辉映古礼

## ——诺邓村文庙祭孔纪实

李万春

2008年9月25日，带着赵廷光会长的嘱托和云南孔子学术研究会的希望，奔赴云龙县参加诺邓村纪念至圣先师2559年暨传统祭孔活动。

诺邓村位于云龙县城东北，距县城七公里，有公路可通；其孔庙距诺邓村四公里许，则是山石小路，据说此路至少也有上百年历史。

千年古村——诺邓村全貌

9月26日上午7时30分，与大理孔学会同仁一道，驱车赶往祭孔圣地——诺邓村孔庙。到了诺邓村，我们便下车沿山石小路缓缓前行。一路上，参加活动的成百上千的人们成群结队，扶老携幼，怀着虔诚的心慢慢走着。我们亦置身其中一同前往。

这条通往文庙的山石小路，少说也有3、4公里。一路上，我们经过了不少有标志的民居四合院，还有盐局旧址、题名坊等。

8时45分许，我们踏上了较宽的砂石铺就的路，曾经一座高耸于路中间的木排坊，即诺邓孔庙的棂星门，一眼看去，“腾蛟”二字即映入眼帘。穿过此门，回头一看，坊上又突现“起凤”二字。据说这是滇西现今保存最大、最古老的木排坊。当我们醉心于斯时，蓦然抬眼，在那砂石路的尽头，也是山的最高处，绿树林中的诺邓村孔庙隐约可见。

通往文庙图中见到的世大夫第

此时，我们似乎已忘却疲劳，快步向前，穿过人群，登上石梯。当我们步入孔庙时，那里人山人海，只见人头攒动，已无立锥之地，无奈只好跟着慢慢挪动的人群。

滇西现今保存最大、最古老的木排坊——诺邓村文庙棂星门

时间快极了，9点正，祭孔仪典开始了。一依古礼，无论穿着打扮，还是行礼，全在唱赞生和引赞生的唱引下，井然有序地进行：

一切准备就绪后，开始举行迎神礼。唱赞生唱："迎神——司乐"，"举迎神乐——奏咸平之章！"

不一会，司乐和抬轿迎神的队伍缓缓出现在山坡上。

在乐声中引赞生赞："跪——"，主祭以及参祭者均随声跪下，并行三跪九叩礼。礼毕，唱赞生赞："兴——乐止"。各就位，迎神结束。

引赞生赞："跪——"，主祭以及参祭者均随声跪下并行三跪九叩礼

接着举行初献礼。

唱赞生唱："行初献礼——司乐"，"举初献乐——奏《宁平之乐》"。这时，乐队奏乐。

在乐声中，赞引生引着主祭官一边赞，一边做：去洗手处，边洗手，边用巾揩手，以洁净的手奉爵上供。

然后引赞生又一边赞，一边引着主祭官进入大成殿，"诣至圣先师孔子神位前——跪！"主祭官跪下，左右献也跪下，将帛供放到神位前。然后赞："献爵！"也和献帛一样进行，然后赞"叩首——兴！"献帛、爵礼毕，赞"乐止！"

进入读祝文的仪程：

赞："诣读祝位（主祭官走到祝版前）——跪！"赞："读祝文！"一位德高望重的长者应声而宣读《祝文》：

读完祝文，赞曰："乐作"、"叩首""兴！"参祭者在乐声中，在自己的拜位上行跪拜礼。

行过初献礼，引赞生赞："复位！"引导主祭官和分献官走下大成殿，回到各自的拜位。并曰"乐止！"初献礼完成了。

庆典现场——诺邓孔庙大殿

诺邓孔庙大殿类的孔子像

举迎神礼赞曰："迎神——司乐"

乐队神情专注举迎神乐《奏咸平之章》

司乐和抬轿迎神的人们正向先师殿走来

迎神的队伍进到了先师殿

与会全体参礼

主祭以及参祭者均随声跪下并行三跪九叩礼

接着行亚献礼。

唱赞生唱：

“行亚献礼——司乐！”“奏《安平之章》！”乐声起。

行完亚献礼，赞引主祭官、分献官回到各自的拜位上。

最后，行终献礼。

唱赞生唱：

“行终献礼——司乐！”“奏《景平之章》！”

引赞生引着主祭官、分献官升阶入大成殿祭拜，其余参祭人员也和主祭官一样在各自的拜位上行礼。

主祭官洗手以备奉爵上供

引赞生引领主祭官进入大成殿诣至圣先师孔子神位前跪

德高望重的长者应声而宣读《祝文》

行完终献礼，赞引领主祭官、分献官回到各自的拜位上。

然后，举行象征致祭者得到神圣回赐的饮福受胙。

唱赞生唱：“饮福受胙”后，引赞生则引领主祭官进入大成殿。赞“诣饮福位！”主祭官站到先师神案前。赞

"跪！"主祭官跪下，助献生两人捧着酒、胙，跪在右边。赞"饮福！"主祭官接过酒，喝在口中又喷吐在地上（意思是与众同受福），把爵交给跪在左边的助献生。

引赞生赞："受福胙！"主祭官从跪在右边的助献生手中接过福胙（一盘祭肉），高举贡献后，交给跪在左边的助献生。赞："跪！""叩首！""兴！"主祭官叩罢头，站起来。赞"复位！"主祭官回到拜位上。

唱赞生唱："谢福胙——跪！"主祭官及以下人都跪下，赞："一跪三叩首"。赞："兴！"大家都站起来。

下一节——撤馔。

唱赞生唱："撤馔——司乐！"

这时助献生们举着馔从殿左阶下，送馔回馔堂，乐止。

最终是送神。

唱赞生唱："送神——司乐！"

在乐声中唱赞生唱："跪！"主祭官及以下人都跪下。唱："三跪九叩首！"跪拜完后，唱赞生唱："兴！"大家都站起来。拟行焚祝帛，望瘞所。

据陈云华先生介绍：诺邓村是一个见诸史籍"有1100多年"历史，"以盐文化和山地白族文化为背景的古村"，"是滇西北地区年代最久远的村邑"，她"集中了明、清建筑群和明清文化的遗踪，共有明、清两朝古建筑民

主祭官接过酒喝在口中又喷吐在地上

主祭官从右边的助献生手中接过福胙（一盘祭肉）

居一百多处，另存有寺庙、祠堂、牌坊、门道等公古建筑20余处"。明洪武十六年（公元1383年），明设云南"盐课提举司"，其中"五井盐课提举司"治所即在诺邓。翌年，诺邓即兴学祀孔，先塑孔圣像于东山萧山寺，后又迁至玉皇阁后院静室，至乾隆九年（公元1744年），孔庙始成，"更为学舍讲堂于其中，蒸蒸然以兴于学"，成为诸邑"感被子教化，易风俗以正人心"的文教中心。兼之盐业经济发达，诺邓曾一度成为滇西地区的商业中心之一，故文风蔚然，人才辈出，科举时代的诺邓曾出进士2人，举人3人，贡生60余人，秀才500余人。因此，诺邓以其丰厚的历史文化底蕴，被誉为"一个古老文化

在乐声中送神的队伍抬轿送神离开先师殿

的微缩景观”。

此次诺邓祭孔所体现的传统性、民族性、民间性特点，正是其丰厚文化底蕴的微缩。

9月27日，我完成使命后，踏上了归程，可心里总在翻腾着千年古村历史文化的一件件，传统祭孔的一幕幕，是启迪、也是祝福。孔子是伟大的，他的思想像一棵扎根于中华民族心灵深处的参天大树，根深叶茂，世世代代影响着中华儿女。今天，孔子思想已传遍五洲四海，根深蒂固，枝繁叶茂。虽然它不曾有过平静，不曾摆脱过非议责难的厄运，而却永驻中华儿女心中，千年古村——诺邓的历史文化和现实不正是最好的明证麽？祝福你诺邓，明天会更美好！

12点许，祭奠礼结束，总计约150 分钟。

（《大理日报》王晓云、云南大学研究生梁虎各提供一张照片）

# 忆往昔江川文庙祭孔

陈汝谦

祭祀孔子的盛大典礼仪式，于每年阴历8月27日（孔子诞辰日）举行。这天一早，四乡庶民，皆梳洗打扮，着节日盛装，喜气洋溢地向一个目标——江川文庙云集；县衙之文武官员，也宽袍箭袖，骑马坐轿，向文庙进发。文庙内外，人群熙攘往来，络绎不绝；五颜六色，气象一新。祭祀典礼开始前，先大开大成殿之24扇屏门，揭开“至圣先师孔子牌位”前的紫色金绒帐幔，再在帐幔前的长方形供桌上，点明六六三十六支大红蜡烛，在殿前青砖平台上，两“龙抱柱”中间的大铁香炉内，点燃烟香，拉开盛典序幕。至此，整个大殿内外，红烛高照，香烟缭绕，既庄严肃穆，又喜气洋溢，一派太平盛世景象。与此同时，在殿4m宽的廊檐下，陈列祭品。祭品同列为二牛四猪八羊，三十六鸡，七十二鱼，按空间方位，从左至右排列：

二牛（黄牛，雄性，不颈宰，从牛耳下方进刀，不去皮毛，不开膛破肚，整牛置于预制之红漆木架上）。

四猪（雄性，刮毛，不开膛破肚。陈列方式与二牛相同，但分两排，没排二口）。

八羊（分两排，每排4只，余于猪相同）。

三十六鸡（雄性，肥硕，活祭，分4排，每排9只）。

七十二鱼（雌雄各半，鲜活，但大小一致（约一斤左右一尾）分4排，每排18只~9对）。

牺牲祭品之前，又有红糖七十二盒，果品若干。

盛典开始，先是主祭官（一般是县知事或知县）、陪祭官就位。即在大成殿前，青砖平台下之大天井中的“拜石”上，成一字形立正。拜石共7块，中轴线青砖走道东侧一块，为主祭官位置，道外东侧三块，从左起，依次为“教谕”（主管全县教育），典史（主管全县治安），乡贤（乡试以上中榜者）位置。此谓之陪祭文官。道外西侧，从右起，依次为“千总、百总、把总”（相当于今之公安队的大队长、中队长、小队长）位置，此谓之陪祭武官。

祭祀时辰到（一般为“辰正”，约今之上午9点钟），由司仪官高叫：

“击鼓三通”（每通36锤，共108锤）！

“鸣钟三响”（每响12下，共36下）！

“响炮”（响炮36响，每响用空心圆柱形状铁管，高30cm，内沿直径5cm，装满火药，依次点燃）！

“读祭文”（祭文一篇，事先拟好，由主祭官高声唱读）！

“行礼”（全体参祭人员，无论士庶，一齐下跪，行三拜九叩礼）！

“上香”！由主祭官领头，陪祭官（文前武后）随之，庶民于后，缓行，由南端“盘龙朝圣”两侧，拾级而上，至置于“龙抱柱”中间之大香炉旁，拈香礼拜，然后，男东女西，分别从东、西两侧石阶走下。

“上香”之后，整个祭典仪式即告结束。最后，是分享祭品。至人散尽，则放下帐幔，关闭屏门，谓之“封祭”。封祭之后，由“文庙管事”主持每日一早一晚的点灯、上香，直至来年。

祭典，既盛大，又热烈；既有弘扬儒学，鼓励士子进取之心；又有宣扬教化之意。

# 释奠礼与孔子文化

段炎平

儒家文化离不开礼与乐，孔子对礼乐的注重与倡导直接促成了中国传统文化礼乐特色的形成，中国也因此被誉为“礼仪之邦”。礼乐系统中的“释奠礼”则主要用于祭祀孔子，成为孔子文化的重要内容。

孔子曾说：“国之大事唯祭祀与戎”。随着传统文化的逐步复苏，以祭祀黄帝，祭祀孔子为代表的带有浓郁传统特色的祭礼隆重展现，引起社会的广泛关注。由于祭礼的形式非常鲜明，影响非常显著，能够承载国家重大文化信息等原因，很多场合下成为政府与民间共同推重的文化活动，为弘扬传统文化的重要切入点。参与一次隆重的祭礼仪式可使我们的生命与先哲、先贤的伟大精神融为一体，从而体验到五千年华夏文明的精义。

儒学同仁于乙酉岁首开当代传统释奠礼之先声，之后在圣城曲阜成功举办了十二次隆重的释奠礼，受到了社会各界的关注。促进了传统礼乐文化的恢复和健康发展，支持了经典教育复兴与民族服饰文化的传承，国学爱好者参与到祭礼中来，体验蕴涵在礼乐中的民族义理真谛，收获颇丰。在此简要介绍一下释奠礼的历史与现状。

## 释奠礼的由来与意义

民间儒家学子在先师孔子晚年讲学的洙泗书院举行释奠礼

“释奠礼”是古代学府的一种重要典礼，内容为陈设酒食以祭奠先圣、先师。《礼记·文王世子》记载：“凡始立学者，必释奠于先圣先师……”释奠礼最初是祭奠周公和孔子的，后来演变为专门祭奠孔子及儒家先贤。释奠礼的目的在于通过简明的形式来表达对先哲、对中华文明的诚敬，提倡文明教化与人伦和谐，以弘扬华夏精神和中华文明的主体性。释奠礼用以表达对先师、先圣的崇敬与追思，体现的是民族尊重师长，尊重知识的优秀传统。千年时光中，释奠礼逐渐成为古代中国最重要的祭祀之一。传统释奠礼在每年仲春、仲秋的第一个丁日隆重举行，因为五行中丙丁属火，以象征人类文明的传扬。

由汉武帝崇儒开始，经过两千多年的历代，曲阜圣庙由最初的三间故宅，成为今日九进五重门的宏大建筑群。释奠先师的仪程也因历代对孔子的尊崇而从六佾到八佾，由学府祭奠晋升为国之大祭，但是，释奠礼的重要环节一直未变，迎神奠帛，三献读祝，饮福望瘗的基本程序三千年一脉相承。

“迎神”象征将先哲英灵迎奉到神殿之上，以诚敬供奉，体现儒家“祭如在”的思想。

释奠礼中“迎神”环节——（己丑春季曲阜洙泗书院释奠礼）迎神之后进行初献礼，敬献帛与酒，然后宣读祝文，表呈敬意。随之举行亚献与三献，然后主祭官要饮“福酒”，象征与先哲共饮致福。再后是送神礼，最后将祝文焚烧送达上天，完成整个仪式。仪式举行始终与乐舞协同进行，整个祭祀过程庄严祥和，乐舞翩翩威仪赫赫，恢宏大气，感人至深。

史书记载，最早祭祀孔子是孔子去世后第二年。孔子卒于鲁哀公十六年四月己丑。哀公亲临祭奠，诔之曰：“旻天不吊，不慭遗一老。”孔子被安葬于鲁城北泗水南岸，既现在的孔林，此后鲁国民众世世相传以岁时祭祀。他生前所居堂舍被辟为庙宇，陈列衣冠琴车书，供人凭吊，历代扩建，逐渐发展为今天的曲阜孔庙。

官方祭孔最初汉高祖于公元前195年以太牢祀孔，开帝王祭孔先河，历代帝王益加尊崇。“前汉元帝初元中，下诏太师褒成君霸以所食邑八百户祀先圣。”《孔氏祖庭广记》记载：“后汉光武建武五年，破董宪，还幸鲁，使大司空祀先圣。”自东汉明帝开始，在辟雍祭祀孔子已经成为惯例。

南齐武帝永明三年（485），议定孔庙释奠“设轩悬之乐，六佾之舞，牲牢器用，悉依上公”。北朝时北齐“以一太牢释奠孔宣父，配以颜回，列轩悬乐，六佾舞”。继承了前代以太牢祀孔子的传统，隋代延续北朝的孔庙祭祀制度。

唐太宗即在贞观之际下诏，令州县学皆立孔子庙，孔庙祭祀制度基本定型，明列国典，再未动摇。《孔氏祖庭广记》宋高祖于武德二年下诏：“惟兹二圣（指周公、孔子），道著群生，守祀不修，明褒尚阙。朕君临区宇，兴化崇儒，永言先达，情深绍嗣。宜令有司于国子学立周公、孔子庙各一所，四时致祭。”

明太祖于“洪武元年二月，诏以太牢祀孔子于国学，仍遣使诣曲阜致祭。” 同时制定释奠礼，每年仲春、仲秋上丁，由皇帝降香，遣官祀于国学。牲用太牢，六佾舞。朱元璋召见孔子后人孔希学时言到：“年代虽远，而人尊敬如一日者，何也？为尔祖明纲常，兴礼乐，正彝伦，所以为帝王师，为常人教。传至万世，其道不可废也。”

嘉靖九年（1530年）十一月，明世宗采纳张璁的建议，对孔庙祀典进行了改革：撤除孔子的王号，称“至圣先师”。明末崇祯十五年，将宋儒周敦颐、二程、张载、邵雍、朱熹等同时升为“先贤”，将理学地位显著提升。

清光绪时（1906年），孔庙祭祀由中祀上升为大祀。乾隆释奠阙里，三跪九拜。案前上香、奠帛、献爵，跪而不立。

民国建立之后，1912年教育部下令停止读经、祭孔，并将文庙田产重为学校发展经费。袁世凯于1913年6月22日颁布“复学校祀孔”命令，9月3日，经教育部批准，孔教会在国子监举行祀孔典礼，要求“各地方孔庙，由各该长官主祭，用以表示人民，俾知国家以道德为重”。并于9月28日抵达孔庙举行祀孔典礼。1919年，北洋政府将讲求实用之学的清初大儒颜元和其弟子李塨从祀孔庙，成为孔庙从祀诸儒中的最近两位。1934年，国民党“中常会”通过蒋介石等人提案，“以8月27日为先师孔子诞辰纪念日”，交由国民政府明令公布，且派中央大员前往曲阜致祭，成为南京政府成立后第一次尊孔高潮。随后，纪念孔子诞辰成为惯例，每年都要举行隆重仪式。

国民政府举行的孔庙祭祀，改变了原来四时丁祭的传统，仅以纪念孔子诞辰的方式祭孔，在祭孔仪式上改跪拜礼为鞠躬礼，至1935年，正式废除了“衍圣公”的称号，改为“大成至圣先师奉祀官”，自宋仁宗至和二年（公元1055年）定爵号，沿袭了880年的“衍圣公”至此结束。

# 释奠礼的当代状况

新中国成立之初，曲阜依旧按传统举办数次祭祀，上海电影制片厂1957年专为曲阜祭孔仪式拍了新闻电影纪录片《祭孔乐舞》，成为唯一能再现祭孔乐舞的影视资料。经过“文革”的磨难，至20世纪80年代中期才逐渐部分恢复祭礼程序，主要是乐舞内容，用以丰富文化旅游。到2004年市政府举办公祭为一阶段。中国大陆的民间祭祀始于2005年春季，民间儒者通过华夏复兴论坛自发组织筹备了“乙酉春祭”，从此掀开了释奠礼的新篇章。而后在河北正定文庙、四川德阳文庙连续举行了民间祭祀。至今，每年春、秋季在曲阜举行民间释奠礼已经成为惯例。由当年举行乙酉春祭的网络报导可见祭祀的影响。

“祭礼延续千年，维系礼乐文明，安顿国家民生，炎黄神器保而不坠。然近代内忧外患频袭，无知者崇夷鄙夏，逐私欲而坏人伦，纲常废乱，礼乐蒙尘，人道几丧堕于万劫不复之深渊。幸大道恒贞，日月不泯，天佑华夏，吉礼重现。乙酉仲春，儒门同好汇聚圣城曲阜，十三志士发奋忘己，斋明盛服以承大愿，千秋盛礼光复人间。挚友欢呼，华夏开颜，复得海内外有志者鼎助，遂成乙秋丙春之礼，又有太原祭礼、正定祭礼、德阳释奠、邹城亚圣之祭，民间儒风方兴未艾，神州气象今朝复来。”

乙酉年秋季在曲阜文庙举行的民间释奠礼

可见祭祀孔子的仪式在中国民众心目中的分量，纯粹的民间释奠礼几乎都由参礼者自费筹备举办。每到春季五一黄金周和秋季十一假期，来自全国各地自发参加曲阜释奠礼的民间儒士不辞辛劳汇聚圣城，大多身为工薪阶层的学子们选择每晚十元钱的小宾馆住宿，大家共同凑钱制作祭祀服装，购置祭祀器材与祭品。他们自购门票进入圣庙诚敬祭拜，对传统文化的至爱打动了很多游客，常报以敬慕的目光和热情的掌声。民间学子在祭祀期间还会开展丰富多彩的学术交流与联谊活动，沟通思想增进友情，围绕曲阜释奠礼逐渐形成了深厚友谊的儒士群体，被称为“儒林”同道。他们凭借热情与才智在各地推动儒学与传统文化的继承与发展，成为中华文化复兴大潮中的重要力量。在这种完全自发的文化行为面前，社会可以树立起传统文化复兴的信心。

# 曲阜洙泗书院民间祭孔

## 祭祀乐舞的形成与发展

祭祀孔子所采用的乐舞历史悠久，相传起源于三皇五帝时期。大舜时期被称为礼乐文化的发源期，舜帝倡导“德为先，重教化”。《史记》上说“天下明德，皆自虞舜始”。他创作了乐舞《大韶》用以歌颂尧帝的品德，教化人民。又名《箫韶》。

青年学子礼成合影

西周初年，周公“制礼作乐”， 将周代以前各代乐舞整理成为包括《云门》、《大章》、《大韶》、《大夏》、《大镬》、《大武》等上古六代乐舞。乐舞集诗、乐、舞于一体，富有教化功能，舞蹈动作都有象征意义，伴奏以编钟、铙、铎等金属乐器，磬等石制乐器，柷、敔等木制乐器，箫、笛等竹制乐器，笙、竽等匏形乐器，埙等陶制乐器，琴、瑟等弦乐器和革鼓等“八音”古乐器，成为大型的演奏乐队。配以成熟的音律。孔子评价道：《韶》尽美矣，又尽善也。”

祭孔乐舞中雅乐源自《韶乐》，舞源自《大夏》。八音齐奏，中和雅致。祭祀典礼所用八音古乐包括金、石、土、木、革、丝、竹、匏，共8类105件乐器。呈现的是一种独特的美感境界。旋律宏阔悠远，庄严祥和，五音俱备宛如天乐，八音齐奏，和谐无限。展现儒家的中和思想，正所谓“大乐与天地同和”。《乐记》“乐者，天地之和也”。

《隋书》等古籍中记载了《韶乐》流传的历史：“秦始皇灭齐，得齐《韶》乐；汉高祖灭秦，《韶》传于汉，汉高祖改名《文始》。”秦汉时期均把《韶》定为祭祀之乐。 南朝梁武帝，定郊庙祭祀乐，以《大韶》名《大观》。《韶》乐虽改换名

称，但在祭天、祭祖和祭孔时表演的都是《韶乐》。在唐代制定的《贞观礼》和《大唐开元礼》中，释典礼乐形成了《十二和》乐制和文舞、武舞。明朝朱元璋颁大成乐器，清代将祭孔乐舞直接冠名为《中和韶乐》。

祭孔乐舞是集乐、歌、舞、礼为一体的庙堂祭祀文化，昭示着儒家文化礼乐教化的精髓。在祭祀的六大程序：迎神礼、初献礼、亚献礼、终献礼、撤馔礼、送神礼等过程中，都要演奏乐章，舞者手持籥翟，配合歌与乐的节奏起舞。一个舞蹈造型，代表一个字。歌生唱一个字，乐生奏一个韵，舞生跳一个动作，共有九十六个舞姿。动作手势有：起手、垂手、出手、拱手、挽手等。体态有：授受、辞让、谦辑、拜跽、顿首。正如荀子《乐论》所说："故听其雅颂之声，而志意得广焉；执其干戚，习其俯、仰、屈、伸，而容貌得庄焉；行其缀兆，要其节奏，而行列得正焉，进退得齐焉。"

## 明代保存的祭孔乐舞资料

祭孔佾舞，表现谦逊礼让，立德之容。其动作的含义是：屈身出手下伸为"授"，屈身出手上举为"受"，拱手后退为"辞"，拱手向左右为"让"，低首屈身拱手为"谦"，出手两肘拱手齐心为"揖"，低首屈身至地为"拜"，融汇了中华古代礼仪的动作。

作为中华民族的核心文化传统，释奠乐舞历时数千年，影响深远，传播到东南亚多个国家。韩国大约在1600多年前，就开始了纪念孔子的释典，并一直延续至今。每年的春秋上丁日，在成均馆孔庙和全国的两百多所乡校均按明朝的仪式举行释典礼并演奏雅乐，成为其重要的文化遗产。

日本祭孔始于公元701年。雅乐从唐朝流传到日本以后，融入其民族文化形式，形成为日本的雅乐。由舞蹈和音乐构成的雅乐流传至今，是日本最古老的演艺，被认为是世界上最早的交响乐。

越南的雅乐是明朝时期传入的，包括文舞与武舞。2003年，越南雅乐被列入联合国教科文组织"人类口头及非物质文化遗产"，成为全人类共同的文化财产。

## 结　语

当代礼乐文化的继承与发展直接关乎中华民族的伟大复兴进程。释奠礼作为重要内容，其传承与发展不仅关系到儒学，关系到孔子文化，同时也关系到整个中华文明乃至新世纪人类文化与思想的发展。在多元文化的时代，古老的中华文明正是以礼乐文化为载体而呈现于世界面前。越是民族的就越是世界的！越是具有民族传统特色就越是富有发展的潜力与创新活力。完整继承并弘扬以释奠礼为重心的传统礼乐文化无疑是包括传统文化学者与爱好者在内的所有中华儿女的当代职责。礼乐文化也必将随着伟大祖国的腾飞而再次展现出其无穷的魅力。

# 跋

纵观历史，在璀璨的中国文化长廊里，拥有至尊地位者或许当首推孔子，在他辞世两千多年来，那汩汩滋养华夏的洙泗渊源，那遍布全国的莘莘孔庙，将一位“文化君王”的悠悠文脉绵延至今，甚至在云南这样一个边疆少数民族地区，悠悠文脉的承传已逾千载。几百年来，云南文庙作为儒家文化的重要载体，以其祭祀、教学、礼乐功能，在和睦民族，淳化民风，弘扬善气等方面发挥着重要作用。历经沧桑，风雨飘摇，历史上的云南文庙经历了几个世纪后，幸存多少、状态怎样，对遍布全省各地的文庙进行全面考察，这不仅是会长的夙愿，也是云南孔子学术研究会新老会员的愿望。由于多种原因，云南孔子学术研究学会成立十多年来，均未能了却此愿。

2007年，在中共云南省委宣传部，尤其是张田欣部长的大力支持下，终于夙愿以偿。可是，事情总是矛盾的。夙愿未了，心里朝夕牵挂，有了机会却又忧心忡忡。欣喜之余，面对遍布云南各州、市、县、乡的文庙进行考察和搜集、整理资料的浩繁工程，并要在短短一年时间内完成，时间紧，任务重，不能不心存余悸。但是，我们牢记办会宗旨，团结一致，要为弘扬传统文化，宣传儒家思想，献出绵薄之力，困难再大，问题再多，也不辱使命。人心齐，泰山移，在会长率领之下，多次召开会议研究、商讨，统一认识，团结一心，举全会之力，将动员、整合全省能搜集和提供当地文庙资料之力与不辞辛苦，深入实际，开展调查研究结合起来，学会的专家、学者尽心竭力，一边收集资料，一边整理、编撰，务求做好《云南文庙存佚》的编撰、出版工作。

今天，在汇聚全省对文庙，对孔子有虔诚崇敬之心的各界人士之力编撰而成的《云南文庙存佚》即将面世之际，我们首先感谢长期支持云南省孔子学术研究会的中共云南省委、省政府、省人大、省政协及相关领导；其次是感谢多年来在艰难中坚持致力于孔学研究的云南孔学会的忠诚、勤奋的会员们；再次是感谢此次与孔学会成员一道搜集、提供各地文庙资料、图片的单位和朋友。

这些单位是（排名不分先后，下同）：香港孔教学院、云南省文化厅、云南省图书馆现代文献部、玉溪市委、江川县委、江川文物局、鲁甸县政府、通海文物局、大理孔子学会、腾冲孔子学会、大姚孔子学会、景东文物局、宁洱文物局、墨江文物局、昭通市文管所、虹溪三中、江川二中、楚雄日报及有关媒体和网站等。

赵廷光会长多次召集副会长研究、商讨编辑工作

赵廷光会长主持会议研究编辑方案合影留念

江川县委办、文物局与我会李万春常务副会长考察文星阁

与宁洱文物局领导考察文庙

普洱市文化局领导与我会考察人员常务副会长兼秘书长李万春及理事蔡正发教授合影

李万春秘书长与大理州孔子学会姚宋明会长探讨文庙保护问题

起永俊　李成林与蔡正发教授合影

支持我们的工作，或提供资料，或撰文的朋友是：

李成林　杨　俊　杨开云
岳炳权　张丽萍　王德坤
汤文忠　程永和　王之峰
师培砚　解　俊　苏忠诚
冯　熙　文　敏　蒙振宇
游有山　白艳萍　徐忠明

《云南文庙存佚》的出版饱含着他们的无私帮助和奉献，而他们的名字有的只能很不显眼地出现在各地文庙介绍后面的小角落里，有的甚至默默无闻，但我们相信，他们的精神将如文庙一样，永驻人们心中，为世传诵。

千百年来，云南各地文庙成为传播儒家文化，传承古代

文明、弘扬传统文化的重要阵地，对云南历史文化产生了深远的影响。现存的云南文庙凝聚着云南各族人民对孔子的伟大精神与人格魅力的敬仰。千古巨人，万世先师，薪火传承，百代不熄，和协诸邦，恩泽海宇。如今的云南文庙，仍发挥着儒家思想在当代的积极作用，循本开新，创造未来，期冀文庙承载的儒家文明的精髓神韵造福于边疆民族地区，涵养一方风土人情。这是编写《云南文庙存佚》一书的意义，也是编写者的良好愿望。

《云南文庙存佚》编写肇始，受赵廷光主编的委托，由李万春执行副主编拟订计划、编写提纲，经编委会赵廷光主任审查后，由副主任会议讨论、修改，编委会讨论通过后，交李万春同志负责组建编辑部并具体执行编写任务。

编辑部由下列人员组成：

主　任：李万春（兼）

副主任：蔡正发 黄启后

成　员：杨发恩 熊黎明 樊泳湄 刁应玄 张励民 陈杰思 刘　敏 王晓珠 胡江天 杨泽泉 杨爱民 聂秀娥

具体分工负责为：

蔡正发　组织并整理文山、红河、楚雄、普洱、曲靖的资料；

杨发恩　组织并整理保山、腾冲的资料；组织临沧的并调整昆明、昭通的资料；

黄启后　组织昭通的资料并起草有关文稿；

熊黎明　整理临沧凤仪的资料并撰写后记的部分；

樊泳湄　整理大理的资料并撰写引言；

陈杰思　组织玉溪、通海、江川、澄江的资料；

张励民　整理玉溪市的资料；

李万春　策划栏目、通阅书稿并组织丽江、下关、香港等地资料，对所设栏目内的一些内容进行编撰，调整、增删、修改或撰文。

赵廷光主编退而不休，在社会工作繁重的情况下，却自始至终，十分关心此书的编写工作，经常询问并予以解决编撰困难问题。当完稿后，又仔细通阅全稿，并提出了许多宝贵的建议和意见。

经主编及全体编委的辛勤努力，乃至废寝忘食，历经载

我会蔡正发理事与景东文化馆领导交谈文庙的保护

虹溪三中办公室主任张云祥助我会李俊波同志逾墙拍照片

与墨江文物局领导考察留影

与景东文物局领导考察文庙

赵廷光会长在审阅书稿

编委们群策群力多次研究解决编写中的问题

余，《云南文庙存佚》终于问世了，这是主编及全体编委、编辑以及撰稿者的劳动成果，是集体智慧的结晶，是云南孔子学术研究会团结一致的表征。在此即将封笔之际，我们再次感谢各级领导的支持，感谢帮助或与我们一道搜集、提供各地文庙资料、图片的单位和朋友。

在《云南文庙存佚》付梓之际，迎来了新中国六十华诞，我们满怀喜悦，衷心祝愿伟大祖国永葆青春！

（李万春　熊黎明）

**图书在版编目（CIP）数据**

云南文庙存佚/ 赵廷光主编. —昆明：云南人民出版社，2009

ISBN 978-7-222-06191-0

Ⅰ. 云… Ⅱ. 赵… Ⅲ. 孔庙—简介—云南省 Ⅳ. K928. 75

中国版本图书馆CIP数据核字（2009）第188111号

责任编辑：马　清　　周　碧
责任印制：段金华
装帧设计：沈洪涛

| | |
|---|---|
| 书　名 | 云南文庙存佚 |
| 主　编 | 赵廷光 |
| 出　版 | 云南出版集团公司　云南人民出版社 |
| 社　址 | 昆明市环城西路609号 |
| 邮　编 | 650034 |
| 网　址 | www.ynpph.com.cn |
| E－mail | rmszbs@public.km.yn.cn |
| 开　本 | 889×1194　1/12 |
| 印　张 | 20.5 |
| 字　数 | 413千字 |
| 版　次 | 2009年10月第1版第1次印刷 |
| 印　刷 | 昆明溢彩印刷有限公司 |
| 书　号 | ISBN 978-7-222-06191-0 |
| 定　价 | 88.00元 |